Click

인터넷 중국어

Click
인터넷 중국어

김상균 · 신동윤 공저

學古房

책머리에

중국의 시대가 열리고 있다.

중국은 우리나라의 최대투자국이자 교역국이며, 하루에도 수많은 유학생과 비즈니스맨 또 관광객들이 중국을 드나들고 있으며 우리 주위에서 너무나도 쉽게 중국과 관계된 친구, 친척, 가족을 만날 수 있다.

이제 중국을 제외하고 비즈니스를 말할 수 없을 만큼 중국은 우리 모두에게 너무나 가까이 있다.

필자가 중국어를 처음 공부하던 시절 주말이면 중국영화를 원어로 편하게 보고 아침에 출근해 인터넷으로 중국어 신문을 읽으며 스크랩하는 것으로 하루를 시작하는 나를 항상 꿈꾸고 염원했었다.

중국어와 중국을 학생들에게 이해시키는 직업을 가진 후로 필자에게는 또 다른 꿈이 생겼다. 중국어를 배우는 이들에게 중문 인터넷을 활용하고 인터넷에서 얻은 중국어 자료를 어떻게 하면 효과적으로 익히도록 할 수 있을까 하는 고민이다.

그러나 과거 필자가 중국어를 공부하던 시절에는 이에 관련된 수업도 없었을 뿐만 아니라 컴퓨터를 활용해 중국어를 타이핑하거나 프로그램을 다루는 방법에 대한 교재가 전무했었다. 그저 필자와 같은 사람들 사이에서 서로 주고받던 정보로 컴퓨터를 이용해 중국어 레포트를 제출하거나 알음알음 찾아가 타이핑을 부탁하던 방법이 고작이었다.

이러한 고민과 염원으로 만들어진 교재가 "Click 인터넷 중국어"이다. 이 책이 중국어를 공부하는 이들에게 중국인터넷을 활용하고 검색한 자료를 효과적으로 이해하는데 조금이라도 도움이 될 수 있다면 필자들의 고민과 노력이 헛되진 않았다고 생각한다.

"Click 인터넷 중국어" 는 입력, 활용, 독해 PART로 구성되어 있다.

필자는 책을 만들면서 실기와 학습이라는 두 가지 목표를 지향하였다.

첫째, 실제 업무에 있어서의 중문 문서작성과 자료수집에 필요한 중문 문서 프로그램의 활용방법을 익히고 중문인터넷 검색을 통해 중국의 정치, 경제, 사회, 문화 등에 관련된 자료검색 방법과 관련용어를 학습한다.

둘째, 정확한 해석과 문장에 대한 이해는 문장성분과 문법에 기초한다. 문장성분과 문법지식을 함께 학습하고 원문의 부분해석을 통해 중국어 독해실력을 배양하여 향후 스스로 긴 원문도 해석할 수 있도록 하는데 중점을 두었다.

물론 자신이 직접 사전을 찾아가며 중국어를 학습하는 것이 가장 좋은 방법이겠지만 독해학습의 효율을 높이고자 단어를 가능한 한 많이 수록하여 사전의 도움 없이도 학습할 수 있도록 하였다. part별로 공부해가다 보면 위의 두 가지 학습목표를 분명 달성할 수 있을 것이라 확신한다.

마지막으로 이 책이 세상에 빛을 볼 수 있게 수고해주신 하운근 사장님과 필자의 수많은 수정과 요구를 항상 상냥하고 너그럽게 받아주신 학고방 편집진께 마음으로부터 감사드린다.

차 례

책머리에 • 3

I. 중국어 입력과 활용편

01 Global IME 설치 (Window XP/ Vista/ Windows7 사용자)_13

1. XP 사용자를 위한 Microsoft Global IME 및 MSPY 입력기 설치과정 • 13
2. Vista 사용자를 위한 Microsoft Global IME 및 MSPY 입력기 설치과정 • 16
3. Windows7 사용자를 위한 Microsoft Global IME 및 MSPY 입력기 설치과정 • 20

02 IME 입력기 설명과 MS Word에서 중국어 입력하기_23

1. [体验]입력법 • 23
2. [经典]입력법 • 24
3. [ABC Input Style]입력법 • 26
4. 메뉴 추가와 설명 • 27

03 옵션 설정법_31

1. <윈도우 XP 옵션 설정> General 설정법 • 31
1. <비스타 & 윈도우7 옵션 설정> General 설정법 • 34
2. MSPY New Experience & Classic Input Style 설정법 • 36

04 ᄒᆞᆫ글에서 중국어 입력_41

1. 글자판 설정하기 • 41

05 성조와 함께 한어병음 입력하기_45

1. MS Word에서 성조가 표시된 한어병음 입력하기 • 45
2. ᄒᆞᆫ글에서 성조가 표시된 한어병음 입력하기 • 48

06 윗주달기_51

1. MS Word에서 윗주달기 • 51
2. ᄒᆞᆫ글에서 윗주달기 • 53
3. ᄒᆞᆫ글97기능강화판에서 윗주달기 • 54
4. WPS Office 프로그램으로 윗주달기 • 58

07 윈도우용 중문입력기 활용하기_67

1. ZhengMa(郑码输入法)입력법 • 68
2. ShuangPin(双拼输入法)입력법 • 69
3. QuanPin(全拼输入法)살펴보기 • 70

08 중문 입력 프로그램 활용하기_73

1. 한어병음 프로그램 설치하기 • 73
2. SoHu한어병음 프로그램 활용하기 • 78
3. 한어병음 프로그램 옵션설정 • 81
4. 오필자형 프로그램 설치하기 • 84
5. 오필자형 프로그램 활용하기 • 85

09 중국어 폰트 다운받아 사용하기_91

10 중문 인터넷 상의 중국어를 MS word에 붙이기 및 간체/번체 변환하기_95

1. MS word에서 간체/번체 변환하기 • 95
2. 훈글에서 간체/번체 변환하기 • 97

11 중국어 E-mail 보내기와 메일계정 만들기_101

1. Outlook express 로 E-mail 보내기 • 101
2. 중국어 E-mail계정 만들기 • 103

12 중국어 활용편_111

1. 중국관련 주요 사이트 • 111
2. 연구기관 사이트 • 114
3. 중국뉴스와 방송 사이트 • 114
4. 중국 간행지 및 학술지 • 117
5. 중국음악 사이트 • 118

Ⅱ. 중문 인터넷 자료독해 편

01 6대문장성분과 12품사 • 123

02 접속사와 결과보어 • 131

03 방향보어와 병렬관계접속사 • 143

04 가능보어와 비교문 • 157

05 연동문과 연속·목적관계 접속사 • 171

06 겸어문과 인과 · 조건관계 접속사 • 187

07 이합동사와 어림수 • 201

08 피동문과 방향전치사 • 215

09 처치문과 정도보어 • 233

10 전치사구와 숫자읽기 • 245

11 진행태와 점층관계접속사 • 255

Ⅲ. 부 록

01 Click 인터넷 중국어(연습문제) • 267

02 본문 해석 • 277

03 주요 중문 인터넷 용어 • 285

04 원문읽기와 심화학습 • 289

I

중국어 입력과 활용편

중국어 워드환경설정

1. Global IME 설치 (Window XP/ Vista/ Windows7 사용자)
2. IME 입력기 설명과 MS Word에서 중국어 입력하기
3. 옵션 설정법
4. ᄒᆞᆫ글에서 중국어 입력
5. 성조와 함께 한어병음 입력하기
6. 윗주달기
7. 중문입력 프로그램 활용하기
8. 중문 입력 프로그램 활용하기
9. 중국어 폰트 다운받아 사용하기
10. 중문 인터넷 상의 중국어를 MS word에 붙이기 및 간체/번체 변환하기
11. 중국어 E-mail 보내기와 메일계정 만들기
12. 중국어 활용편

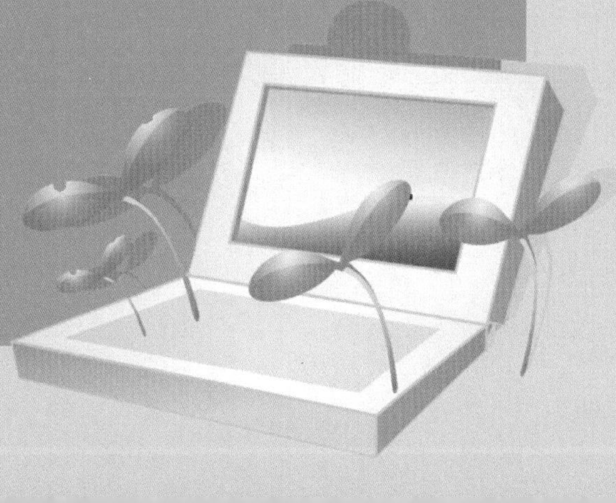

1 Global IME 설치 (Window XP/ Vista/ Windows7 사용자)

IME는 다국어 입력 시스템(Input Method Editor:IME)으로 동아시아(한국, 일본, 중국 등)의 다양한 문자를 입력하기 위한 입력 프로그램이다. 한글 Window환경에서 중국어 사이트의 정보를 검색하고 또 한글이나 MS Word 환경에서 중국어로 문서를 작성하기 위해서는 IME를 반드시 설정해 놓아야 한다.

먼저 중국어 입력기를 설정하기 위한 방법부터 설명해 보도록 하자.

1. XP 사용자를 위한 Microsoft Global IME 및 MSPY 입력기 설치 과정

IME는 입력 시스템(Input Method Editor:IME)으로 동아시아(한국, 일본, 중국 등) 나라의 다양한 문자를 특수한 키보드를 이용하지 않고 입력하기 위한 입력 프로그램이다.

한글 Window환경에서 인터넷으로 중국어 사이트를 보거나 정보를 검색하고 또 MS Office 환경에서 중국어로 문서를 작성하기 위해서는 반드시 IME를 먼저 설치해야 한다.

➤Step 1.

XP사용자들을 위한 Global IME 설정법이다. 먼저 좌측하단의 '시작'을 클릭한 후 '제어판'으로 들어가 '날짜,시간,언어 및 국가별 옵션'을 클릭한다.

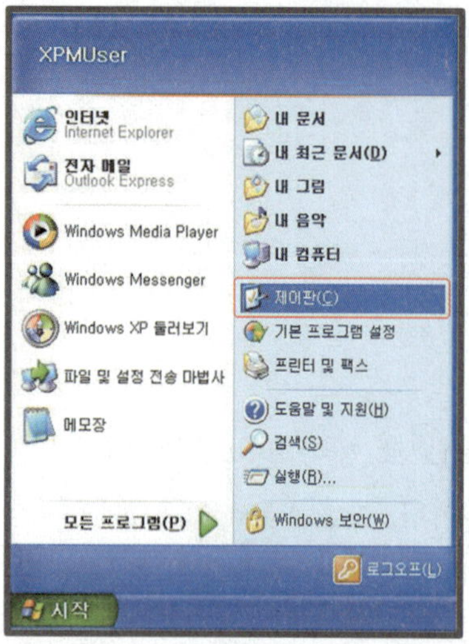

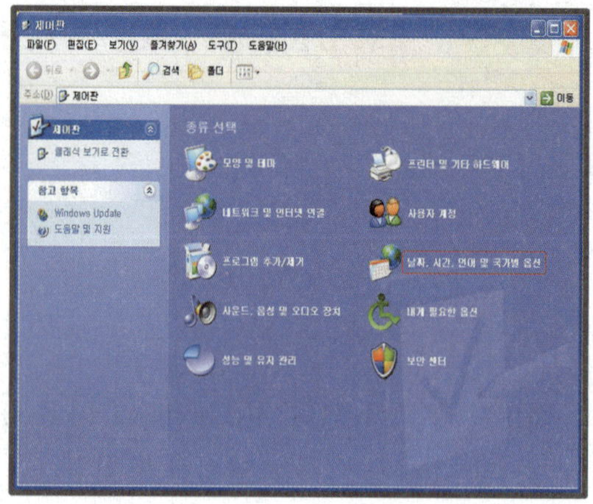

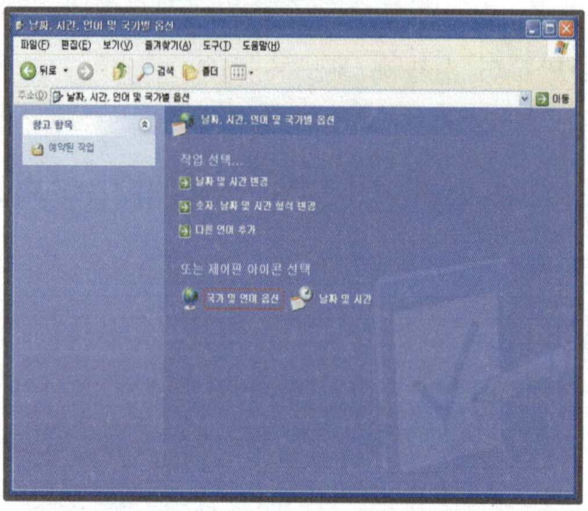

➤**Step 2.**

'날짜,시간,언어 및 국가별 옵션'을 클릭한 후 '국가 및 언어옵션'을 다시 클릭한다.

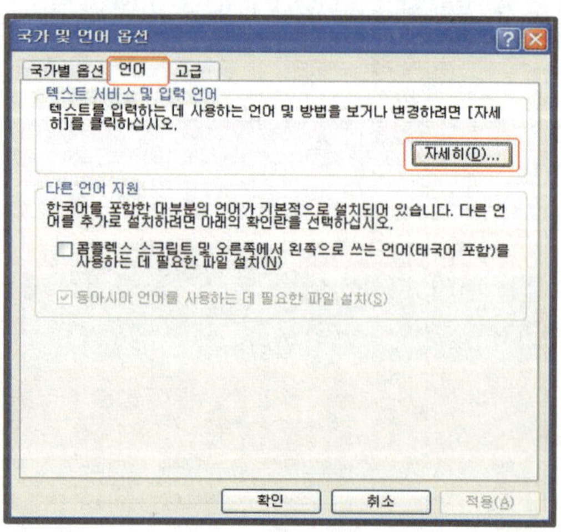

➤**Step 3.**

'언어'부분의 '자세히'를 클릭한다.

➤Step 4.

새로 뜨는 창에서 '추가'를 눌러 입력언어에서 중국어를 클릭하고 자판은 Chinese (Simplified) - Microsoft Pinyin IME 3.0을 선택해 준다.

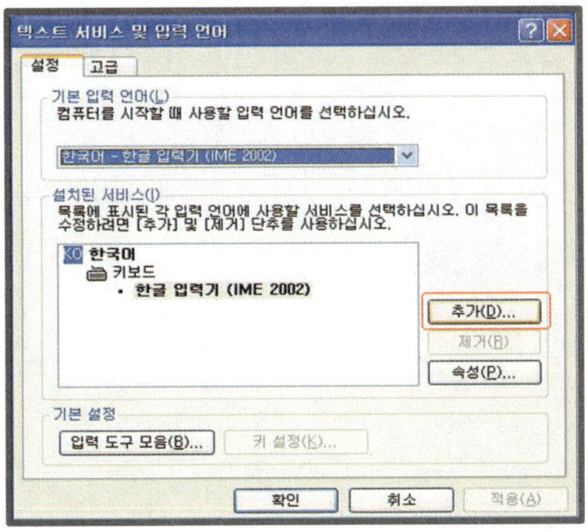

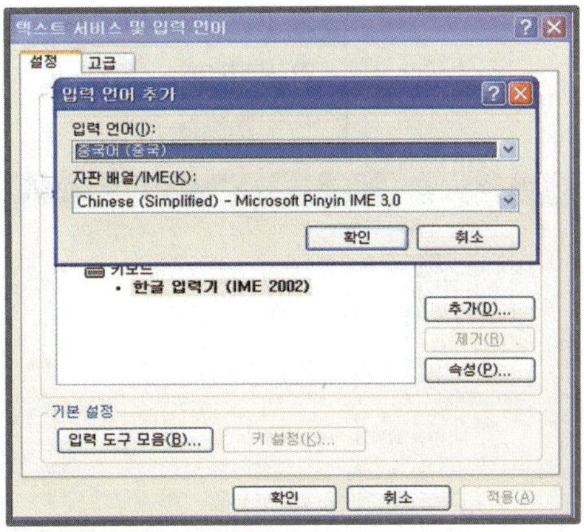

➤Step 5.

이제 입력언어 부분에 중국어와 중국어 키보드가 설치된 것을 확인 할 수 있다.

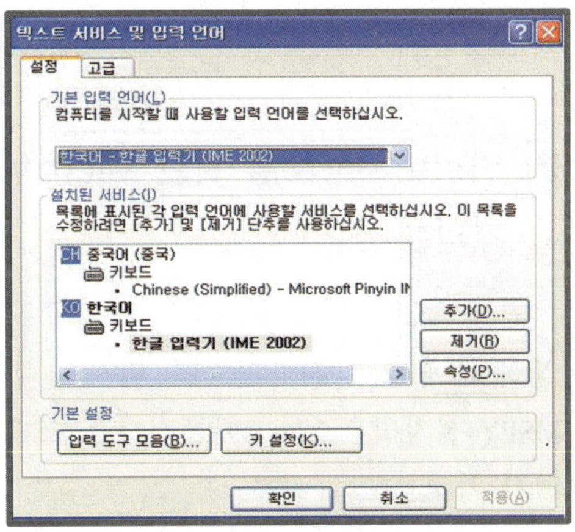

➤Step 6.

자판설정 후 지구본 모양으로 되어 있던 아이콘이 'KO'로 전환된 것을 볼 수 있다. 이 'KO'아이콘을 클릭하면 'CH'라는 아이콘이 추가된 것을 확인할 수 있다.

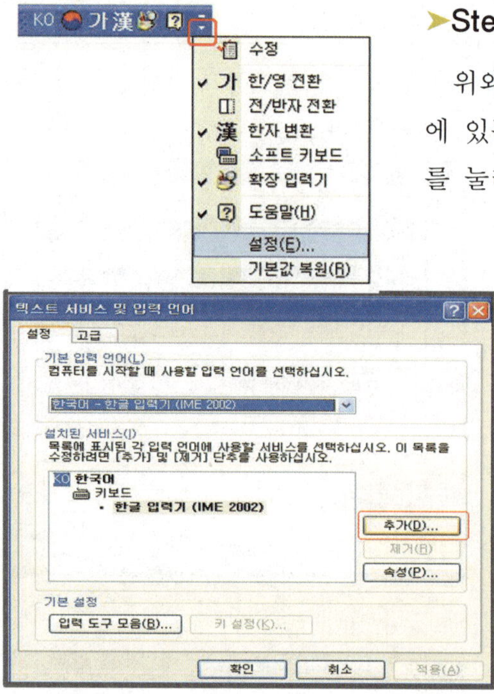

➤Step 7.

위와 같은 방법 외에도 그림과 같이 우측하단에 있는 한국어 자판의 화살표에 오른쪽 마우스를 눌러 '설정'으로 직접 들어가는 방법도 있다.

2. Vista 사용자를 위한 Microsoft Global IME 및 MSPY 입력기 설치과정

윈도우XP가 비스타로 넘어오면서 많은 인터페이스에 변화가 생겼다. 특히 시각적인 부분에서 XP사용자들은 비스타 환경에 적응하기 쉽지 않지만 Global IME 및 MSPY 설정법은 XP와 기본적으로 크게 다르지 않으니 아래의 설명을 차례로 따라하면서 익혀보도록 하자.

한글윈도우 중문입력기 설정법

➤Step 1.

윈도우화면 좌측 하단의 [시작] ➡ [설정] ➡ [제어판]으로 들어간다.

➤Step 2.

[제어판]창 내에서 [시계, 언어 및 국가별 옵션]에서 [키보드 입력방법 변경]을 클릭 윈도우 XP는 [날짜, 시간, 언어 및 국가 및 언어 옵션]을 클릭한다.

➤Step 3.

[국가 및 언어 옵션] 창이 뜨면 [키보드 및 언어]클릭 후 [키보드 변경]을 누른다.

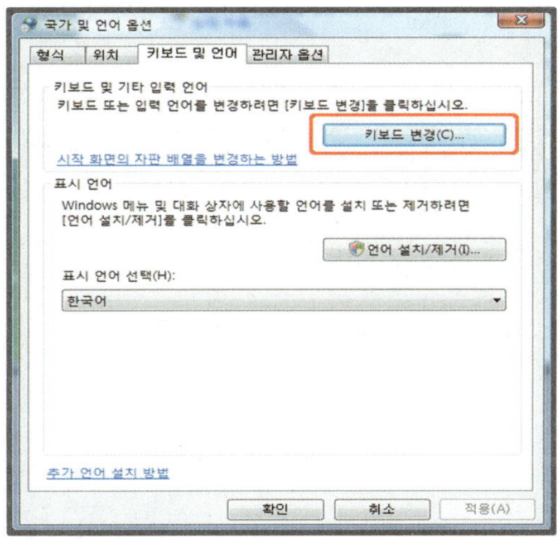

➤Step 4.

[키보드 변경]을 클릭하면 [텍스트 서비스 및 입력 언어] 창이 뜬다. 지금은 한글윈도우이기 때문에 기본적으로 한국어가 설정되어 있다. 여기서 중간에 있는 [추가] 버튼을 클릭하자.

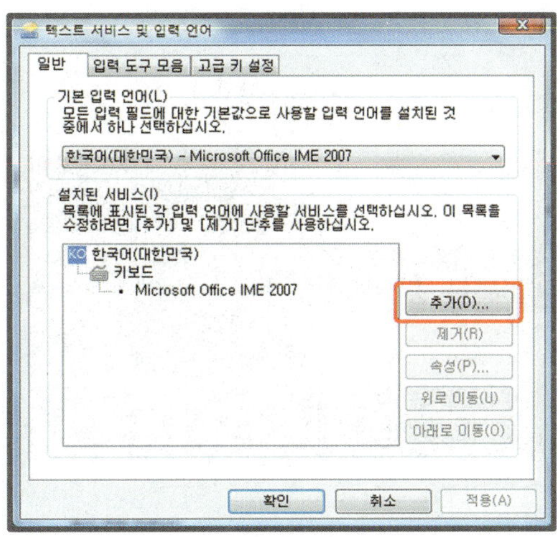

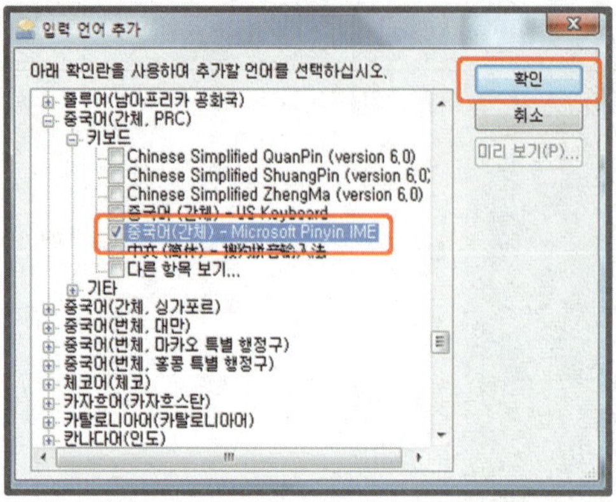

➤Step 5.

[추가] 버튼을 클릭하면 아래와 같이 [입력 언어 추가] 창이 활성화된다. 이제 [입력 언어]에서 [중국어(간체, PRC)]을 선택하면 키보드라는 메뉴 안에 중국어를 입력할 수 있는 여러 입력기가 있다. 화면에는 여러 개가 체크되어 있지만 [중국어(간체)-Microsoft Pinyin IME]라는 메뉴만 선택하면 된다. 선택을 했으면 체크를 하고 [확인]을 클릭한다.

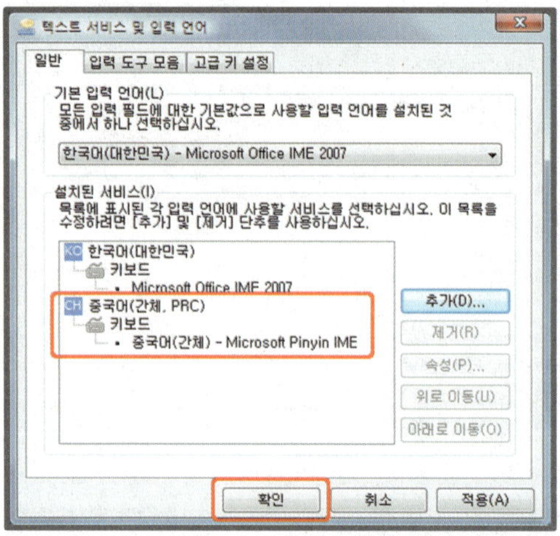

➤Step 6.

[확인]을 누르면 조금 전 [텍스트 서비스 및 입력언어]로 다시 돌아온 것을 확인할 수 있다. [중국어(간체)-US Leyboard]가 추가된 것을 확인했으면 하단에 있는 [확인]을 클릭한다

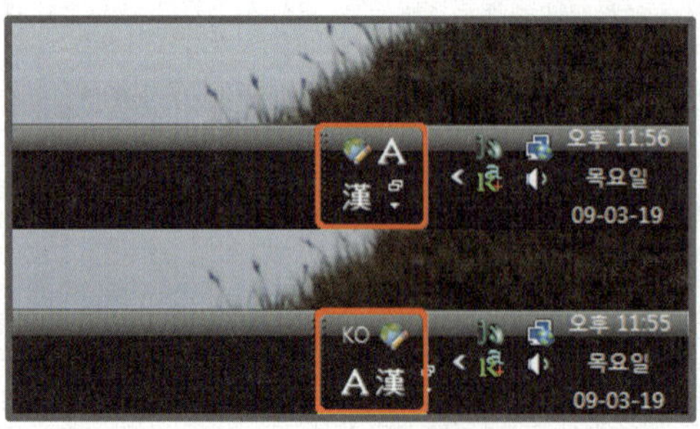

➤Step 7.

이제 윈도우 화면에서 우측하단을 보면 지구본 모양만 있던 화면에 [KO]라는 메뉴가 추가된 것을 확인할 수 있다. 이제 중국어 입력이 가능한 환경이 설정되었다.

➤Step 8.

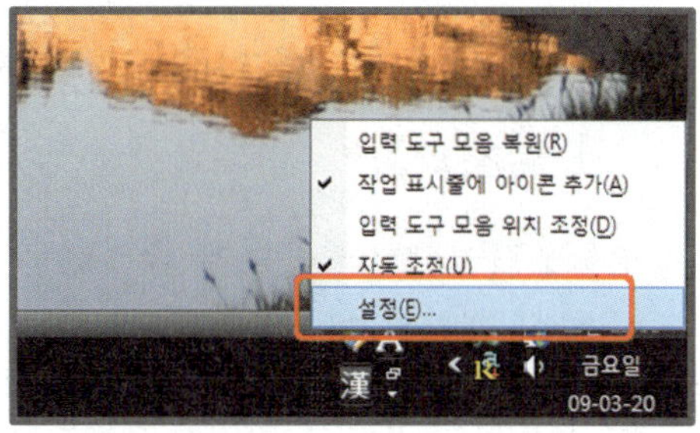

지금까지의 방법은 제어판을 통해서 중국어 입력기를 추가하는 방법이었다. 하지만 입력기 추가방법은 총 두 가지로 지금까지의 방법보다 더 간단한 방법이 있다. XP와 마찬가지로 제어판을 통하지 않고 윈도우 화면 우측 하단에 있는 지구본 모양을 통하는 방법이다. 화면에 보이는 지구본에 오른쪽 마우스를 누르면 [설정]이라는 메뉴가 나타난다. 이 [설정]을 누르면 바로 [텍스트 서비스 및 입력언어]라는 메뉴가 나타나는데. 이렇게 설정하시는 방법이 가장 간단하다고 할 수 있다.

➤Step 9.

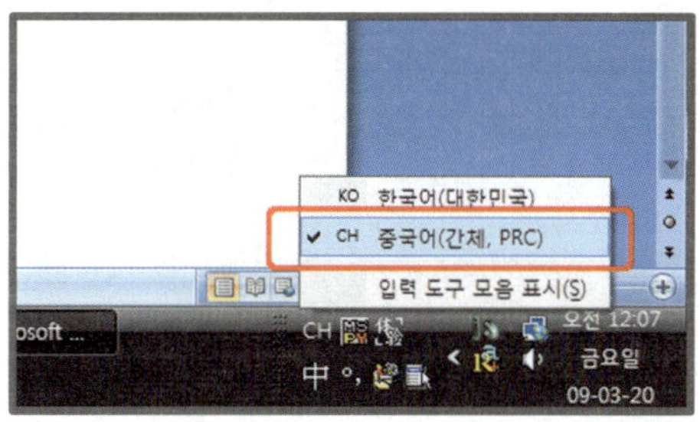

입력기 설정을 마쳤으면 [KO]라고 쓰여 있는 메뉴를 클릭한다. 클릭을 하면 [KO 한국어(대한민국)]이라는 메뉴와 [CH 중국어(간체, PRC)]라는 메뉴가 있는 것을 확인할 수 있다. 두 번째 중국어를 선택하면 중국어 입력이 가능한 환경으로 윈도우가 전환된다. 마우스로 클릭하는 방법 외에도 자판에 있는 [Shift]키와 [Alt]키를 동시에 누르면 바로 중국어 입력 환경으로 전환되니 단축키를 알아두면 매우 유용하다.

➤Step 10.

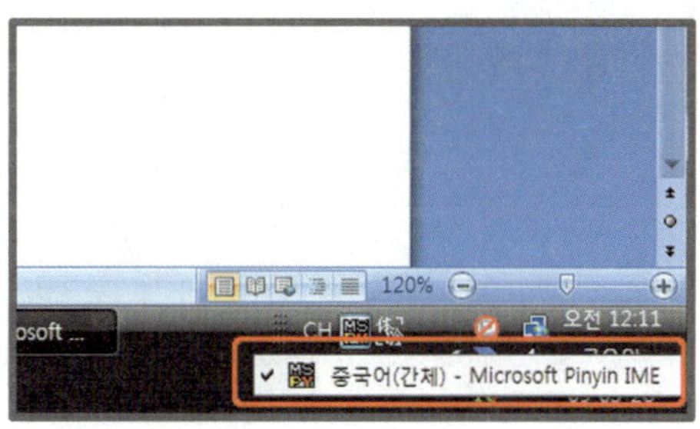

중국어가 선택되어 있는 상태에서[CH]표시 우측에 있는 (MS PY 아이콘) 표시를 클릭해 본다. 그러면 Microsoft Pinyin IME라는 것이 보이는데, 이것은 중국어 워드 방식이 마이크로소프트사에서 제공하는 PinYin프로그램으

로 설정되어 있다는 뜻이다. 이제 중국어를 타이핑하기 위한 준비과정이 완료되었다.

3. Windows7 사용자를 위한 Microsoft Global IME 및 MSPY 입력기 설치과정

윈도우7은 2009년 후반에 출시한 새로운 운영체제로 비스타에서 문제되었던 부분들이 많이 개선된 것으로 알려져 있다. 그러나 Global IME 및 MSPY부분만 비교했을 때 비스타버전과 크게 달라진 것은 없다.

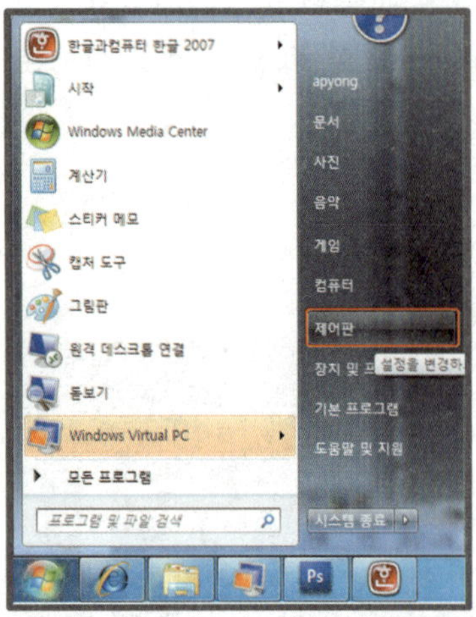

➤Step 1.

Global IME 및 MSPY을 설정하기 위해선 다른 버전의 윈도우와 마찬가지로 시작을 클릭해 제어판으로 들어간다.

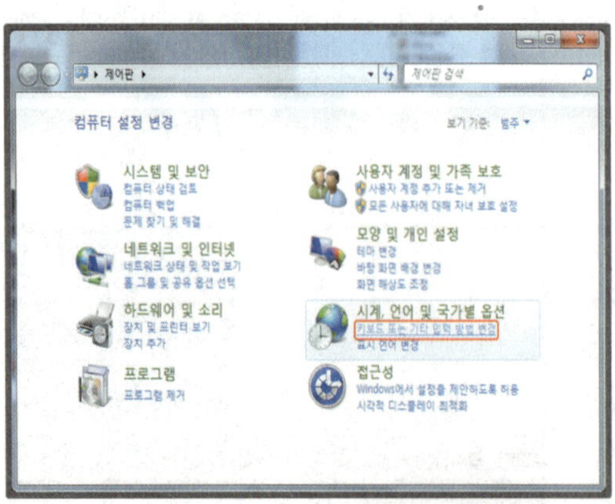

➤Step 2.

'키보드 또는 기타 입력 방법 변경'을 클릭해 입력기 설정을 위한 국가 및 언어창을 띄우도록 한다.

➤Step 3.

'키보드 변경'을 클릭해 다시 새로운 창을 띄운다.

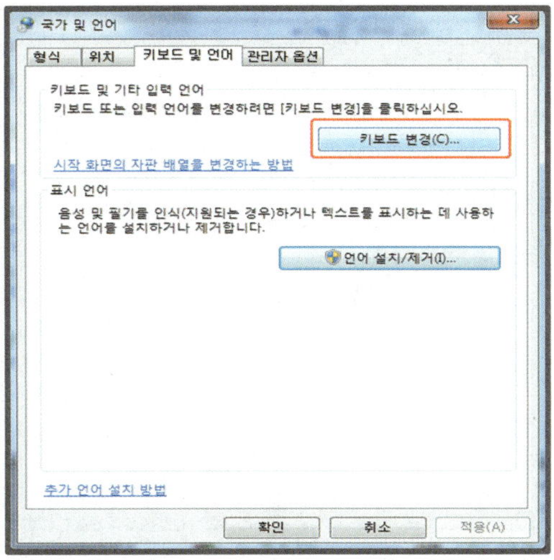

➤Step 4.

추가를 눌러 '중국어 (간체, PRC)'를 찾아 '중국어(간체)-Microsoft Pinyin New Experience 입력스타일'을 찾아 선택한다. 비스타에서 윈도우7으로 넘어오면서 달라진 점은 옵션설정에 있던 'Microsoft Pinyin ABC 입력스타일'이라는 입력기가 따로 분리됐다는 점이다.

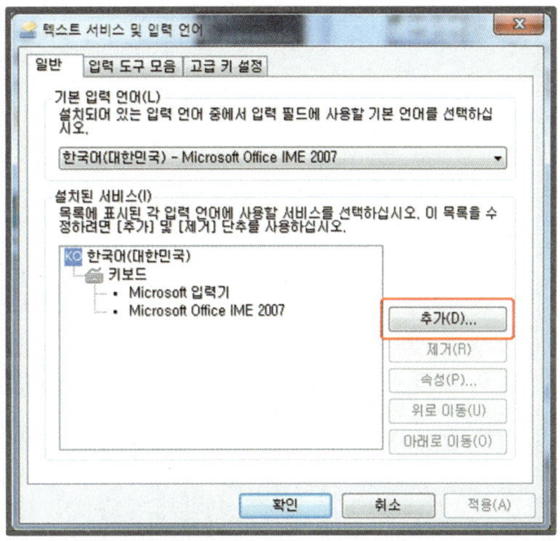

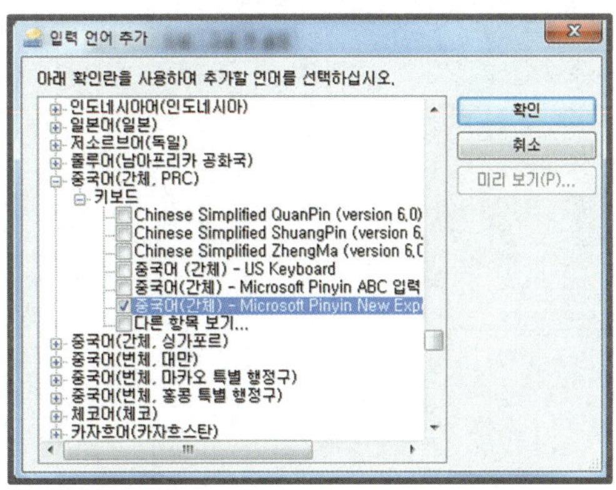

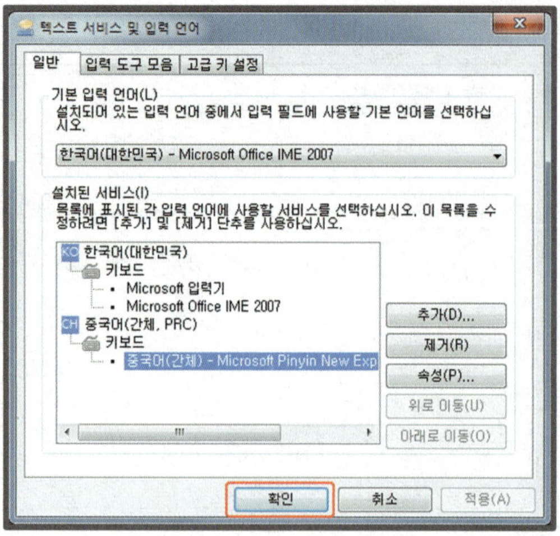

➤Step 5.

'확인'을 누르고 설정을 마치도록 한다.

2 IME 입력기 설명과 MS Word에서 중국어 입력하기

IME입력기에 대한 자세한 해설은 비스타를 위주로 설명한다. XP는 아래에서 설명하고자 하는 내용에 포함되어 있지 않은 부분이 많고 윈도우7은 비스타의 구성과 동일하기 때문이다. 다만 비스타나 윈도우7과 다른 설정법에 해당하는 '옵션설정법'은 XP만 따로 설명하도록 한다.

1. 〔体险〕입력법

➤Step 1.

입력기를 띄웠을 때 초기 설정은 우측에 있는 [体险]으로 설정이 되어 있다. 이 [体险]입력기의 특징에 대해 한번 알아보도록 하자.

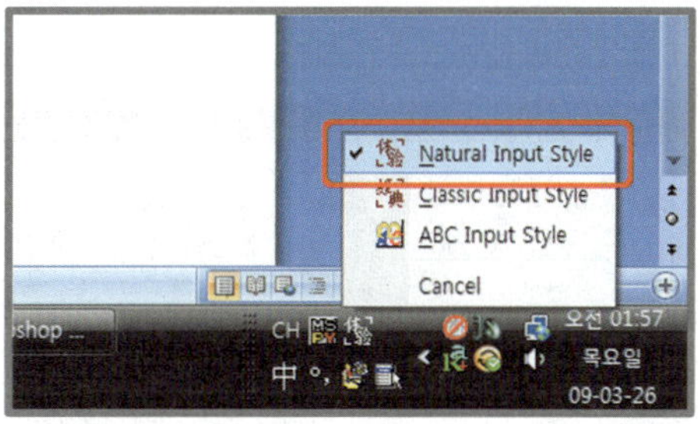

➤Step 2.

빈 MS Mord를 띄워보자. '大家好'를 타이핑하기 위해 한어병음 'dajiahao'를 입력하니 알파벳 아래에 중국어 간체자 나오는 것을 확인할 수 있다. 내가 원하는 한자가 있으면 스페이스바를 누르고 엔터를 누른다. 만약에 찾는 한자가 화면에 없다면 스페이스바를 누르고 키보드에 있는 방향키나 [PgUp], [PgDn]키를 눌러 다음 페이지에 있는 한자

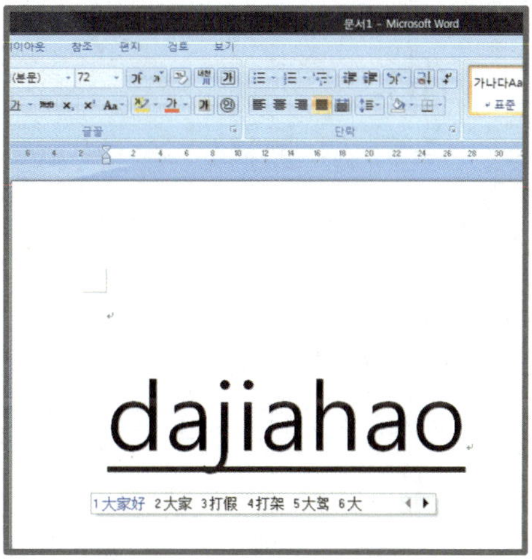

를 확인한다. 내가 원하는 단어가 등장하면 번호를 눌러서 바로 선택하거나 마우스로 클릭한다.

➤Step 3.

윈도우에서 제공하는 중문입력기는 한어병음을 위주로 설정되어있다. 그러나 단어수가 늘어날수록 타이핑해야 하는 한어병음의 수가 늘어나 이에 따른 불편함이 생길 수 있다. 그래서 IME 중국어 입력기에서는 한어병음의 첫 글자만으로도 원하는 단어를 찾을 수 있는 방법도 제공하고 있다.

你好의 한어병음 첫 글자인 nh만 입력했더니, nh와 관련된 단어들이 나오기 시작한다.

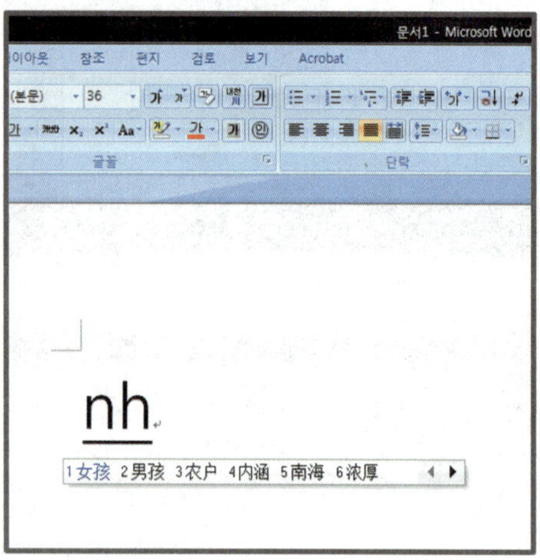

➤Step 4.

만약 내가 찾는 단어가 없다면 컴퓨터 자판의 PgDn키를 눌러 다음 페이지에서 찾아보자.

2. 〔经典〕입력법

이번에는 중문입력기의 다른 입력 방법에 대해 알아보자. 조금 전 표시 우측에 있는 [体验]이라는 메뉴하단에 있는 [经典]이라는 메뉴를 선택해 보자. [经典]은 한 글자씩 한자를 완성해 나가는 방식으로 [体验] 설정에 비해 다소 번거로운 방법이 될 수도 있다.

➤Step 1.

언어 선택기에서 [体验] 방식을 선택한다.

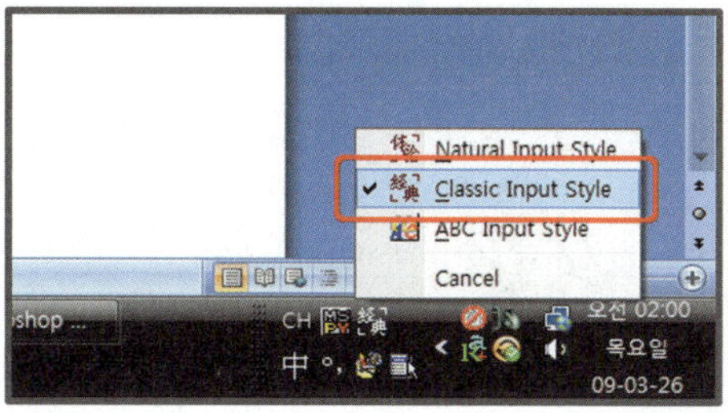

➤Step 2.

[经典]방식을 이용한 단축키도 [体验]방식과 비슷하지만 [经典]은 한 단어씩 글자를 완성해서 문장을 만들어가는 방식으로 좀 더 세밀한 타이핑이 필요하다.

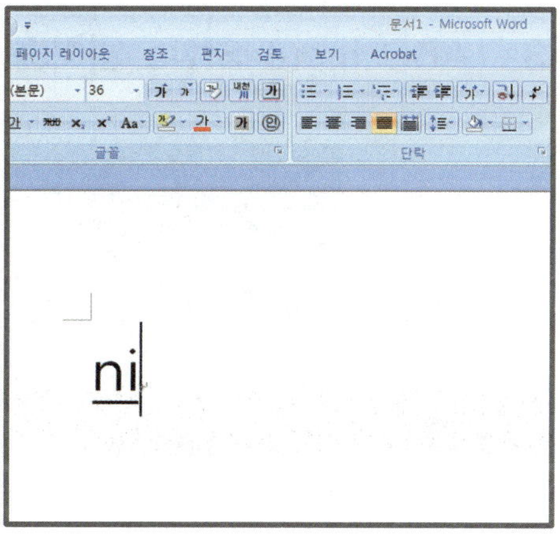

➤Step 3.

예를 들어 你好라는 단어를 타이핑한다면, 你의 한어병음인 ni을 타이핑하고 '스페이스바'을 눌러 글자를 찾고 다시 好의 한어병음 hao를 타이핑해서 단어를 찾아야 한다.

➤Step 4.

한어병음의 첫 글자만으로 단어를 완성하려면, n과 h를 차례로 타이핑하고 '스페이스바'키를 눌러서 원하는 단어를 찾아 입력하는 방법도 있다. 이때 방향키를 조절하거나 원하는 단어가 있는 숫자를 누른다.

3. 〔ABC Input Style〕입력법

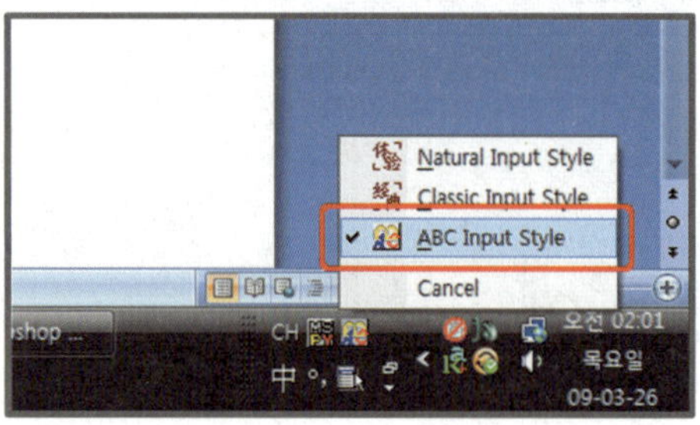

➤Step 1.

[ABC Input Style] 입력법도 다른 입력법들과 방식이 크게 다르지는 않다. 약간의 차이가 있다면 한어병음을 타이핑하고 스페이스바를 누르면 하단에 긴 창이 뜨면서 글자가 나열이 된다는 것이다. 여기서 원하는 글자를 찾아 숫자를 누르면 단어가 선택된다.

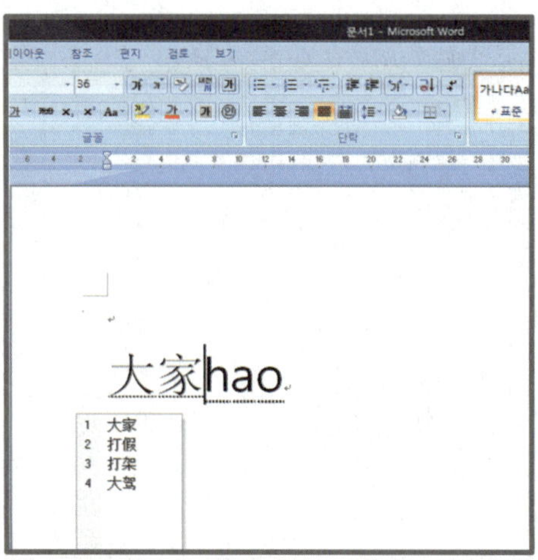

➤Step 2.

한어병음 첫 글자만 타이핑해서 단어를 찾는 방식도 마찬가지이다. 大家好의 한어병음 첫 음절인 d,j,h를 차례로 누르고 '스페이스바'키를 누르면 작은 창이 뜨면서 관련된 단어들이 등장한다. 이것 역시 원하는 단어의 숫자를 눌러 단어를 입력한다. 만약에 원하는 단어가 없다면 PgDn키를 눌러 다른 페이지에 있는 다른 단어들을 찾아본다.

4. 메뉴 추가와 설명

중국어 타이핑모드에서 제공하는 옵션은 중국어 입력에 부가적인 편의를 제공한다. 이 옵션만 잘 활용해도 중국어 타이핑에 많은 도움이 되니 잘 익혀두도록 하자.

윈도우 XP용 옵션 설정법

➤Step 1.

중문자판 상태에서 우측 하단의 화살표를 클릭하면 자판에 추가할 수 있는 타이핑 옵션이 나온다.

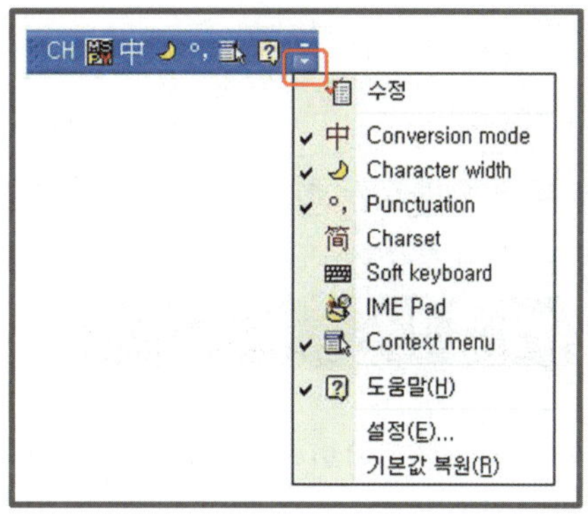

➤Step 2.

체크되어 있지 않은 부분들을 모두 선택해 준다. 추가된 각 메뉴에 대한 설명은 비스타 부분과 동일하니 아래 '비스타용 옵션 설정법'을 참고하도록 한다.

비스타용 옵션 설정법

➤Step 1.

먼저 우측 하단에 있는 자판설정에서 조그만 화살표 모양의 옵션을 클릭해보자. 이때 반드시 자판설정이 'CH'로 되어 있어야 한다.

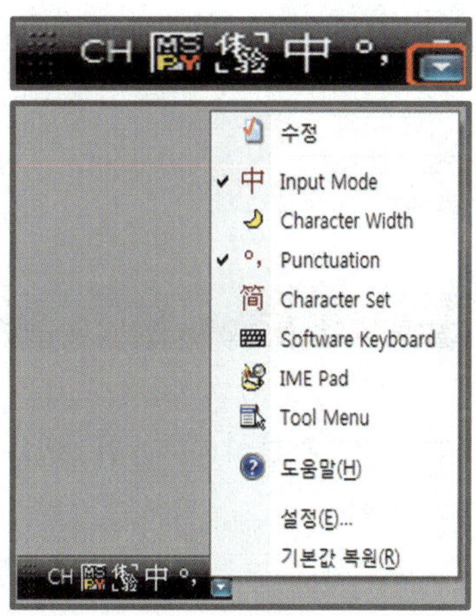

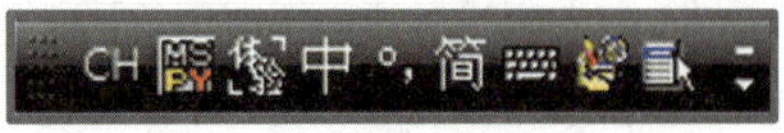

옵션설정부분에서 簡 Character Set ⌨ Software Keyboard IME Pad Tool Menu 를 차례로 체크하면 중국어 자판입력기에 각종 메뉴가 추가된 것을 확인할 수 있다.

➤Step 2.

이제 추가된 각 메뉴의 특성을 살펴보자.

중문/영문 전환

➤Step 1.

'中'이라고 쓰인 메뉴는 현재 타이핑 옵션이 중국어로 설정되어 있다는 뜻이다. 마우스나 'Shift'키를 한번 클릭하면 영문타이핑 상태로 전환된다.

간체/번체자 전환

➤Step 1.

'簡'이라고 쓰인 부분은 간체자 입력이 가능한 상태라는 뜻이다. 만약 번체자를 타이핑하고 싶다면 마우스로 클릭해 '繁'자를 클릭하면 된다.

소프트 키보드

➤Step 1.

자판모양의 아이콘은 소프트 키보드를 사용할 수 있는 옵션이다. 자판 없이 마우스만으로 한어병음을 입력해야 하는 경우 사용할 수 있다.

➤Step 2.

이 메뉴는 뒤에 있는 '옵션메뉴'와 연동해 사용하면 '성조가 있는 한어병음'입력이 가능하다.

➤Step 3.

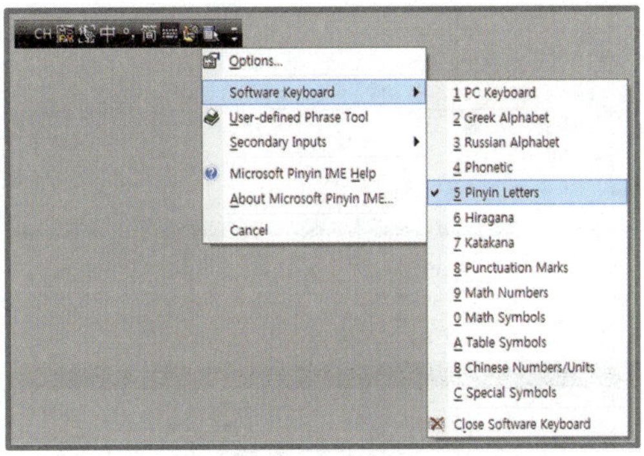

'옵션메뉴'를 클릭해 'Software Keyboard'와 'Pinyin letters'를 차례로 클릭한다.

➤Step 4.

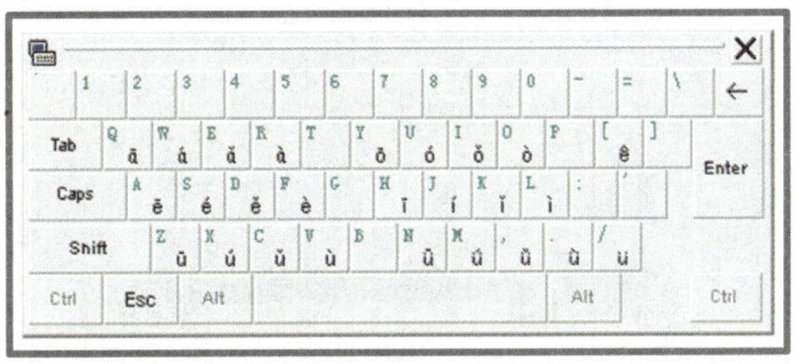

'Pinyin letters'를 클릭하면 마우스로 성조가 있는 한어병음을 입력할 수 있는 자판이 등장한다. 이 상태에서 '성조가 있는 한어병음'입력이 필요할 때는 자판 모양을 클릭하면 소프트 키보드가 등장하고 다시 한 번 누르면 사라진다.

확장입력기 사용법

➤Step 1.

확장입력기란 우리가 옥편을 통해 한자를 찾는 방식과 동일한 방법이다. 부수로 한자를 찾는 방식이 익숙한 사람들에게는 그리 어렵지 않은 방법으로 한자의 중국어 음을 모르는 경우 유용하게 응용할 수 있다.

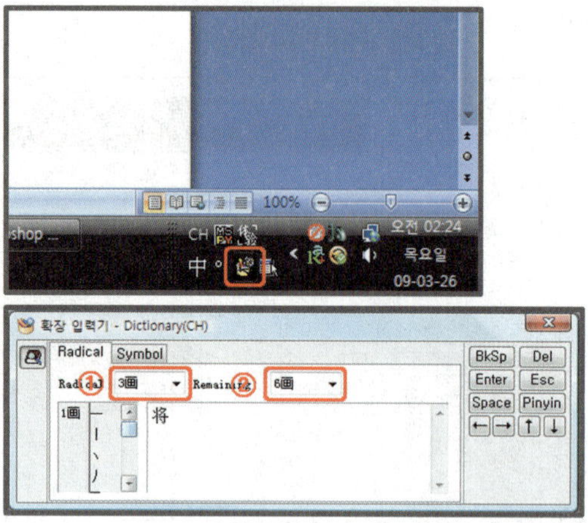

➤Step 2.

그림에 보이는 확장입력기 메뉴를 클릭하면 조그만 창이 하나 뜨게 된다. 여기서 ①번으로 표시된 메뉴를 눌러 원하는 한자의 부수를 고르고 ②번에서는 나머지 획수를 고르면 원하는 한자를 찾을 수 있다.

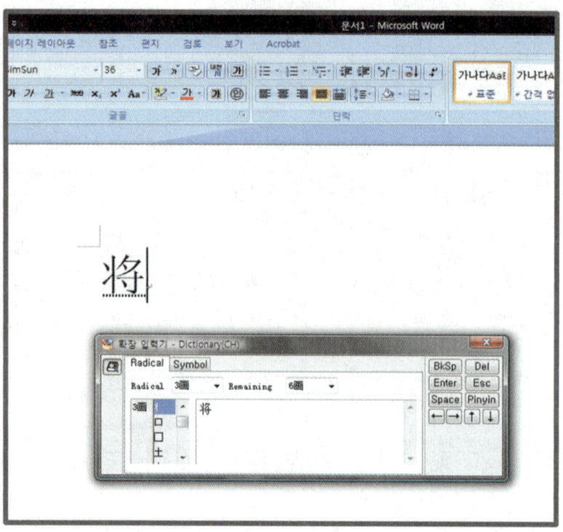

➤Step 3.

예를 들어 내가 타이핑하고자 하는 한자가 将이라고 해보자. 글자는 알지만 발음을 모른다면 将의 부수인 3획을 눌러 글꼴을 찾고 다시 나머지 획수를 설정하면 총 획수에 맞는 한자가 나열된다. 이 방식은 한자는 알고 있으나 발음을 몰라 한어병음으로 입력이 불가능할 경우 유용하게 사용할 수 있다.

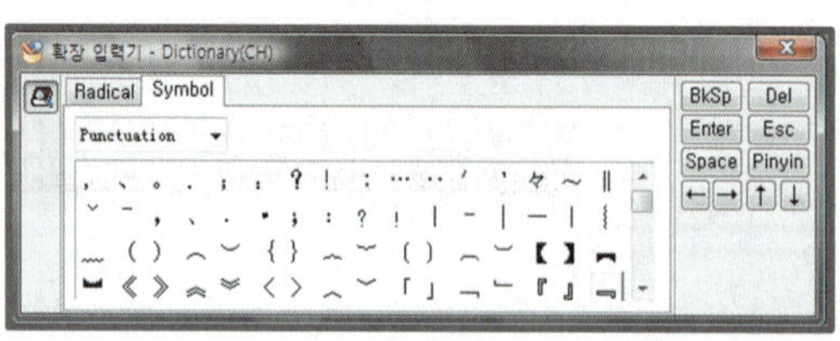

➤Step 4.

이 확장 입력기는 특수 기호도 제공하기 때문에 간혹 중국식 기호를 필요로 할 때도 유용하게 사용할 수 있다.

3 옵션 설정법

윈도우 XP 옵션 설정법

이 방법은 입력기 내부의 옵션부분을 조절해 입력기 환경을 사용자 취향에 맞게 수정하는 방법이다. 옵션설정은 확장 입력기 메뉴 우측에 있는 '옵션메뉴'를 클릭했을 때 나오는 작은 창에서 'Properties'클릭하면 된다.

XP의 옵션설정은 비교적 간단한 구조로 되어 있다. 크게는 입력하는 방식에 대한 구분만 설정할 수 있는데, 내용을 살펴보자.

1. General 설정법

*Input mode

Input mode는 크게 Full pinyin방식과 Double pinyin으로 구성되어 있다. Full pinyin방식은 전체 한어병음으로 단어를 완성하겠다는 뜻이지만 하단의 조그만 박스를 체크해서 세부옵션을 설정할 수 있다.

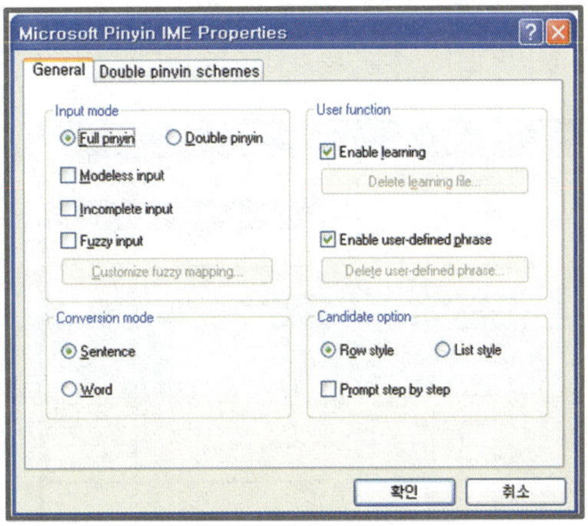

☞ Modeless input를 체크하게 되면 한어병음 입력 시 일반적으로 등장하던 조그만 창이 사라지고 문서위에 직접 한어병음이 입력된다.

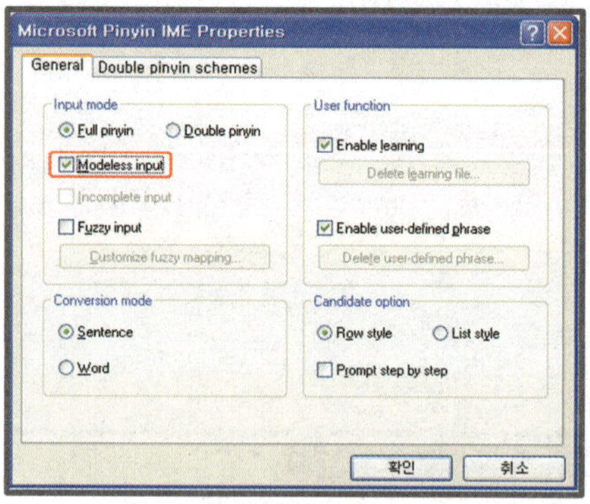

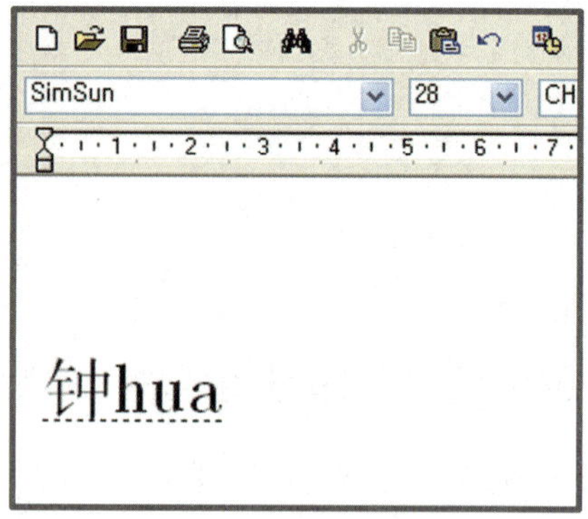

☞ Incomplete input는 한어병음 전체를 입력하지 않고 병음의 첫 글자만으로 단어를 완성하는 방식이다. 이 박스를 체크해 놓으면 병음의 첫 글자만으로도 단어입력이 가능하고 전체 한어병음 입력을 통한 단어 입력도 가능하다.

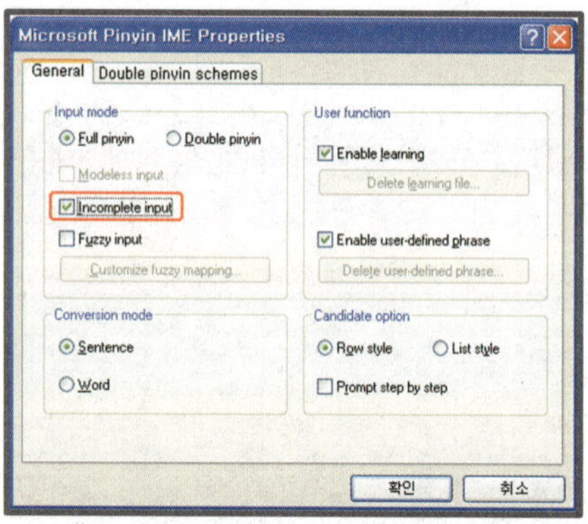

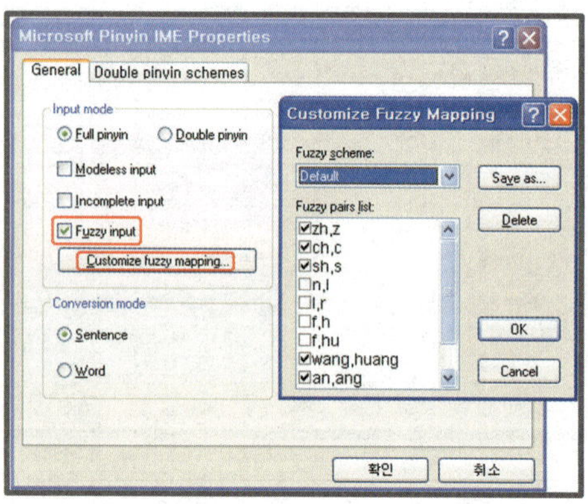

☞ Fuzzy input방식을 체크해 한어병음을 등록해 놓으면 관련된 한어병음을 입력시 설정된 다른 한어병음의 단어를 함께 보여준다. 예를 들어 'hunag'이라는 한어병음을 입력하면 'huang'과 'wang'에 관련된 한자를 함께 보여주는 방식이다.

(Fuzzy input 미적용시)

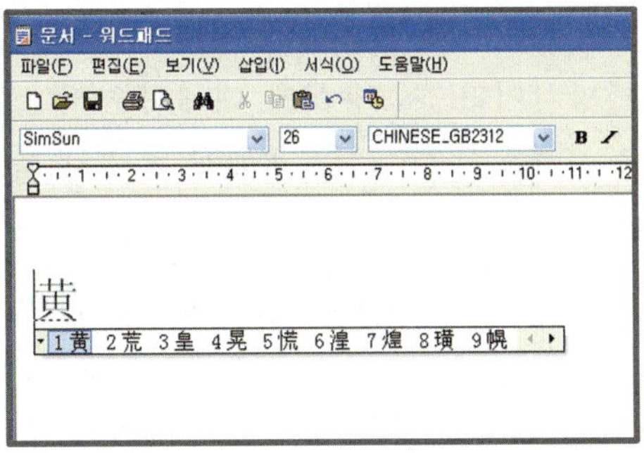

(Fuzzy input 적용시)

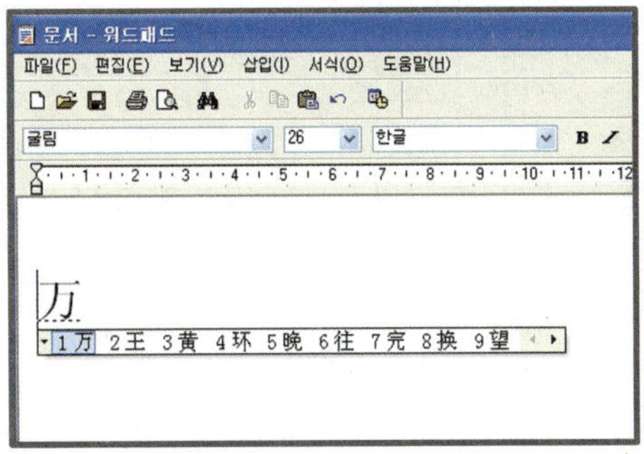

☞ Conversion mode는 한어병음을 입력할 때 문장(Sentence)으로 할 것인지 단어(Word)로 할 것인지를 결정하는 설정이다.

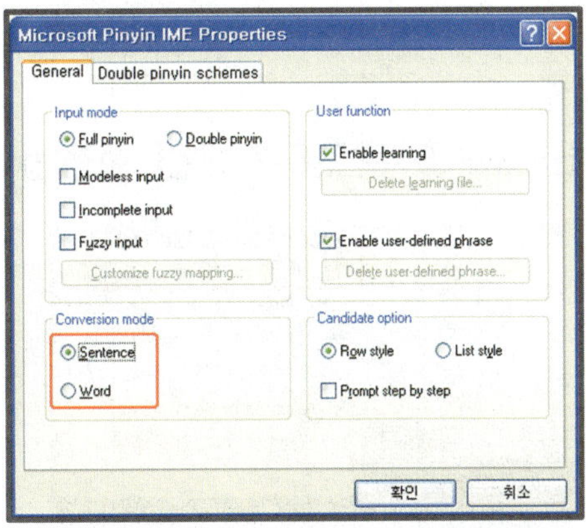

(Sentence 적용시)

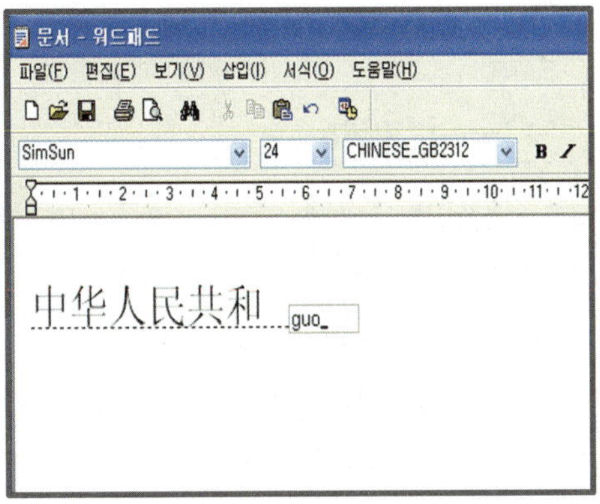

(Word 적용시)

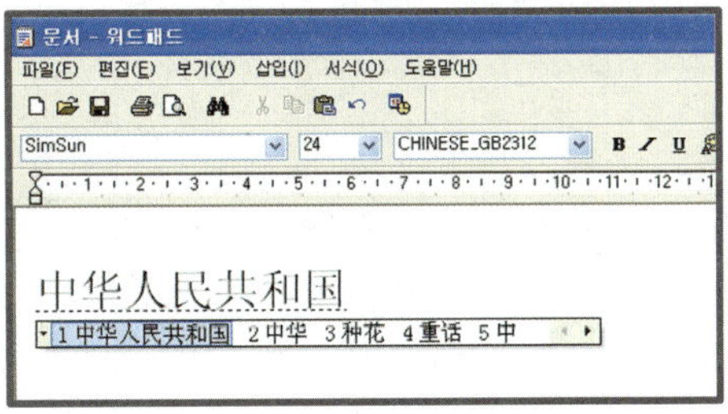

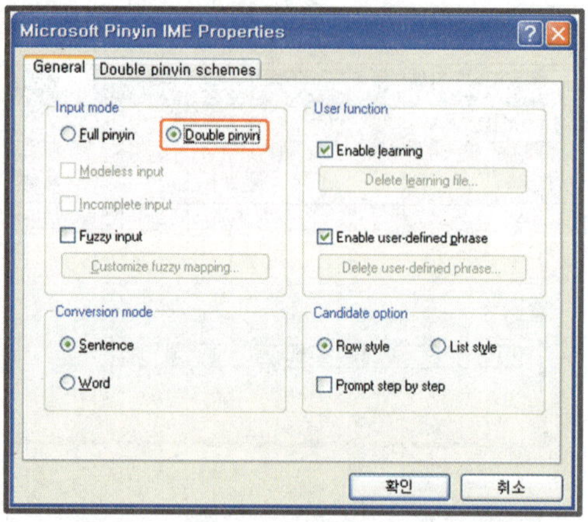

☞ Double pinyin 방식은 자판에 미리 지정된 단축키를 이용해 한어병음을 완성하는 방식이다. 이 방식에 대해서는 비스타 & 윈도우7 옵션 설정법에서 자세히 설명하고 있으니 비스타 & 윈도우7 옵션 설정법의 Double Pinyin을 참고하도록 한다.

비스타 & 윈도우7 옵션 설정법

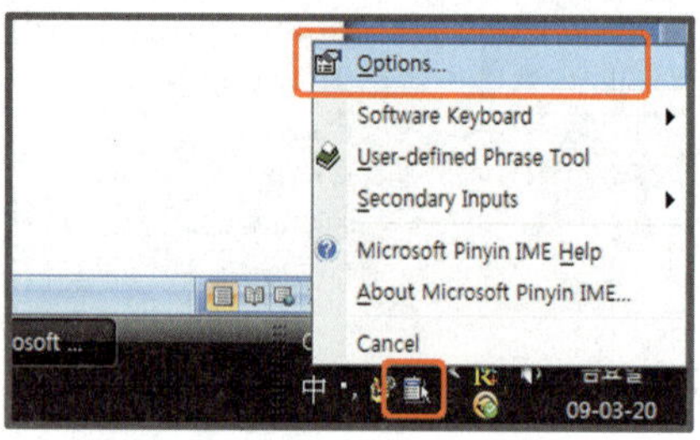

XP에서 비스타로 넘어오면서 많은 옵션설정이 추가되었다. 윈도우7은 비스타와 동일하다. 옵션설정은 확장입력기 메뉴 우측에 있는 '옵션메뉴'를 클릭했을 때 나오는 작은 창에서 'Options'클릭하면 된다.

1. General 설정법

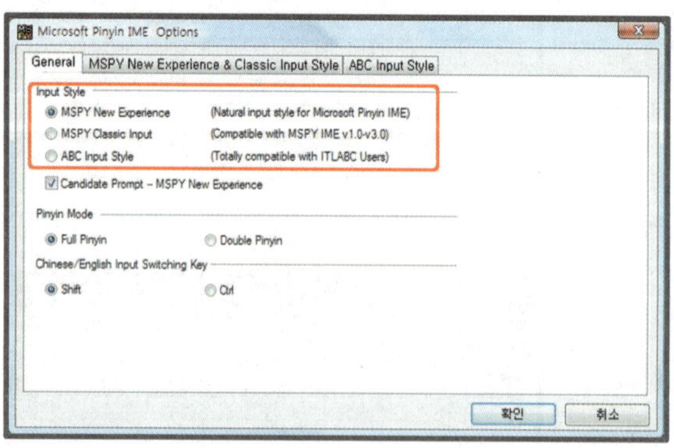

∗Input Style

옵션을 선택하면 맨 먼저 General라는 메뉴가 보인다. Input Style의 내용은 [经典],[体险],[ABC Input Style]을 말하는 것으로 '세부입력기'편에서 설명했으니 다시 참고하도록 하자.

＊Pinyin Mode

☞ Pinyin Mode에는 Full pinyin와 Double Pinyindl 있다. Full pinyin은 전체 한어병음으로 단어를 구성한다는 뜻이다. 일반적으로 Full pinyin으로 기본 설정되어 있다.

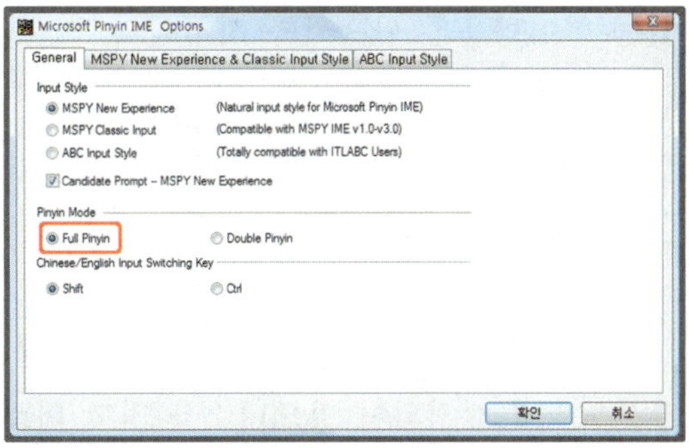

☞ Double Pinyin은 자판에 미리 지정된 단축키를 이용해 한어병음을 완성하겠다는 뜻이다.

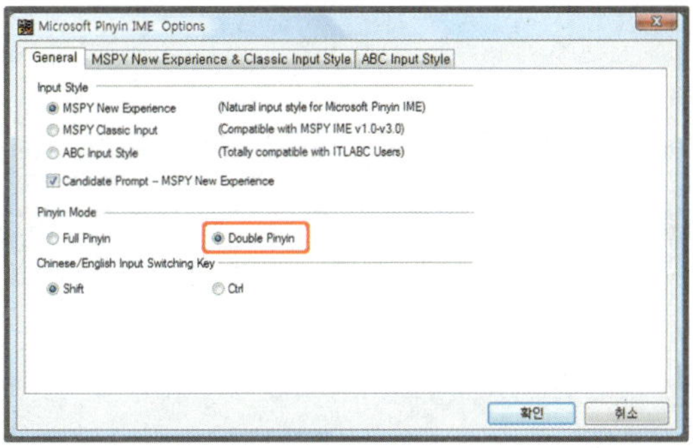

Double Pinyin모드를 활용해 중국어 문서를 작성하려면 약간의 숙련이 필요하다. 이 방법은 사용자가 최대한 적은 타이핑으로 글자를 완성하도록 고안한 방식이다. 그렇기 때문에 자판에 표시되어 있는 단축키를 미리 익혀 놓아야 한다.

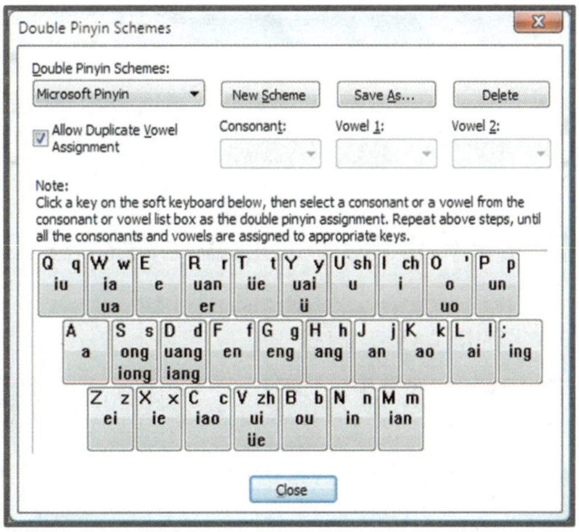

예를 들어 大家好라는 글자를 완성하려면 이전 Full pinyin모드에서는 dajiahao라는 한어병음을 전부 타이핑해야 하거나 첫 글자인 djh로 단어를 찾아야 했다. 그러나 Double Pinyin모드는 첫 글자는 자판에 있는 영문으로 타이핑하고 나머지 뒷부분에

있는 한어병음은 단축키를 사용한다.

大家好 da jia hao (Full pinyin)
大家好 da jw hk (Double Pinyin)

왜냐하면 Double Pinyin에서 jia의 ia부분은 w가 단축키로 설정되어 있고 hao의 ao부분도 k에 설정되어 있으니 h를 치고 바로 k를 치면 hao라는 한어병음이 완성되는 방식인 것이다. 백문이 불여일견이다. 사용자들이 직접 설정해 보고 타이핑하면서 원리를 이해하는 것이 중요하다.

∗Chinese/English Input Switching Key

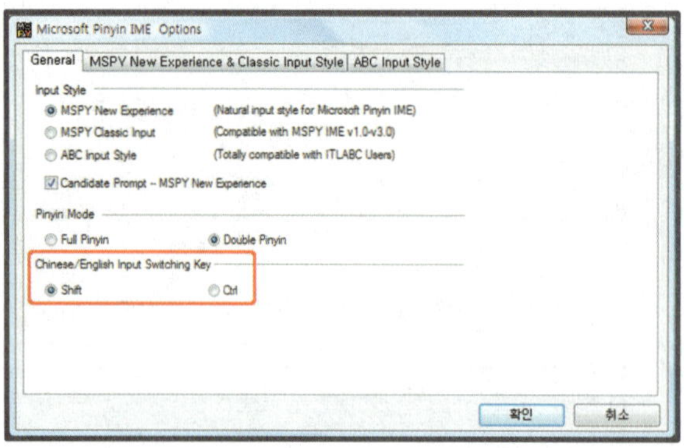

이 방법은 중문모드에서 영문워드 사용이 필요할 때 쓰는 단축키이다. 현재는 Shift로 설정되어 있기 때문에 중문모드에서 영문모드로 변환 시 Shift를 한번만 눌러주면 간단히 영문으로 전환된다. Ctrl키 사용이 편리하다면 체크부분을 바꿔주면 된다.

2. MSPY New Experience & Classic Input Style 설정법

∗Pinyin Style 설정

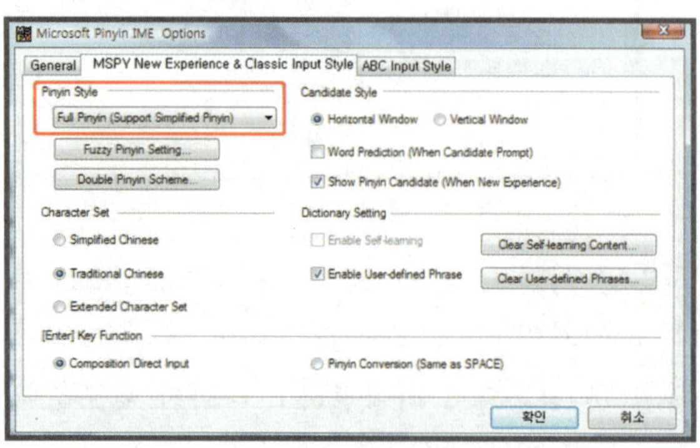

이 옵션은 긴 문장의 한어병음을 입력할 때 유용하게 사용할 수 있다.

다만 한번 익숙해진 입력법은 쉽게 바꾸기 어려우므로 자신에게 맞는 한어병음 입력법을 설정해 익히도록 하자.

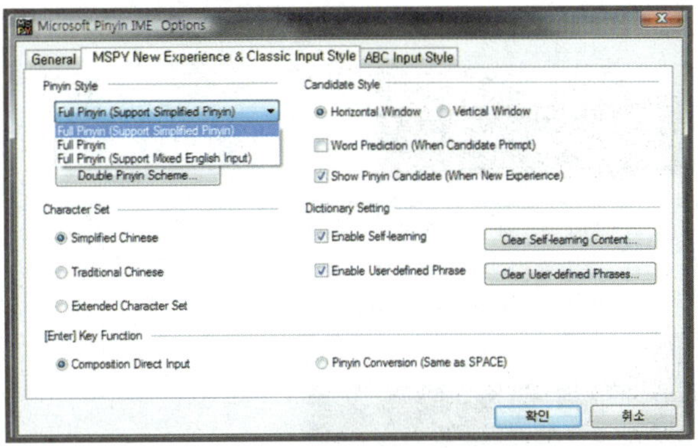

기본적으로 선택되어 있는 설정은 Full Pinyin(Simplified Pinyin) 이다

이 옵션은 일반적인 한어병음 입력법과 단어의 첫 글자만을 이용해 문장을 완성하는 방법이 함께 포함되어 있다.

예를 들어 '中华人民共和国'이라는 단어를 쓸 때 한어병음으로는 'zhonghuarenmingongheguo'라고 입력해야 '中华人民共和国'이라는 글자가 완성되지만 'Full Pinyin(Simplefied Pinyin)'입력법은 이와 같이 일반적인 모든 한어병음 입력 방법이외에도 'zhhrmghg'등 한어병음의 첫 자만 입력해도 관련된 단어가 등장하는 방식이 포함되어 있다.

Full Pinyin(Simplefied Pinyin)모드 하위에 있는 'Full Pinyin'은 모든 한어병음을 입력해야 원하는 글자가 나오도록 되어 있는 방식이므로 일반적으로는 모든 한어병음 입력과 한어병음 앞글자만 입력해도 글자가 나오는 Full Pinyin(Simplefied Pinyin)모드를 선택해서 사용하는 것이 좋다.

(주의: 'Zhong''中'자처럼 권설음이 들어가는 단어는 'z'가 아닌 'zh'를 입력해야 한다)

*Character Set 설정

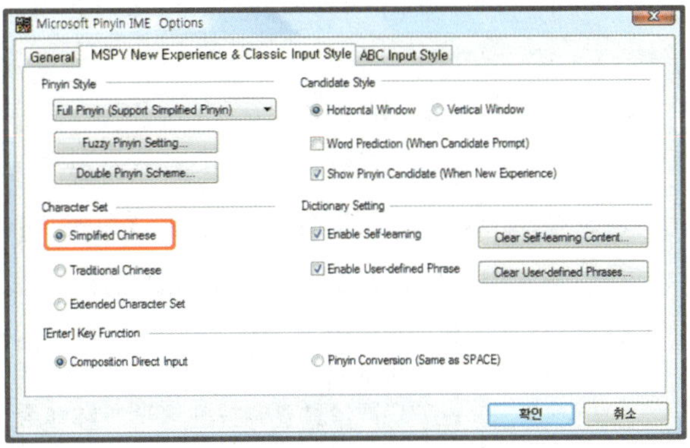

이 부분은 중국어 입력 시 번체자로 표시되게 할 것인지, 아니면 간체자로 표시되게 할 것인지의 설정이다. Simplified Chinese를 선택하면 한어병음 입력 시 간체자로 입력되고 그 아래의 Traditional Chinese 선택하면 번체자로 입력된다.

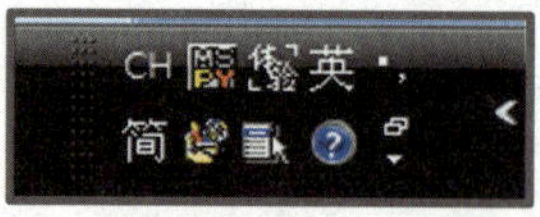

이는 하단의 단축키를 통해서도 간단하게 전환할 수 있다.

＊Candidate Style 설정

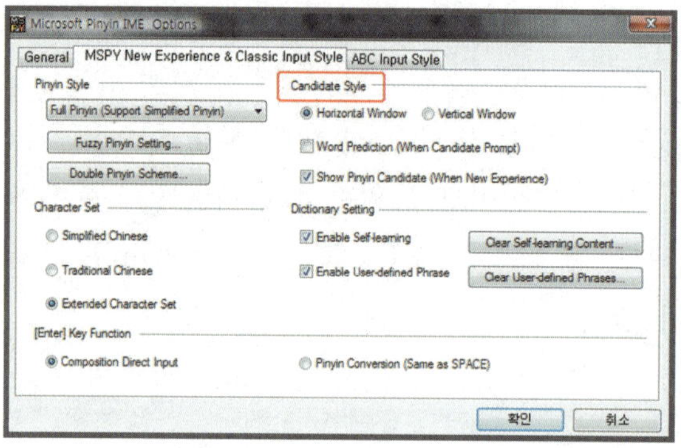

이번에는 Pinyin Style 옆에 있는 Candidate Style 설정법이다.

Candidate Style 메뉴를 보면 Horizontal Window 와 Vertical Window라는 설정이 있다.

Candidate Style이란 중문워드 작업 시 등장하는 한자 후보들의 정렬 방식을 어떻게 설정할 것인지에 대한 방식을 지정하는 것이다.

설정명 그대로 '후보자 스타일'을 지정하는 곳이다.

그럼 두 가지 메뉴 차이점에 대해 알아보자.

우선 수평이란 뜻을 가진 Horizontal Window이란 메뉴를 설정해 보자.

이 방식으로 설정 후 '확인'을 누르고 나와 MS Word에서 한어병음을 타이핑 해보면 단어창이 수평으로 나열되는 것을 알 수 있다.

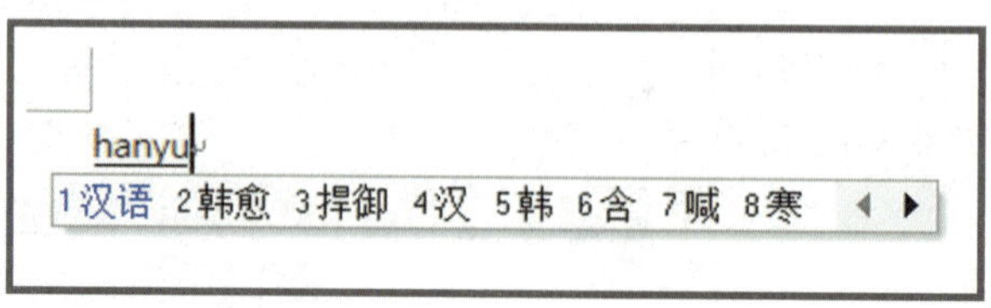

그럼 이번에는 '수직'이라는 뜻을 가지고 있는 Vertical Window을 설정해 보자. 이 방식을 설정하니 보는 바와 같이 한자 후보들이 수직으로 나열되는 것을 확인할 수 있다.

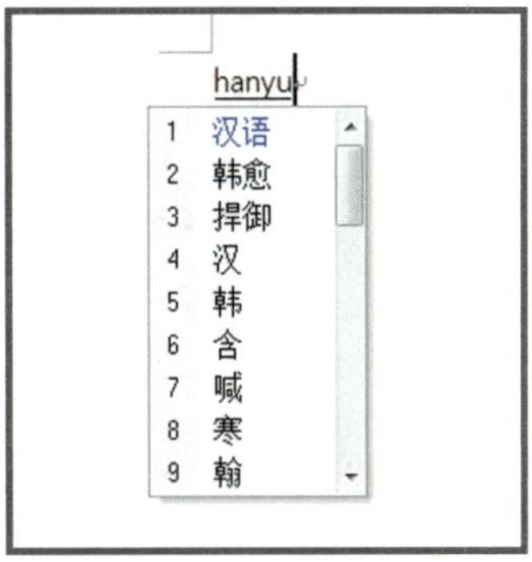

두 가지 방식 모두 사용상에 있어서는 기능적으로 차이가 없다. 사용자가 입력하기 편한 방식으로 설정 후 사용하면 된다.

4 ᄒᆞᆫ글에서 중국어 입력

ᄒᆞᆫ글은 한글 97, 한글 815특별판, 한글 97기능강화판, 한글 워디안, 한글 2007 등 많은 버전이 나와 있다.

ᄒᆞᆫ글은 우리나라 언어 환경에 맞게 프로그래밍 된 문서작성 프로그램으로 어느 언어의 윈도우에서도 독립적으로 작동된다는 장점이 있었지만 한글 워디안 이전 버전에서는 중국어를 입력하지 못해 불가피하게 MS Word를 사용하는 중국어 사용자들이 많았었다. 물론 한글 815특별판에서는 중문을 입력할 수 있게 버전업이 되어 나왔지만 번체자와 간체자를 구별하지 못하거나 오타가 많아 사용률이 적었다는 문제점이 있었다. 그러나 한글 워디안부터는 대부분의 오류가 수정되고 특히나 한어병음 표기 시 성조를 간편하게 작성할 수 있는 장점이 생기면서 현재는 많은 중문입력자들이 ᄒᆞᆫ글과 MS Word를 병기해 사용하고 있다.

이번에는 우리의 전통 프로그램인 ᄒᆞᆫ글에서의 중문작성과 설정 법에 대해 알아보도록 하겠다. 먼저 한글97 이후부터 한글2007까지는 기능상 큰 차이가 없지만 일부 메뉴의 위치가 조금씩 변경된 경우가 있으니 이러한 부분별 차이점은 추가설명으로 대체하도록 하겠다. 본문에서는 가장 최근 버전인 한글2007을 위주로 설명을 하도록 한다.

1. 글자판 설정하기

➤Step 1.

한글2002 입력→글자판→글자판 바꾸기를 선택

한글2007 도구→글자판→글자판 바꾸기를 선택

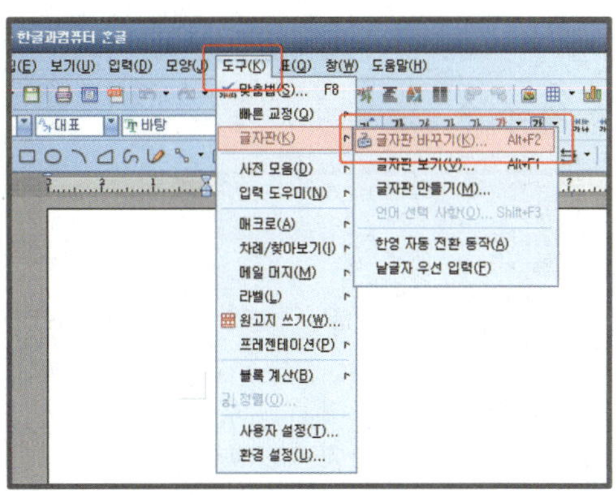

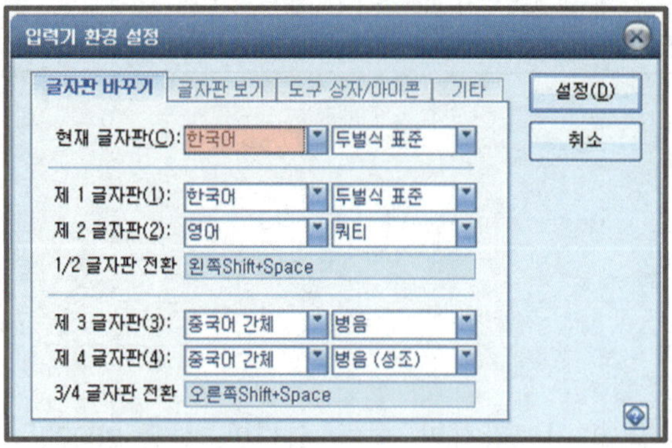

➤Step 2.

글자판 바꾸기를 선택하면 다음과 같은 창이 뜬다.

이 글자판 설정은 한글워드 방식과 중문워드 방식을 좀 더 빠르게 전환하기 위한 설정이다. 위 그림과 같이 현재 글자판은 한국어로 설정되어 있으며 하위 메뉴의 제1글자판도 한국어로 설정되어 있다.

여기서 말하는 제1글자판과 제2글자판이란 단축키를 눌렀을 때 어떤 방식의 글자판으로 전환 할 것인가를 설정하는 것이다.

그 아래 '1/2글자판 전환'을 보면 왼쪽Shift+Space라고 되어 있는 것을 볼 수 있는데, 이는 키보드에 있는 왼쪽Shift키와 Space바를 동시에 눌렀을 때 전환되는 글자판을 말한다. 현재는 제2글자판이 영문으로 되어 있기 때문에 왼쪽Shift+Space를 동시에 눌렀을 때 영어와 한국어로 번갈아 전환되게 된다.

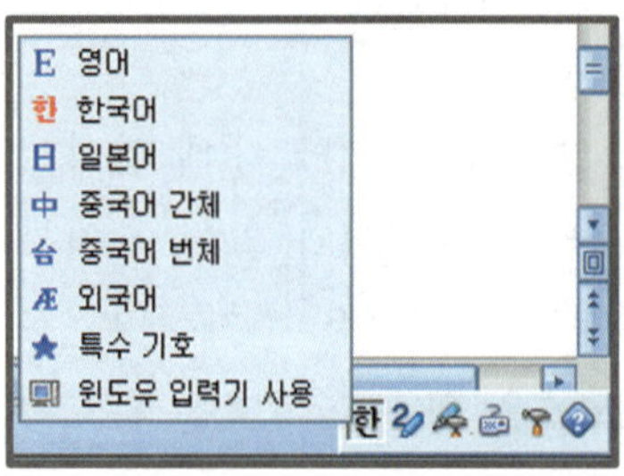

이러한 설정을 염두해 두고 사용자가 편리한 단축키를 설정해 놓는 것이 좋다.

만약 이 단축키 설정을 해놓지 않았다면 우측 하단에 있는 메뉴에서도 변환이 가능하다. 단 매번 전환할 때마다 번거롭다는 단점이 있으니 가능하면 단축키를 미리 설정해 놓자.

➤Step 3.

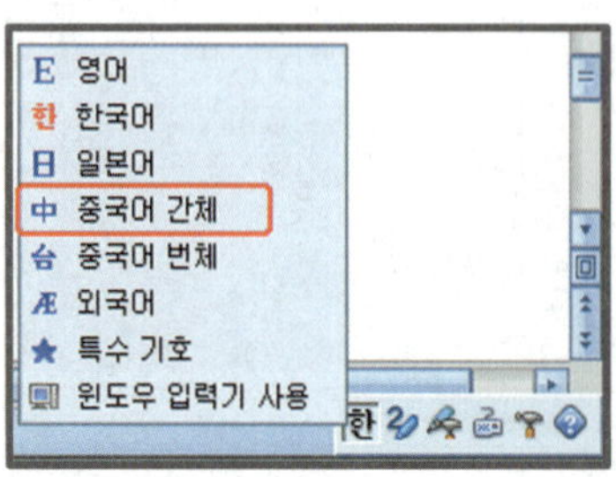

준비가 완료됐으면 이제 훈글에서 중국어를 입력해 보자. 훈글에서 중국어를 입력하기 위해서는 하단의 입력기 메뉴에서 중국어 간체를 선택하는 방법과 글자판에서 단축키를 설정했다면 단축키로 간단히 전환하는 방법이 있다. 조금 전에 단축키 설정에서

중국어 간체(병음)을 오른쪽 Shift+Space로 설정했다면 오른쪽 Shift+Space로 간단히 전환해 보자.

➤Step 4.

전환이 끝나면 오른쪽 하단의 글자판 메뉴가 다음과 같이 바뀐다. 中이란 표시는 중국어로 전환되었다는 뜻이고 拼이란 표시는 한어병음으로 설정되었다는 뜻이다.

➤Step 5.

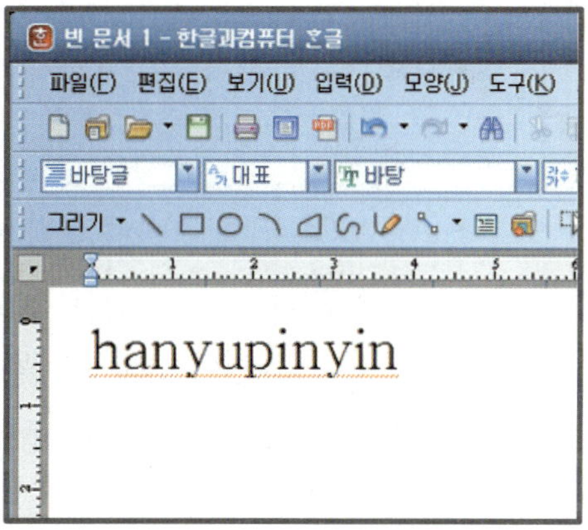

그럼 새로운 한글문서를 띄워서 한어병음을 입력해 보자.

흔글에서의 중문입력은 MS Word의 입력법과 다소 차이가 있다. 처음 한어병음을 입력했을 때는 아무런 단어도 나오지 않지만 한어병음을 입력한 후 Space키를 한번 쳐주면 관련 단어들이 등장하게 된다.

➤Step 6.

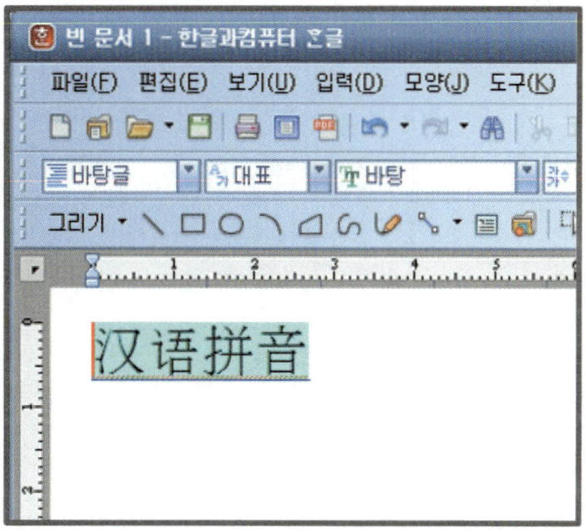

흔글에서는 가장 기본적인 단어만 제공한다. 그래서 간혹 내가 원하는 단어가 나오지 않아 한 글자씩 따로 입력해야 하기도 한다.

예를 들어 汉语가 아니라 韩语라는 단어를 타이핑하고 싶지만 발음이 동일한 한어병음 hanyu를 입력했을 때 흔글에서는 가장 기본적인 汉语라는 단어만 제시된다. hanyu라는 한어병음을 모두 입력했을 때는 韩语라는 단어를 찾을 수 없다는 것이다. 이럴 경우에는 한어병음을 한 글자씩 입력해야 한다.

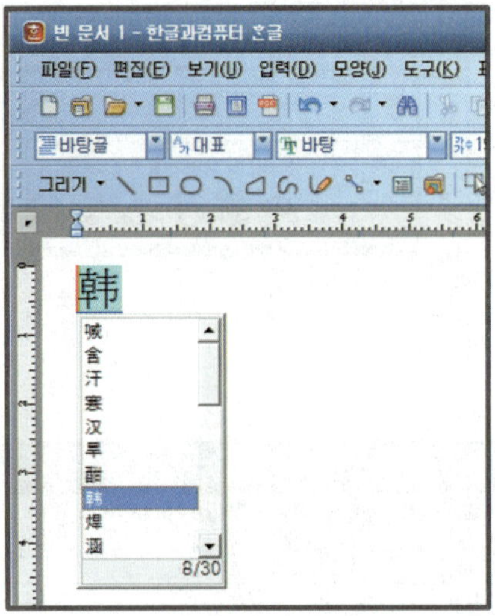

➤Step 7.

han이라는 한어병음을 입력하고 Space키를 누르면 한어병음에 블록이 생기고 아래쪽 방향키를 누르면 그림에서 보는 바와 같이 조그만 창이 뜬다.

이 창에 있는 한자 중 내가 필요로 하는 곳으로 키보드의 방향키를 내려서 엔터를 쳐주면 관련된 한자가 입력되게 된다.

MS Word에 비해 호글은 긴 문장의 중국어를 입력하기 불편하며 MS Word처럼 한어병음의 첫 글자만 입력해서 문장을 찾는 편의성이 떨어지는 편이다.

그러나 호글도 나름 편리한 기능들이 많이 있으니 책의 내용을 살펴보면서 천천히 익히도록 하자.

5 성조와 함께 한어병음 입력하기

1. MS Word에서 성조가 표시된 한어병음 입력하기

성조가 표시된 한어병음이란 중국어 교제에 많이 쓰이는 성조표기 방식이다. 한자가 익숙하지 않은 중국어 초보학습자들의 교제에는 한자와 함께 발음을 표기하는 성조가 표시되어 있다. 이러한 성조표기는 훈글과 MS Word에서 모두 입력 가능한 것으로 이번에는 이 성조가 표기된 한어병음 입력 법에 대해 알아보도록 하겠다.

➤Step 1.

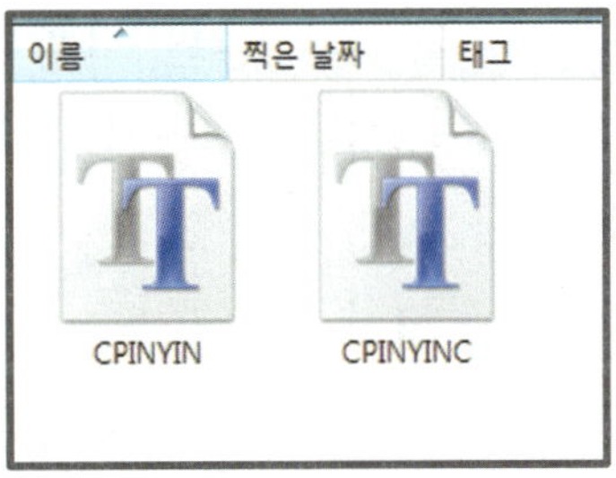

우선 MS Word에서 성조를 표기하려면 관련 폰트가 필요하다. 이 폰트를 한어병음폰트라고 하며 국내 검색사이트에서 검색을 통해 쉽게 구할 수 있다.

(검색명은 cpinyin font)

➤Step 2.

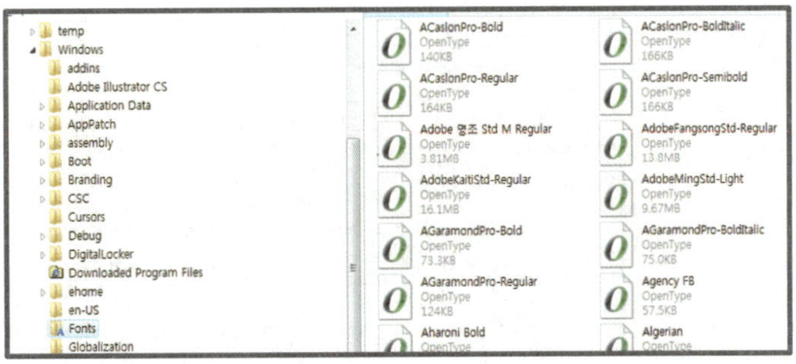

다운 받은 파일을 적당한 곳에 옮겨놓고 윈도우의 font폴더에 추가한다.

윈도우 XP일 경우 파일을 복사해 시작→제어판→글꼴을 차례로 클릭해 폰트를 추가하면 되고 비스타나 윈도우7일 경우에는 폰트 파일에 오른쪽 마우스를 누르고 설치메뉴를 클릭하면 간단하게 글꼴을 설치할 수 있다.

(cpinyin font는 설치후 Chinese Pinyin이라는 폰트명으로 바뀐다.)

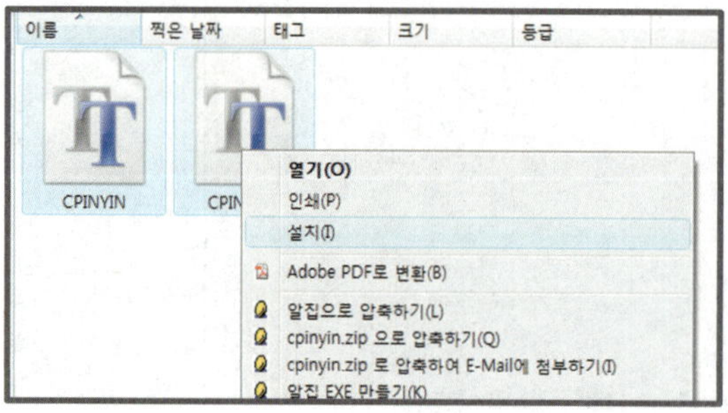

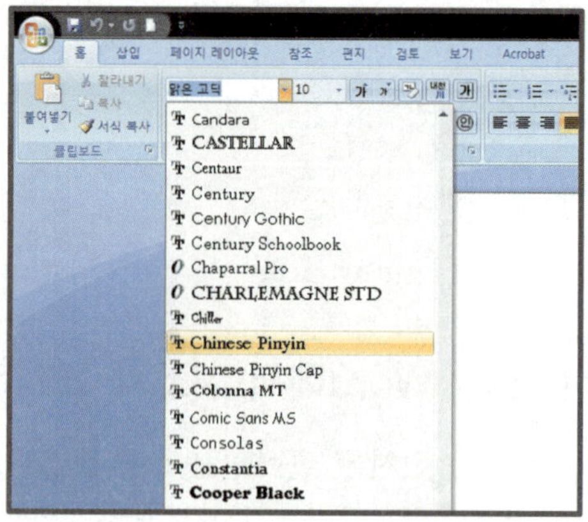

❋비스타나 윈도우7일 경우

➤Step 3.

글꼴을 설치했으면, 이제 MS Word를 띄워서 성조가 있는 한어병음을 입력해 보자. 폰트는 조금 전에 설치했던 cpinyin font를 찾아 선택하면 된다.

➤Step 4.

Chinese Pinyin폰트는 한자입력은 안되고 성조가 있는 한어병음 입력만 가능하다. 자판그림에 보이는 것처럼 성조가 표시된 한어병음은 숫자 1,2,3,4나 {, [와 같은 영문키 이외의 자리에 배치되어 있다.

따라서 관련 성조를 표기하려면 성조표기 배열을 잘 암기해 놓아야 한다.

중국어 성조 표기 한어병음 자판 배열

<table>
<tr><td>Chinese Pinyin</td><td>ā á ǎ à</td><td>ē é ě è</td><td>ō ó ǒ ò</td><td>ū ú ǔ ù</td><td>ǖ ǘ ǚ ǜ</td><td>ī í ǐ ì</td></tr>
<tr><td>키보드</td><td>` 1 2 3</td><td>4 5 6 7</td><td>8 9 0 -</td><td>[{ }]</td><td>= + | \</td><td>% ^ & *</td></tr>
</table>

➤Step 5.

이 같은 자판배열을 기초로 성조가 있는 한어병음을 입력해 보자.

여기서는 hànyǔpīnyīn이라는 성조가 포함된 한어병음을 입력해 보았다.

이 단어를 만들기 위해서는 아래처럼 '한어병음 자판 배열'에 기초한 타이핑이 필요하다.

'h3n' 'y}' 'p%n' 'y%n' → hàn yǔ pīn yīn

➤Step 6.

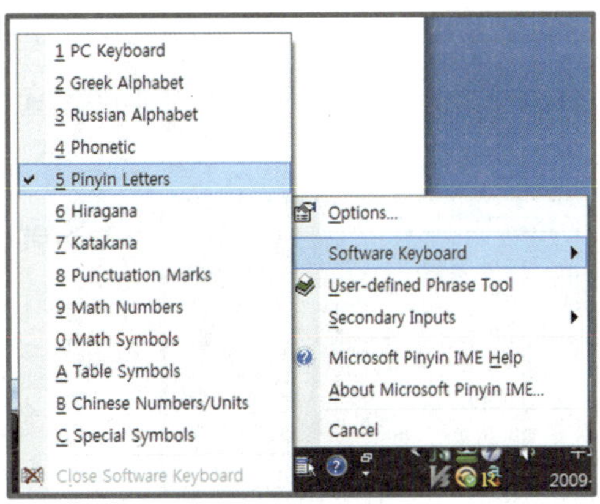

MS Word에서 제공하는 성조표기 한어병음 입력 법은 방식이 다소 까다롭고 복잡하다. 그래서 약간의 편법을 이용해 타이핑 하는 방법을 알아보도록 하자.

먼저 Shift + Alt를 눌러 중국어타이핑 모드로 전환한다. 옵션을 누르면 조그만 창이 뜨고 Software Keyboard라는 메뉴가 있는데, 여기서 Pinyin Letters를 선택한다.

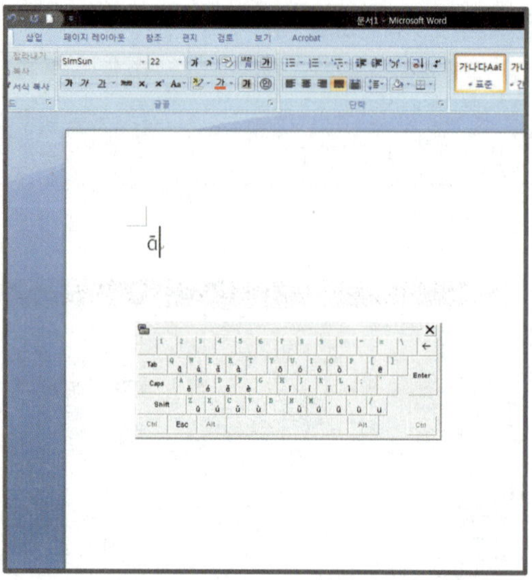

➤Step 7.

Pinyin Letters를 선택하면 조그만 소프트키보드가 하나 뜨는데, 이 키보드에는 성조가 표기된 알파벳이 나열되어 있다. 성조가 표기된 자판배열을 익히지 못했거나 폰트를 구하지 못했다면 이 소프트키보드를 활용해 성조표기 한어병음을 입력할 수 있다.

그러나 이 방법도 문서를 작성할 때마다 일일이 띄워놓아야 한다는 불편함이 있다. 하지만 모든 성조표기를 한 번에 타이핑한 후 필요할 때 마다 복사해서 문서를 작성하는 방법도 있으니 적절히 응용해보자.

2. 훈글에서 성조가 표시된 한어병음 입력하기

여기서 설명하는 성조가 표시된 한어병음 입력 법은 훈글워디안과 훈글2002에서는 지원되지 않는다. 그러나 훈글97과 훈글2004 버전 이상에서는 이 기능이 지원되니 자신의 훈글버전을 미리 확인해보고 연습을 따라해 보자.

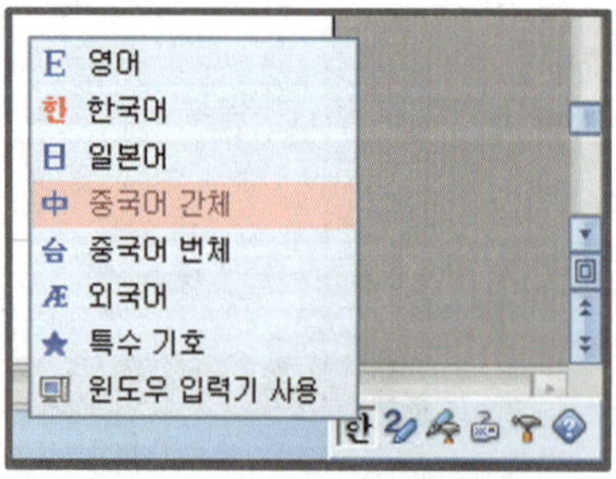

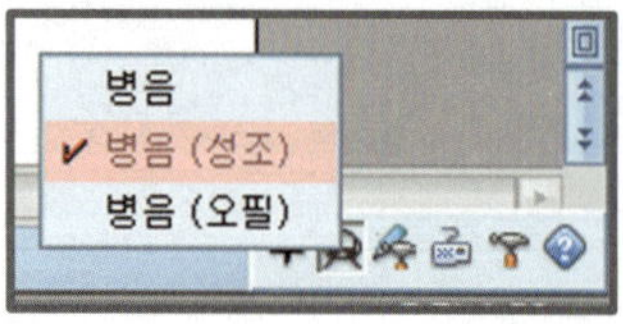

➤Step 1.

먼저 기능을 지원하는 훈글을 실행시켜 '병음(성조)'로 전환한다.

➤Step 2.

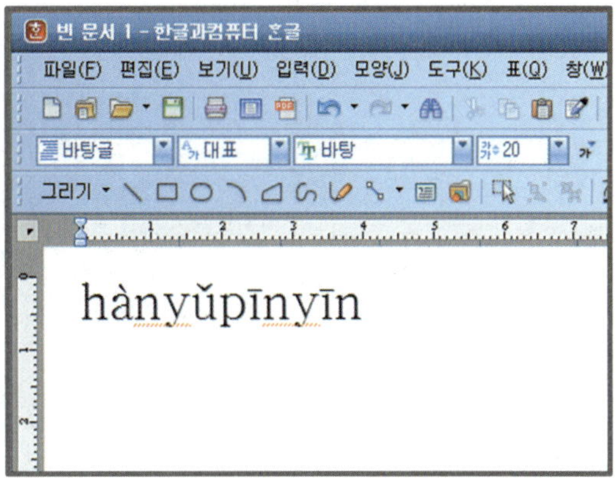

흔글에서 지원하는 성조 입력 법은 MS Word에 비해 무척 쉬운 편이다. 흔글에서는 hànyǔpīnyīn이라는 성조를 입력하기 위해 일일이 단축키를 찾아다닐 필요가 없다. 알파벳을 누르고 입력할 성조의 숫자를 누르면 알파벳 위로 성조가 표시된다.

예를 들어 hànyǔpīnyīn라는 글자를 타이핑하기 위해서는 'ha4n' 'yu3' 'pi1n' 'yi1n'처럼 성조가 표기되어야 하는 알파벳 다음에 해당하는 성조를 숫자로 넣어주면 된다.

à는 a의 4성 이니까 a4를 타이핑하면 à로 자동 전환되는 원리인 것이다.

6 윗주달기

1. MS Word에서 윗주달기

윗주달기란 타이핑한 한자위에 추가설명을 다는 것을 말한다. 이 윗주달기란 일반적으로는 보조설명을 추가하기 위해 사용하지만, 여기서는 한어병음을 표기하기 위한 방법으로 활용해 보도록 한다.

➤Step 1.

일단 한글 MS Word문서를 새로 띄워본다. 그림에 붉게 표시된 부분이 윗주를 삽입할 수 있는 버튼이니 잘 기억해 두자. 참고로 MS Word 2003에서는 서식→윗주달기를 클릭해야 한다.

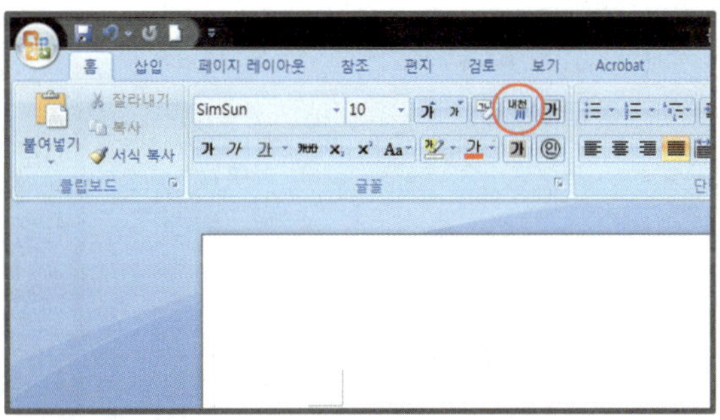

➤Step 2.

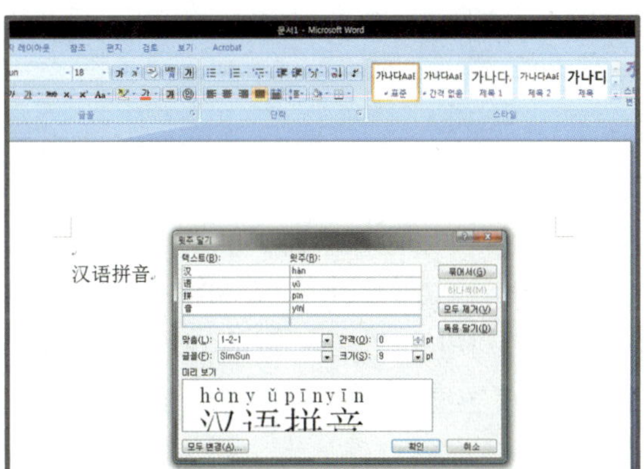

글자를 입력하고 조금 전에 눈여겨보았던 윗주달기 버튼을 누르면 윗주달기 창이 하나 뜬다. 창의 내용을 살펴보면 텍스트부분에는 내가 입력한 한자가 하나씩 들어가 있고 우측 '윗주'부분에는 성조가 있는 한

어병음이 자동으로 입력되어 있는 것을 알 수 있다.

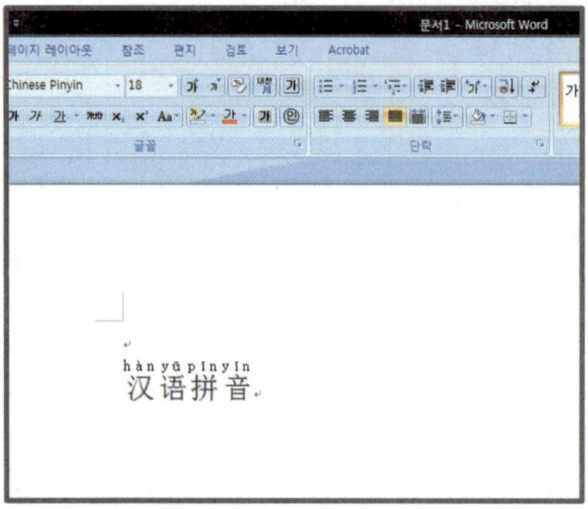

➤Step 3.

그러나 바로 확인을 눌러 작성된 윗주달기를 보니 한어병음 표기가 일정하게 나열되어 있지 않다. 이를 수정해 보도록 하자.

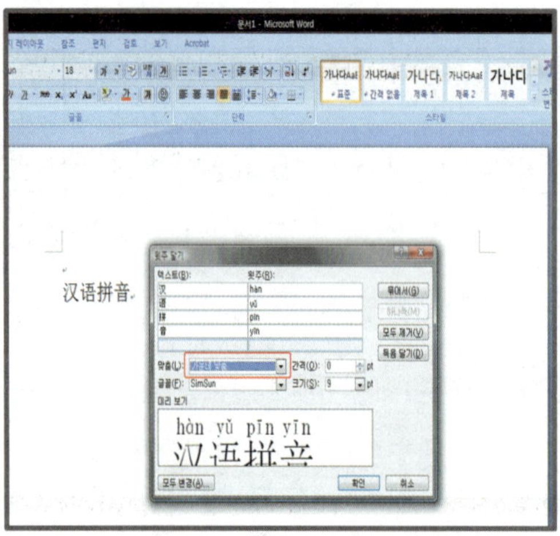

➤Step 4.

다시 윗주달기 메뉴로 들어가 맞춤 메뉴를 가운데 맞춤으로 고쳐주면 한어병음이 글자에 맞게 정렬되는 것을 알 수 있다. 같은 창에 있는 '글꼴', '간격', '크기'등을 조절해 자신이 원하는 윗주달기를 완성하자.

참고로 일부 컴퓨터에서는 윗주달기에 한어병음이 자동으로 입력되지 않는 문제점이 발생하기도 한다.

이 문제를 알아보기 위해 MS사에 문의해봤지만 정확한 원인을 찾지 못했다.

그러나 걱정할 필요는 없다. 윗주달기 방법은 MS Word이외에도 WPS Office라는 더 뛰어난 프로그램이 있으니 뒷부분에서 추가로 설명하도록 하겠다.

2. 훈글에서 윗주달기

윗주달기는 훈글에서도 가능하다. 다만 MS Word와는 방식이 조금 다르니 특성을 익히도록 하자.

➤Step 1.

훈글에서 윗주넣기는 입력→덧말넣기에 있다.

(단축키는 Alt+d+a)

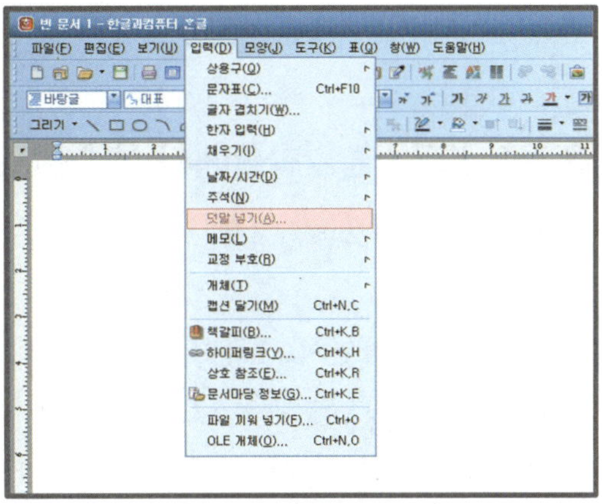

➤Step 2.

덧말 넣기 창이 뜨면 본말에 원하는 한자를 입력하고, 덧말에는 한어병음을 입력한다.

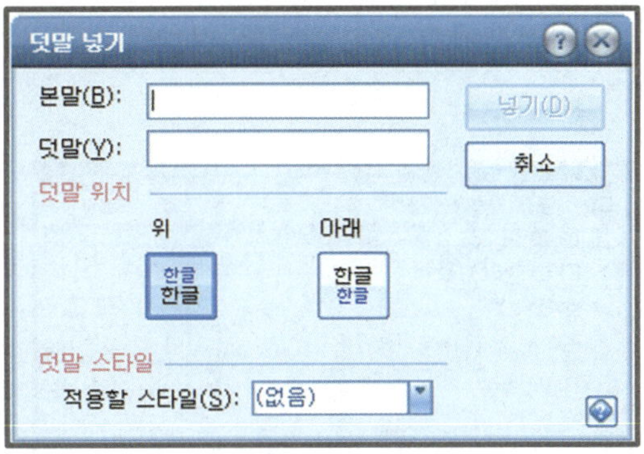

➤Step 3.

덧말에 한어병음을 입력할 시 주의해야 할 점은 덧말이 가운데 맞춤이 되지 않기 때문에 글자크기에 따라 적당히 간격을 미리 적당히 유지시켜 줘야 한다는 것이다.

그래야 완성됐을 때 그림의 왼쪽처럼

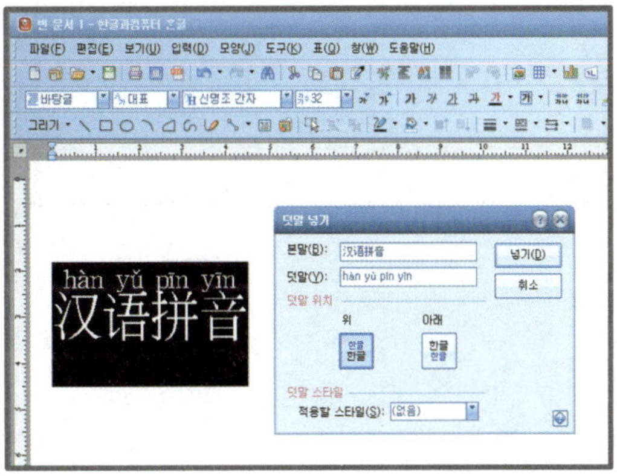

한자위에 한어병음이 보기 좋게 정렬된다.

흔글의 장점은 덧말의 위치를 위나 아래로 지정할 수 있다는 점이고, 단점은 덧말 넣기 창을 띄워서 일일이 수작업을 해야 한다는 점이다. MS Word에 비해 비교적 손이 많이 가는 방법이라고 할 수 있다.

3. 흔글97기능강화판에서 윗주달기

흔글97기능강화판은 역대 흔글버전 중 가장 뛰어난 중국어입력 시스템을 자랑한다.

버전이 올라가면서 중국어 사용자들에게 유용했던 기능들이 사라진 것은 매우 안타깝지만 흔글97기능강화판은 설치 호환성이 뛰어나기 때문에 윈도우 비스타나 윈도우7과 같은 최신 시스템에서도 문제없이 설치해서 사용할 수 있다.

단 흔글97기능강화판에서 작성한 문서는 흔글상위버전에서 불러올 수 없기 때문에 상호 교차해서 사용하기는 어렵다.

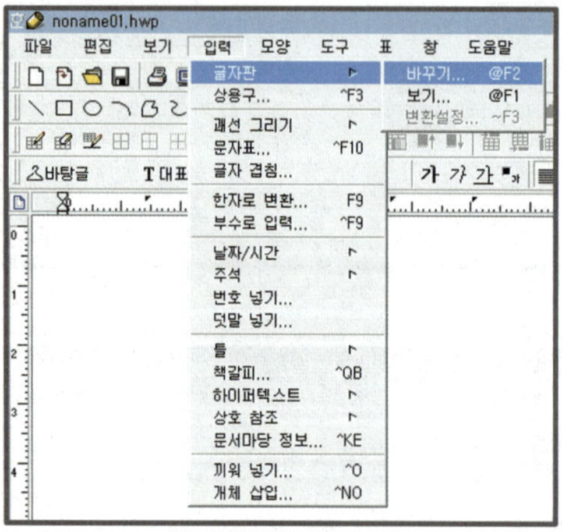

➤Step 1.

먼저 흔글97기능강화판을 열고 입력→글자판→바꾸기를 클릭한다.

➤Step 2.

바꾸기를 선택하면 조그만 창이 하나 뜨면서 글자판 바꾸기 창이 등장한다. 글자판 종류 메뉴를 열어 아시아라는 버튼을 클릭한다.

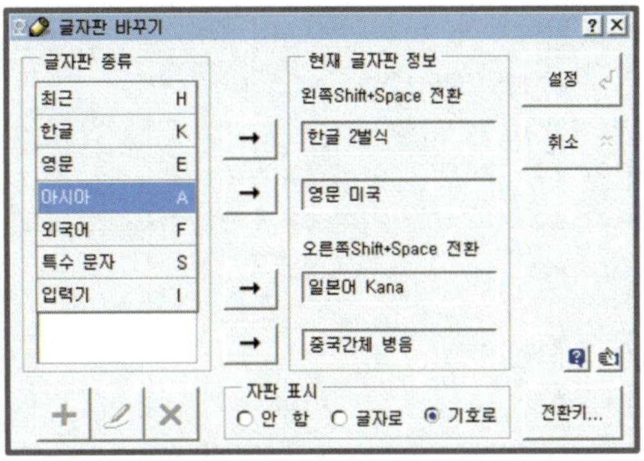

➤Step 3.

아시아를 선택했으면 다시 중국간체 병음을 선택하고 설정을 눌러 빠져나온다.

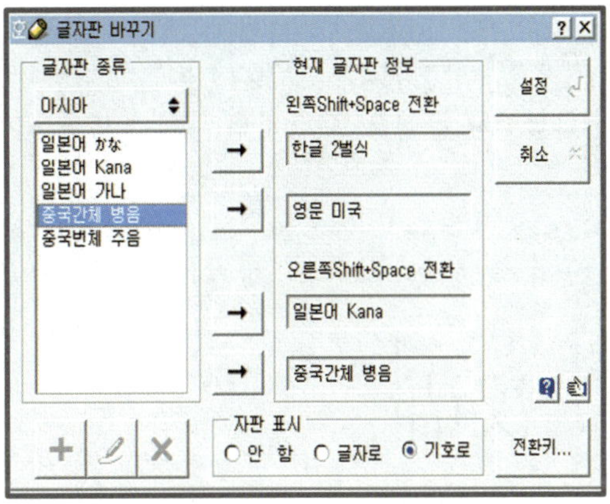

➤Step 4.

옵션 설정이 끝났으면 이제 다시 글자판의 변환설정으로 들어간다.

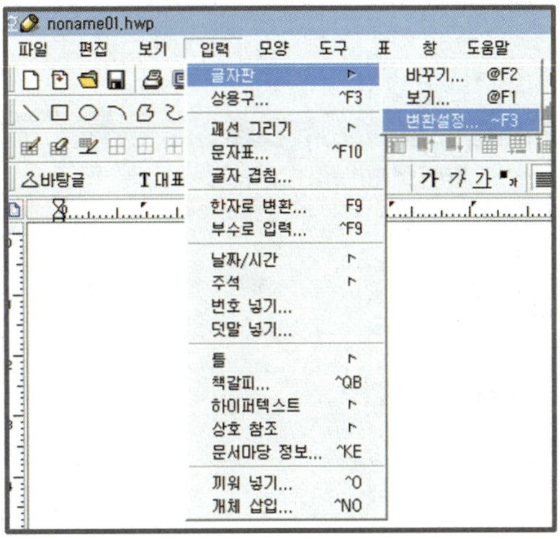

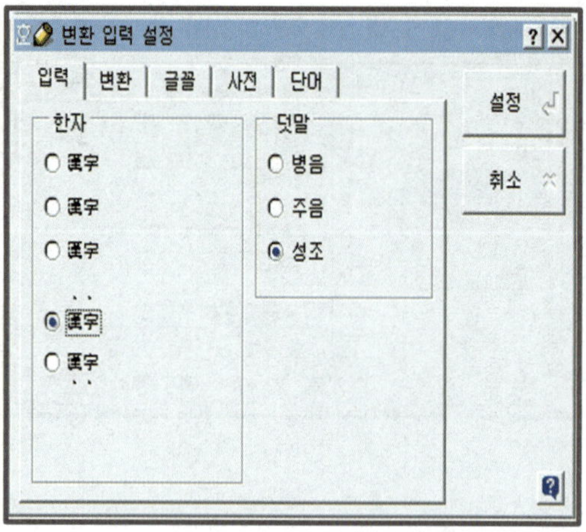

➤Step 5.

변환 입력 설정에는 여러 가지 메뉴가 있는데, 일단 그림과 같이 선택을 해 서 연습을 해보자.

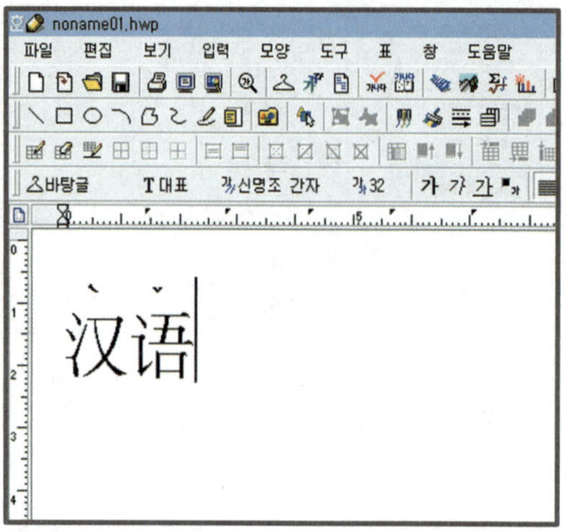

➤Step 6.

조금 전 설정한 메뉴로 문서에 hanyu라는 영문을 입력하니 중국어로 汉语라는 글자가 나오고 윗부분에 성조표시가 된 것을 확인 할 수 있다. 이는 방금 설정한 메뉴가 한자위에 성조가 표시되게끔 하는 메뉴였기 때문이다.

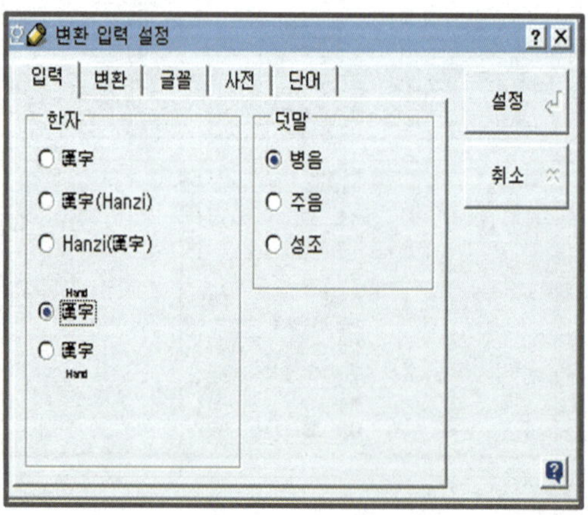

➤Step 7.

그럼 이제 다른 방식을 선택해 연습해 보자. 이번에는 '덧말'을 병음으로 선택하고 '한자'는 윗주를 선택했다.

➤Step 8.

타이핑을 해보니 아까와는 달리 한자 위에 성조가 표시된 한어병음이 입력된 것을 확인 할 수 있다.

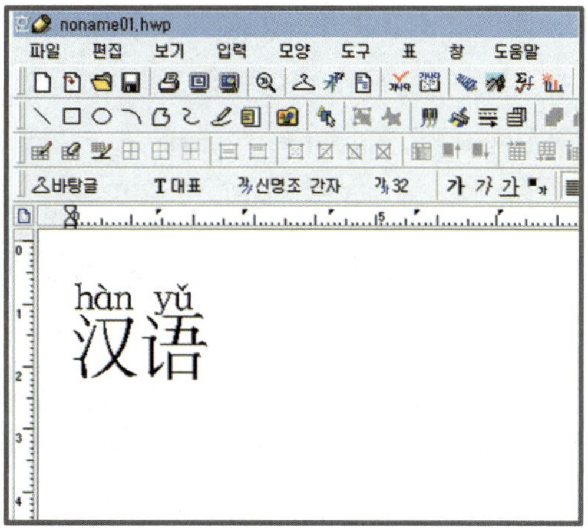

➤Step 9.

이번에는 汉子(Hanzi)라고 표기된 것을 선택해 보자.

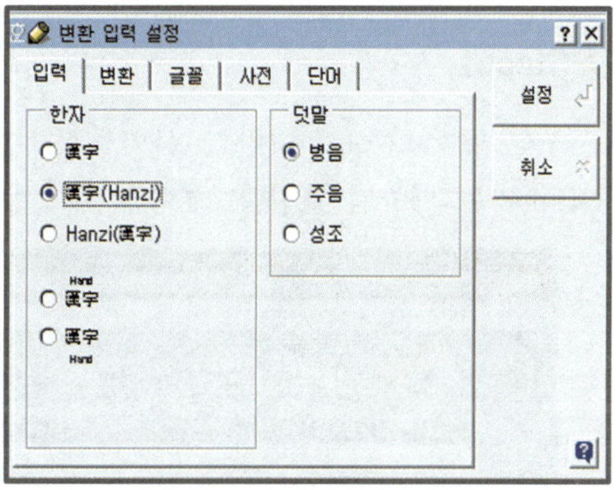

➤Step 10.

hanyu라고 타이핑을 하니 汉语(hànyǔ)라고 한자와 성조가 표시된 한어병음이 함께 입력되는 것을 알 수 있다. 이와 같은 방식을 통해 자신이 원하는 종류의 문서작성을 할 수 있다.

이처럼 훈글97기능강화판은 훈글2007보다 훨씬 다양한 윗주달기를 지원하고 있지만 성조가 표시된 한어병음만을 따로 입력하는 기능이 없기 때문에, 일단은 문장을 작성하고 한자만 따로 삭제해 주는 편법을 써야 하는 불편함은 존재한다.

4. WPS Office 프로그램으로 윗주달기

이번에는 좀 더 획기적인 프로그램을 사용해 윗주달기를 해보도록 하자.

이 방법이 아마도 MS Word나 훈글보다는 훨씬 간편하고 실용적인 방법이 되리라 생각된다. 이 프로그램은 고가의 MS Office를 대체하기 위해 중국에서 무료로 배포되는 프로그램으로 MS Office에서 작성된 문서들을 열어보거나 MS Office용 확장자로 문서를 작성할 수 있는 장점이 있다. 무엇보다도 가장 큰 장점은 무료라는 점이다.

➤Step 1.

우선 www.wps.cn이라는 사이트로 접속을 해보자. 우측 하단에 免费下载 WPS Office라는 메뉴가 보인다. 클릭을 하고 다운로드를 실행시킨다.

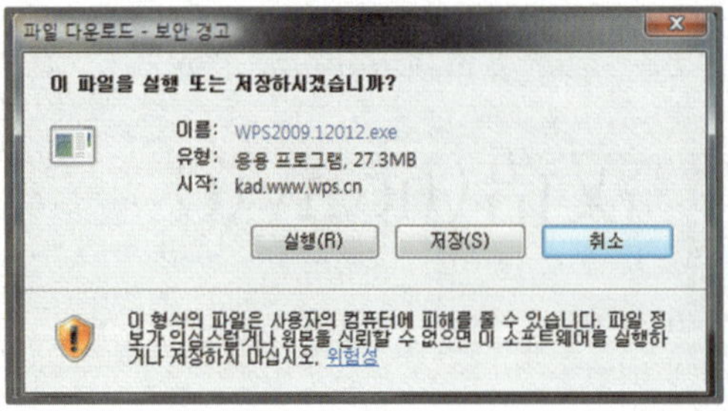

➤Step 2.

클릭을 하면 새로운 창이 뜨면서 관련 프로그램을 실행할 것인지 저장할 것인지를 묻는 창이 뜨는데, 사용자가 편리한 방법을 이용한다.

➤Step 3.

설치화면이다. Next를 눌러서 다음으로 넘어가자.

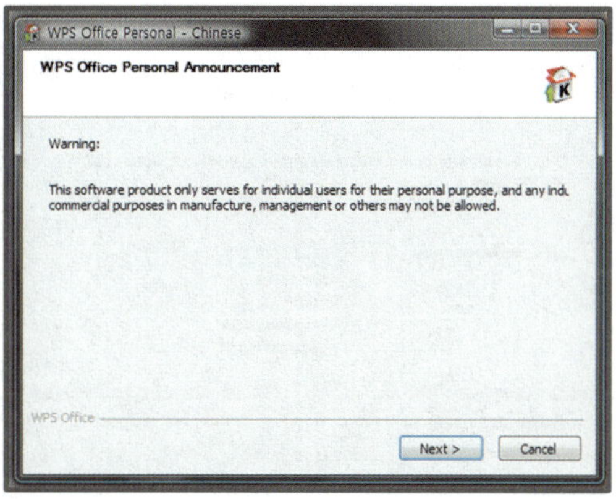

➤Step 4.

이 프로그램은 지금도 지속적으로 업데이트되고 있기 때문에 화면에 보이는 버전명이 조금씩 다를 수 있다. 자신의 컴퓨터에 설치가 잘 안된다면 하위버전을 다운받아 설치해 보자.

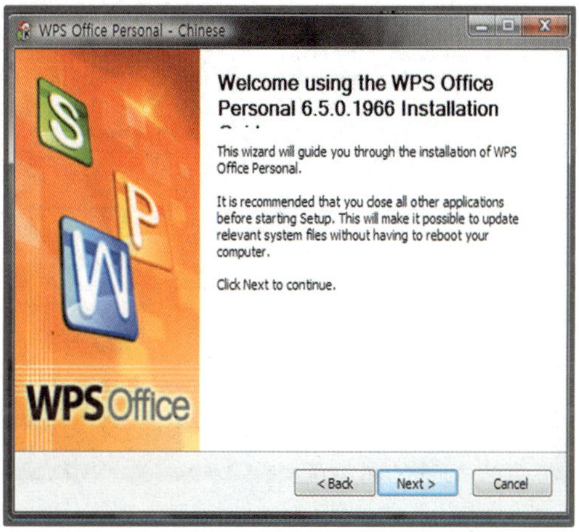

➤Step 5.

빈 박스를 체크하고 사용에 동의해야 Next버튼이 활성화되니 박스를 체크하고 Next를 누른다.

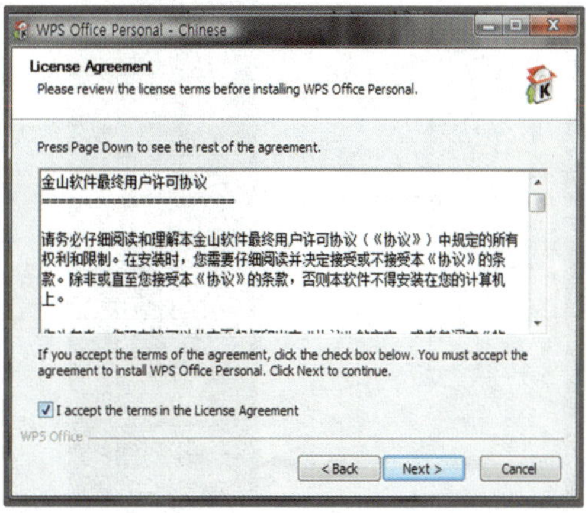

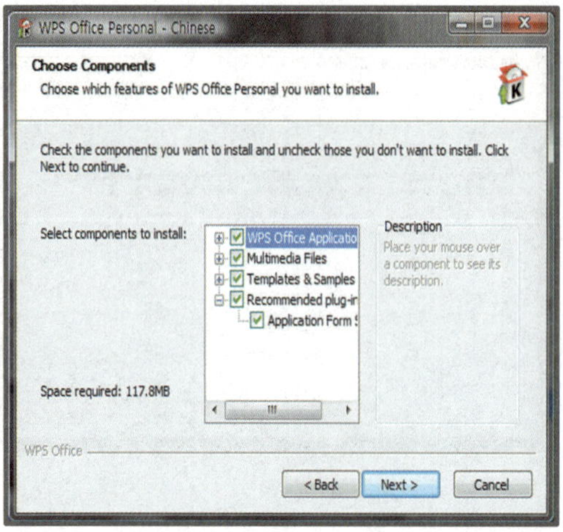

➤Step 6.

구성요소를 설치할 것인지에 대한 물음이다. 간혹 내부옵션으로 필요할 경우가 있으니 체크된 상태에서 바로 Next를 눌러준다.

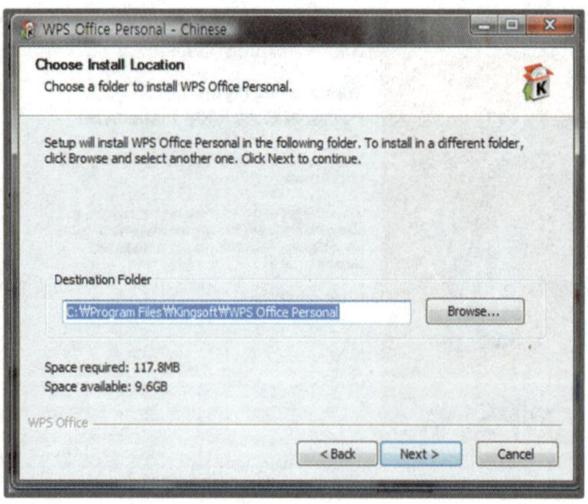

➤Step 7.

어느 위치에 설치할지를 지정한다. 기본적으로는 C드라이브로 설정되지만 용량이 부족할 경우 다른 위치를 지정해서 설치한다.

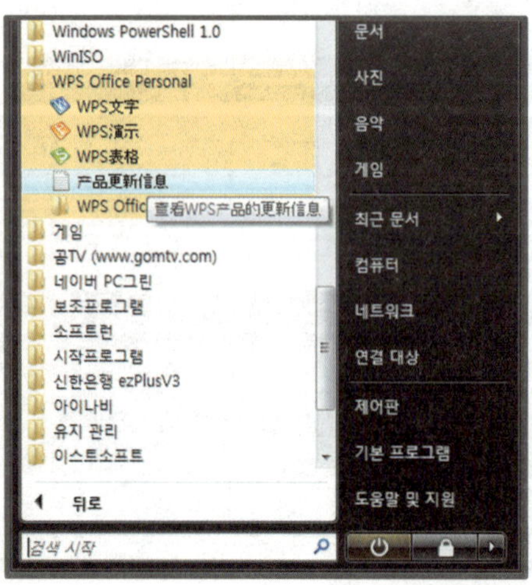

➤Step 8.

설치가 완료된 후 프로그램 메뉴를 살펴보면 WPS Office폴더가 새로 생긴 것을 확인할 수 있다.

➤Step 9.

설치된 프로그램을 살펴보자.

WPS演示 이 그림은 파워포인트

WPS文字 이 그림은 워드

WPS表格 이 그림은 엑셀 프로그램이라는 뜻이다.

사용자가 원하는 프로그램을 골라 사용할 수 있다.

여기에서는 워드용 프로그램을 사용해 연습해보자.

➤Step 10.

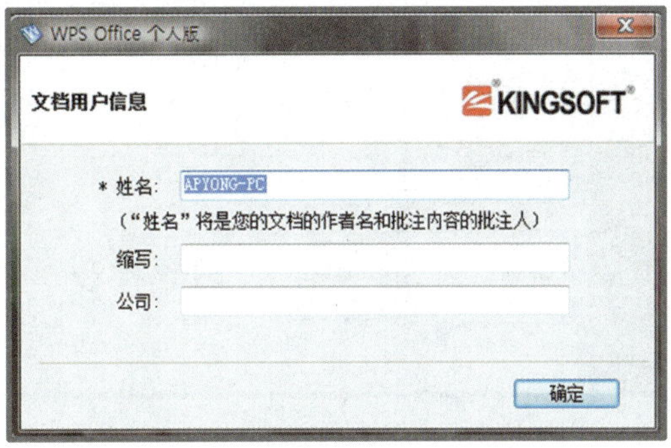

프로그램을 처음 구동하면 사용자 정보를 입력하는 메뉴가 나온다.

설치후 처음 구동 시에만 등장하니 특별한 입력조건이 없으면 确定를 눌러 프로그램을 실행시킨다.

➤Step 11.

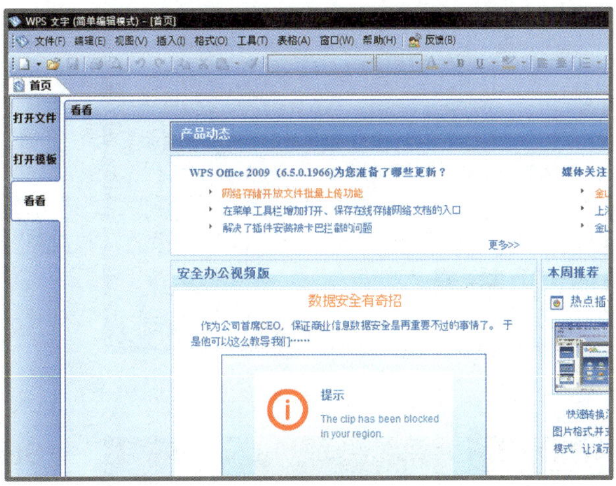

프로그램을 실행시키면 다음과 같은 화면이 나온다. 기본적인 기능과 구성은 MS Word 2003버전과 유사하다.

그럼 좌측상단의 빈문서 그림을 눌러 새문서를 띄워보자.

➤Step 12.

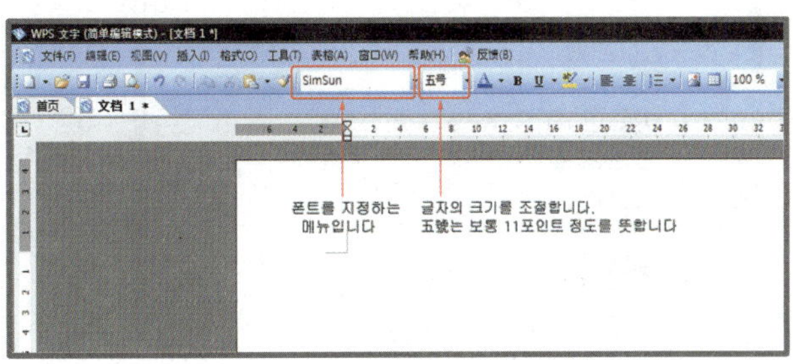

메뉴를 살펴보면 중국에서 만들어진 프로그램이라 중국식 격식에 맞추어져 있는 것을 알 수 있다.

글자크기 조절을 눌러보면 우리가 사용하는 폰트크기도 포함되어 있으니 사용자가 편리한 방식을 선택해 사용하면 된다.

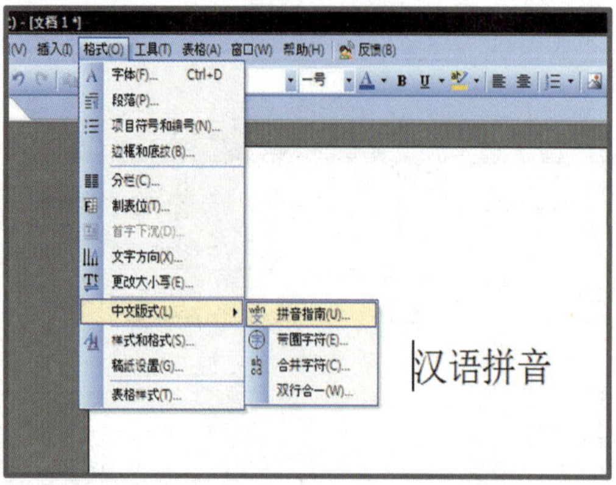

➤Step 13.

그럼 이제 이 프로그램을 이용해 윗주달기를 해보도록 하자. 일단 임의로 글자를 타이핑 한 후 格式→中文版式→拼音指南의 순서로 들어간다.

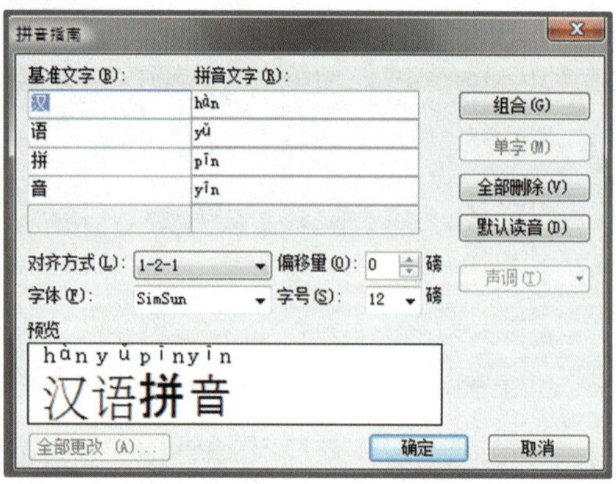

➤Step 14.

위에서 살펴본 MS Word와 마찬가지로 성조가 있는 한어병음이 자동으로 입력된 것을 볼 수 있다. 이제 내가 원하는 양식으로 수정을 하면 된다.

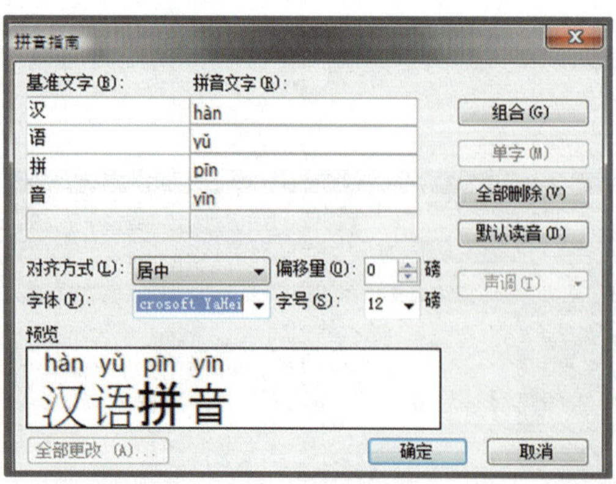

➤Step 15.

对齐方式는 居中으로 전환해 한어병음을 정렬해 주고, 필요한 경우 字体를 조정해 글자 폰트를 원하는 느낌으로 조정한다.

➤Step 16.

완성된 윗주달기이다. 깔끔하게 정리가 된 것을 볼 수 있다. 이 프로그램의 장점은 이렇게 작성된 문서를 MS Word에서도 읽고 수정할 수 있다는 점이다. 이를 통해 한글 MS Word의 윗주달기에서 한어병음이 자동으로 입력되지 않는 문제점을 해결할 수 있다.

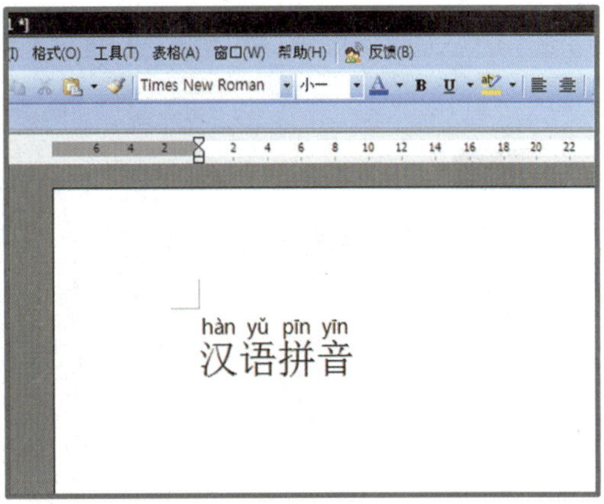

➤Step 17.

WPS Office로 작성된 문서를 MS Word로 읽어봤다. 화면에서 보는 바와 같이 상호간에 잘 호환되는 것을 확인할 수 있다.

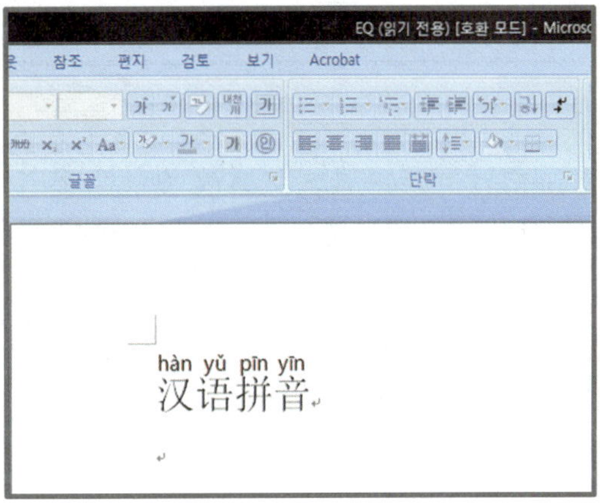

➤Step 18.

한 번에 자동으로 입력되는 윗주의 양은 약 29자 정도이다. 따라서 많은 양의 글자를 윗주달기 해야 하는 경우에는 글자 수를 분할해야 한다.

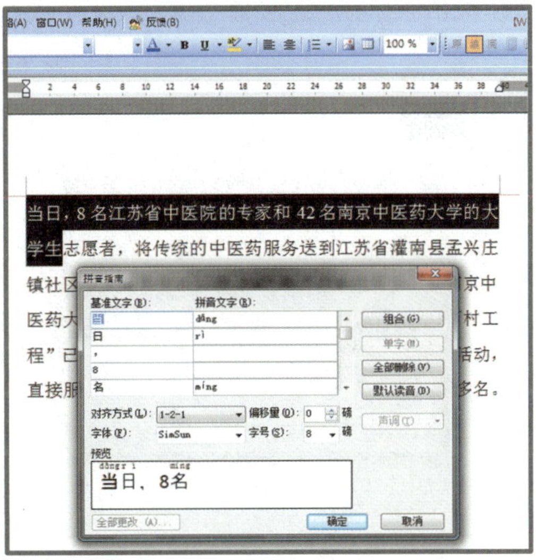

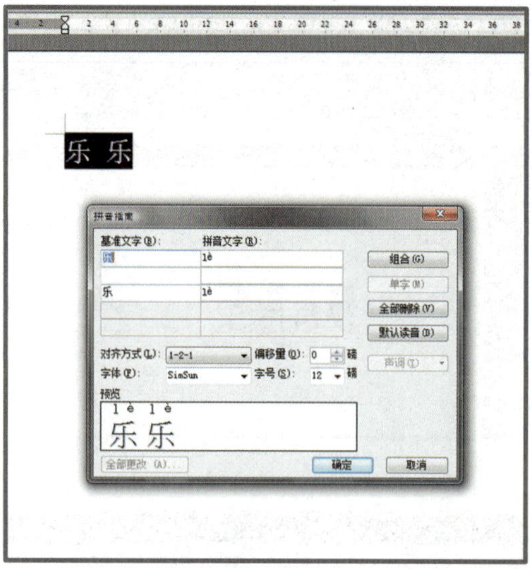

➤Step 19.

WPS Office에는 자동으로 작성된 한어병음을 수정하는 기능도 있다.

이 방법은 간혹 두음절의 한자음을 수정해야 하는 경우나 시험문제를 낼 때 유용하게 사용할 수 있다.

예를 들어 乐자는 lè나 yuè 같은 발음이 존재한다.

乐 lè 乐 yuè

그러나 프로그램들은 내가 원하는 한어병음을 정확히 찾아내지 못할 수 있기 때문에 이럴 경우에는 본인이 직접 수정 해줘야 한다. 이 프로그램은 그런 부수적인 기능도 지원하고 있다.

보는 바와 같이 乐자를 입력해 윗주달기를 했을 때 프로그램은 모두 lè의 발음으로 통일 시키게 된다.

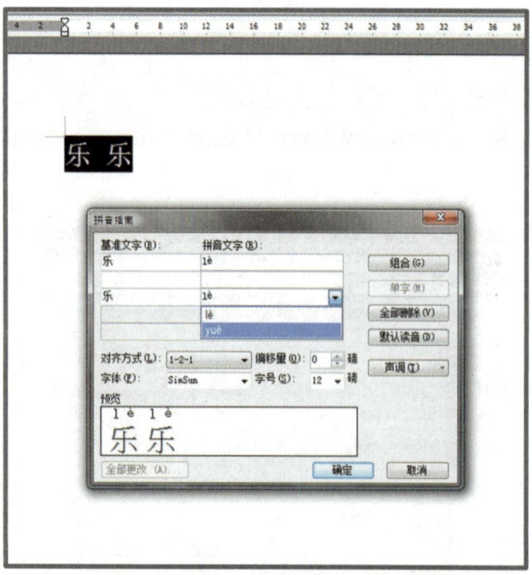

➤Step 19.

수정하려는 한어병음을 마우스로 클릭하면 조그만 창이 하나 뜨면서. 다른 발음의 한어병음이 등장한다.

➤Step 20.

여기서 내가 원하는 한어병음을 선택하면 된다.

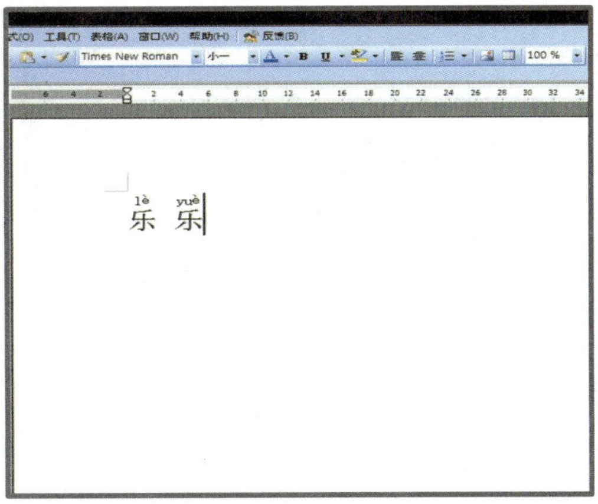

➤Step 21.

그래도 원하는 한어병음이 없거나 임의로 성조를 수정해야 하는 경우 우측 하단의 声调메뉴를 클릭해 원하는 것을 골라 선택하면 된다.

지금까지 설명한대로 WPS Office는 한글윈도우에서도 큰 문제없이 작동되며 일반 MS Word에서는 제공하지 못하는 다양한 기능들을 선보이고 있다. 이 프로그램을 잘만 활용한다면 내가 원하는 재미있는 문서작성도 문제없으리라 생각된다.

➤Step 22.

그 외의 기능으로는 간체자와 번체자를 상호 변환시키는 기능이 있다.

간체자로 타이핑을 하고 메뉴에 있는 '繁'자를 클릭하면 조금 전 타이핑한 글자가 번체자로 전환된다. 다시 간체자로 전환하고 싶을 때는 '繁'옆에 있는 조그만 화살표를 눌러 '简'자를 클릭해주면 된다.

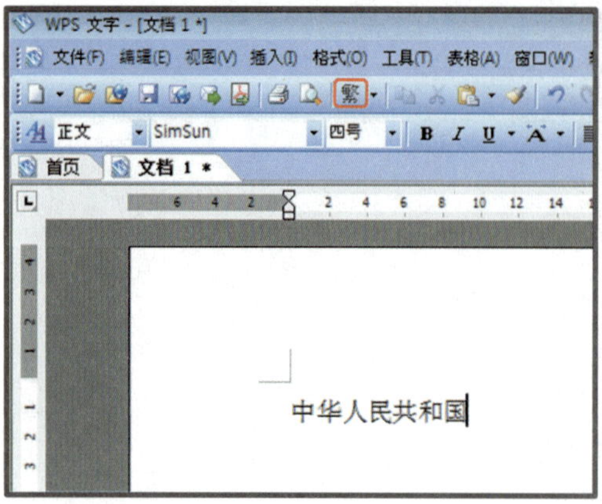
WPS 文字 - [文档 1 *]
文件(F) 编辑(E) 视图(V) 插入(I) 格式(O) 工具(T) 表格(A) 窗口(W)
正文
SimSun
四号
首页
文档 1 *
中华人民共和国

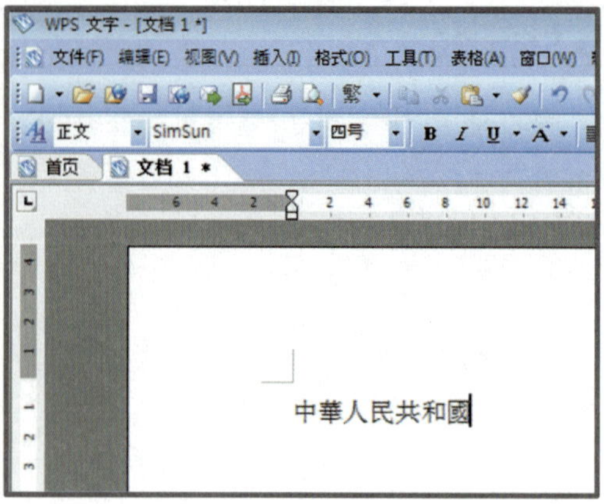
WPS 文字 - [文档 1 *]
文件(F) 编辑(E) 视图(V) 插入(I) 格式(O) 工具(T) 表格(A) 窗口(W)
正文
SimSun
四号
首页
文档 1 *
中華人民共和國

7 윈도우용 중문입력기 활용하기

모음과 자음을 결합해 타이핑을 하는 우리 한글의 입력법과 달리 중국어를 모국어로 사용하는 사람들은 다양한 방식의 입력 법을 사용한다. 이는 방대한 한자를 제한된 키보드로 구현하기 어렵기 때문인데, 일반적으로는 중국어의 발음을 이용한 한어병음 입력법과 한자의 글자꼴을 이용한 오필자형, 그리고 최근에는 마우스 펜으로 직접 한자를 입력해 문장을 완성하는 방식 등이 사용되고 있다.

한글윈도우에서도 버전마다 조금씩 다르긴 하지만 다양한 중문입력법이 기본으로 제공되고 있어 별 어려움 없이 중문입력이 가능하다. 이번에는 이러한 중문입력기에는 어떠한 종류들이 있으며 어떻게 활용해야 하는지에 대해 알아보도록 하자.

(윈도우에서 제공하는 중문입력기는 한글프로그램에 적용되지 않는다)

윈도우용 입력기 살펴보기

한글윈도우에서 제공하는 중문입력기는 다음과 같다. 체크되어 있는 것은 현재 사용하고 있는 입력기이며, 이외에도 체크되지 않은 다양한 입력기가 존재한다.

(윈도우XP와 윈도우7도 동일한 입력기를 제공하고 있다)

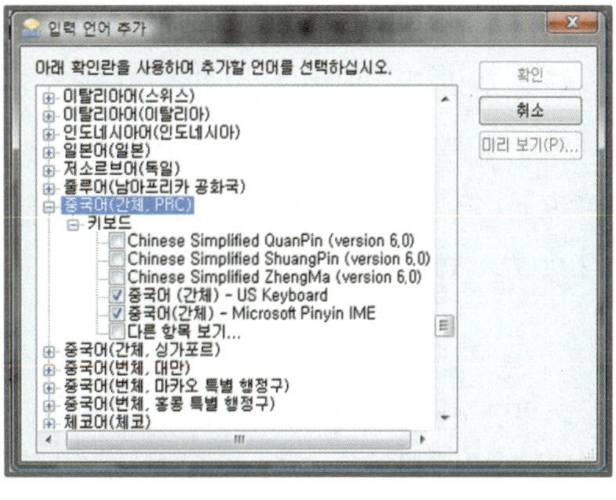

1. ZhengMa(郑码输入法)입력법

ZhengMa입력법은 郑码라는 사람이 고안한 것으로 윈도우95가 등장했을 때, 중문 윈도우버전에 처음으로 적용되었다. 이와 유사한 방식의 입력기는 오필자형(五笔字型)이라는 프로그램이 있다.

이 ZhengMa입력법은 한자의 기초가 되는 글자꼴을 결합해 하나의 완성된 한자를 만드는 방식이다. 얼핏 복잡해 보일 수도 있지만 아무리 획이 많은 한자라도 최대 4번의 타이핑으로 글자가 완성되는 방식을 취하고 있다.

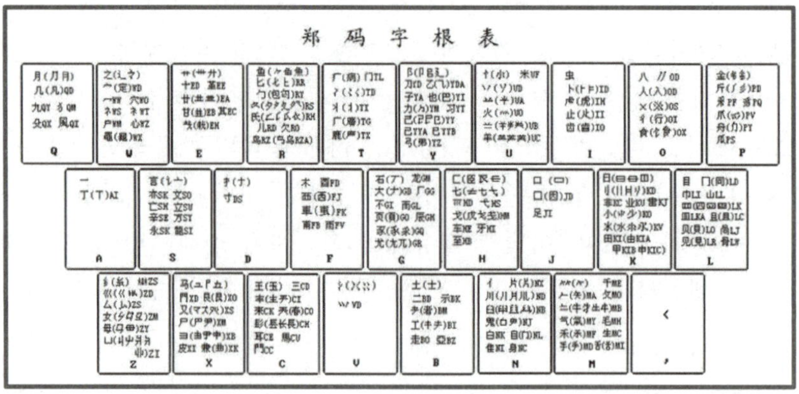

예를 한번 들어보자 樱이라는 단어를 완성하려면 樱의 변에 해당하는 木자를 먼저 타이핑해야 하는데, 이 木자가 키보드 F에 위치해 있으니 F를 먼저 타이핑 하고 贝는 L, 女는 Z에 위치해 있으니 Z를 한번 타이핑 한다. 이렇게 4번을 입력하면 樱라는 글자가 완성된다.

樱 = FLLZ

그러나 자판을 자세히 보면 F자판안에 木자 이외에도 다양한 글자가 FD, FJ, FB, FV식으로 나열되어 있는 것을 볼 수 있다. 이것은 부수를 처음 타이핑해야 하는 경우를 구분하기 위한 것으로 간단한 예를 들어보자.

醒 = 酉FD曰K生MC－FDKM

표를 보면 알 수 있겠지만 醒의 부수인 酉를 만들기 위해서는 F 키에 위치한 FD를 눌러야 酉가 나온다고 표시되어 있다. 그러니 FD를 타이핑 하고 曰자가 있는 K를 生

자가 있는 M을 타이핑 한다. 그러나 첫 부수이외의 나머지 글자들은 모든 단축키를 타이핑 할 필요가 없다. 원하는 글자가 위치한 영문키를 누르면 자동으로 근접한 글자를 찾아 글자를 조합하니 많아야 4번의 타이핑이면 한 글자가 완성된다.

2. ShuangPin(双拼输入法)입력법

ShuangPin입력법은 기본적으로 IME의 Double Pinyin 입력법과 방식이 동일하다. 윈도우 언어선택에서 ShuangPin 입력법을 선택해보자.

이 방식은 한어병음의 모음과 자음을 단축 화하여 타이핑하는 방식으로 단 두 번의 타이핑으로 글자를 완성할 수 있다.

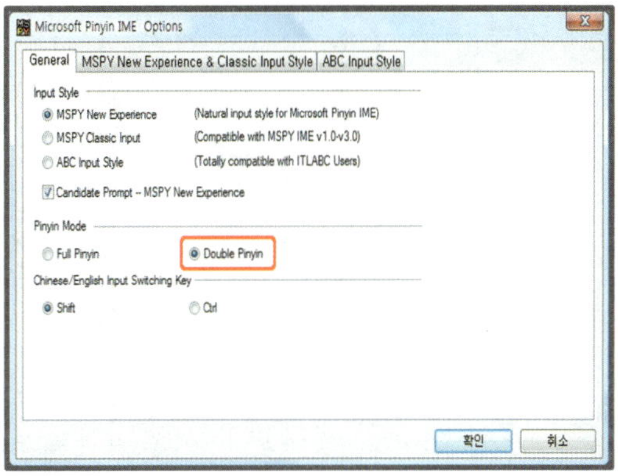

IME의 옵션부분에 Double Pinyin이라고 쓰인 부분이 바로 ShuangPin(双拼)입력법을 말한다.

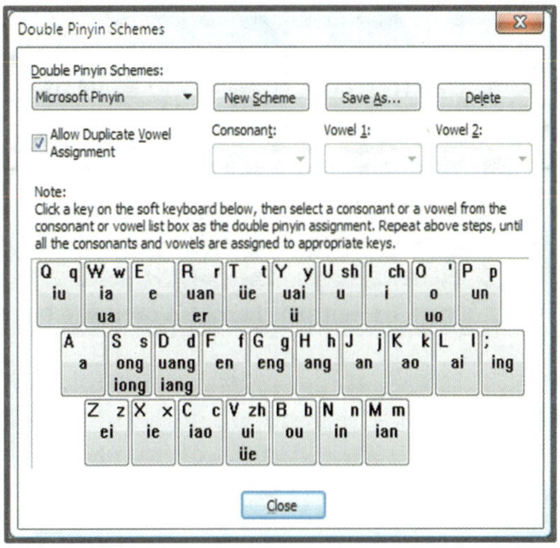

자판의 기본 영문키는 한어병음의 자음을 뜻하며 가운데에 있는 영문은 한어병음의 모음을 말한다. 이 두 가지 구성으로 하나의 글자를 완성할 수 있다.

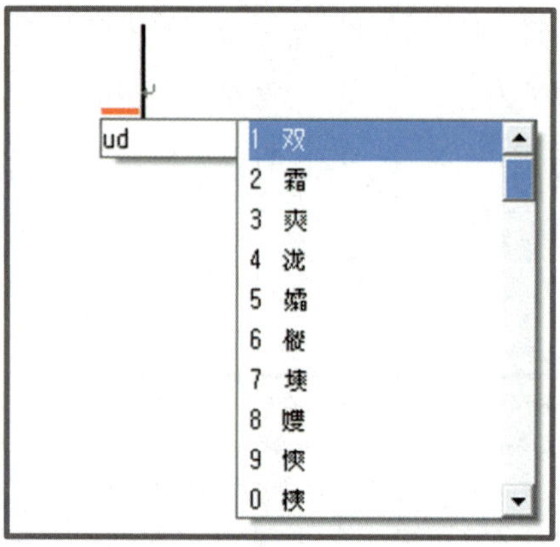

예를 들어 설명하면 双라는 단어를 입력하기 위해 기존의 한어병음 입력법에서는 Shuang이라고 타이핑을 해야 했지만 ShuangPin 입력법은 Sh가 위치한 U를 먼저 타이핑하고 uang가 위치한 D를 입력하면 Shuang발음에 해당하는 단어가 나열되는 방식을 채택했다. 이렇게 단 두 번의 타이핑으로 등장하는 창에서 원하는 한자를 골자 선택하면 된다.

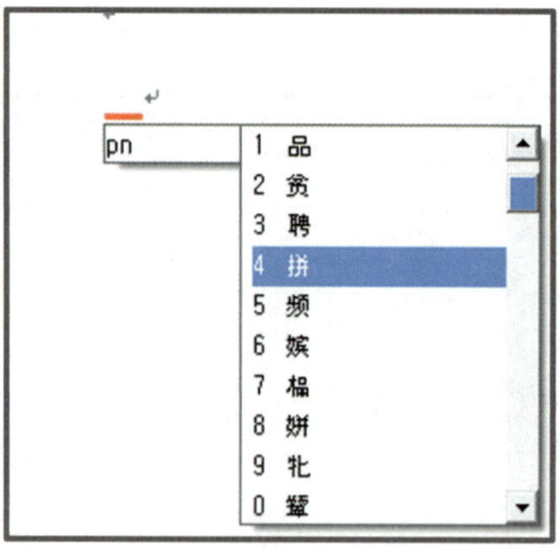

그럼 拼이라는 한자를 타이핑해보자. 拼은 Pin이라고 발음하기 때문에 영문키 P와 in이 위치한 N을 한번 타이핑하면 Pin에 관련된 단어가 나열된다.

글자는 키보드의 방향키를 조정해 선택하면 된다.

이 방식은 단 두 번의 타이핑으로 한자를 찾을 수 있다는 장점이 있다.

3. QuanPin(全拼输入法)살펴보기

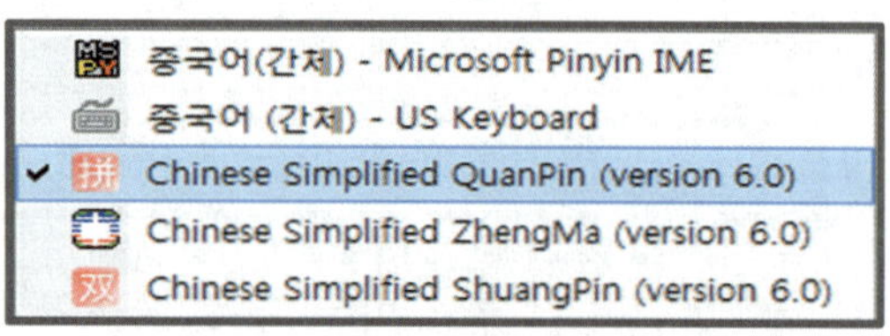

QuanPin입력법은 한어병음의 모든 영문을 입력해야 하는 방식이다. 윈도우 언어선택에서 QuanPin입력법을 선택해 보자.

한어병음으로 nihao를 입력하니 발음과 관련된 한자가 등장한다. 원하는 단어면 '탭'키를 눌러 선택하면 된다.

이 모드에서 가능한 최대한의 단축 화는 최대 3번의 타이핑을 해야 한다는 것뿐이다. 예를 들어 你好를 입력해야 할 때 你의 한어병음 ni와 好의 한어병음 첫음절인 h를 입력하면 ni다음에 h음이 오는 단어가 등장한다. QuanPin입력법은 윈도우에서 기본으로 제공하는 IME보다도 편의성이 떨어지기 때문에 적극적으로 사용하는 사람이 드문 편이다.

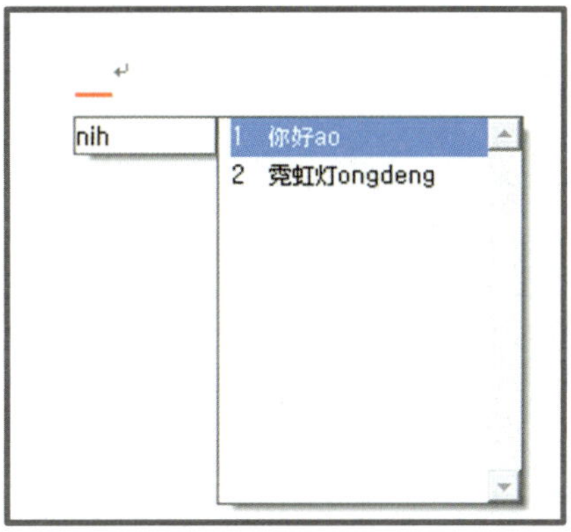

8 중문 입력 프로그램 활용하기

중국에서는 제한된 자판위에 복잡한 한자를 입력하기 위해서 다양한 입력법이 연구되었다. 그동안 많은 입력법이 등장했음에도 불구하고 아직도 다양한 입력프로그램이 출시되는 것은 디지털 시대에 적응하기 위한 중국인들의 애절한 자구책이 아닌가 생각된다. 최근에도 다양한 입력프로그램들이 인터넷을 통해 배포되고 있는데, 이번에는 그러한 프로그램 중 우리도 편리하게 사용할 수 있는 프로그램을 몇 개 소개할까 한다. 그 중 하나는 인터넷에 무료로 배포되고 있는 프로그램으로 한어병음 입력법이 익숙한 한국인 사용자들도 유용하게 사용할 수 있는 프로그램이다.

소후 한어병음 입력기 활용하기

1. 한어병음 프로그램 설치하기

➤Step 1.

먼저 http://pinyin.sogou.com 사이트에 접속한다.

좌측에 立即下载(바로 다운)를 클릭해 프로그램을 다운 받자.

➤Step 2.

'실행'을 클릭하거나 '저장'을 눌러 프로그램을 다운받는다.

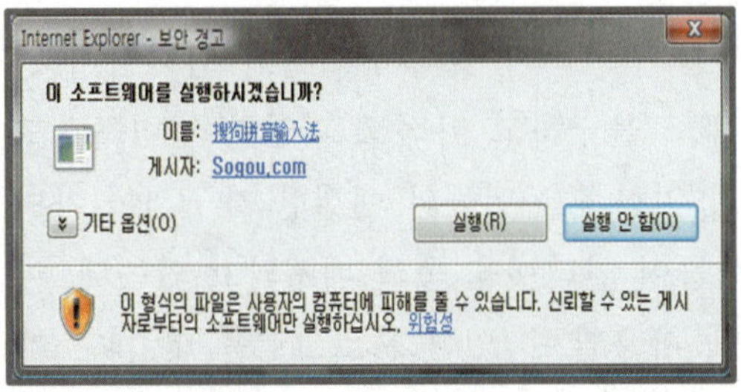

➤Step 3.

프로그램을 실행하자.

➤Step 4.

프로그램 설치 화면이 뜨면 Next를 눌러 설치를 진행한다.

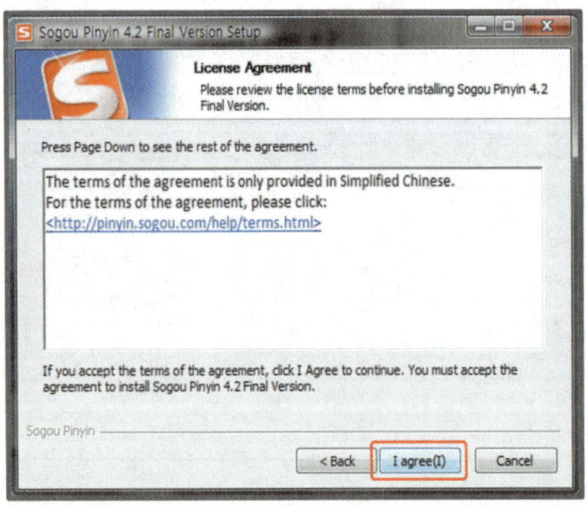

➤Step 5.

I agree(동의함)을 누르고 다음 단계로 넘어간다.

➤Step 6.

프로그램이 설치될 위치를 지정한다. 용량이 그리 크지 않기 때문에 기본적으로 설정되어 있는 C:드라이브에 설치해도 무방하다.

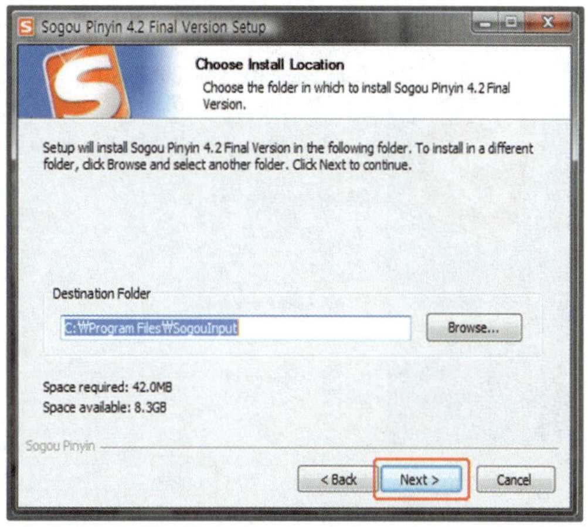

➤Step 7.

설치될 디렉터리에 입력할 프로그램명을 수정할 수 있다. 특별히 수정할 필요가 없으면 Install을 눌러 설치를 시작한다.

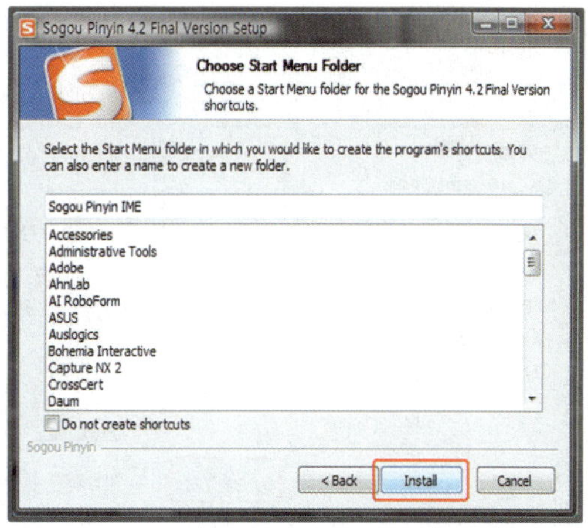

➤Step 8.

설치가 시작됐다.

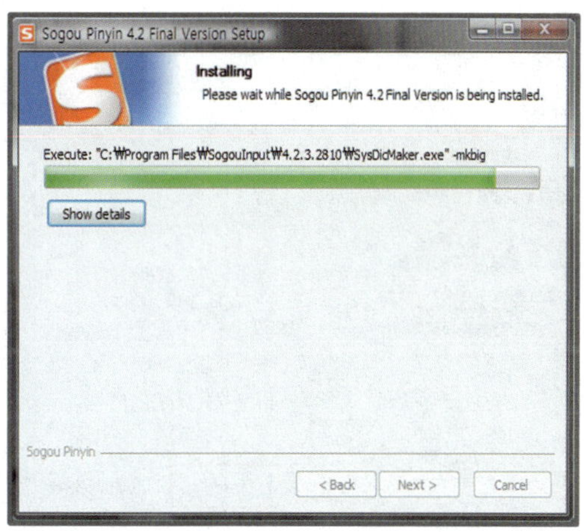

➤Step 9.

설치가 완료됐으면 Finish(마침)을 눌러 다음단계로 넘어간다.

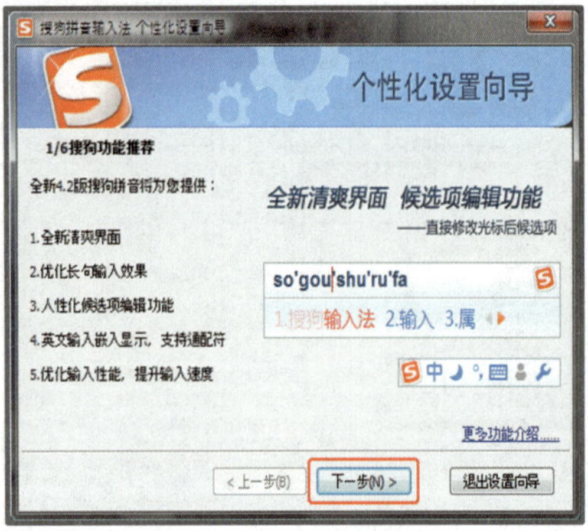

➤Step 10.

설치가 완료되면 세부옵션을 설정하는 메뉴가 등장한다.

세부옵션 설정이 필요하면 下一步(다음)를 누르고 설정이 필요 없으면 退出设置向导(설정나가기)를 선택한다.

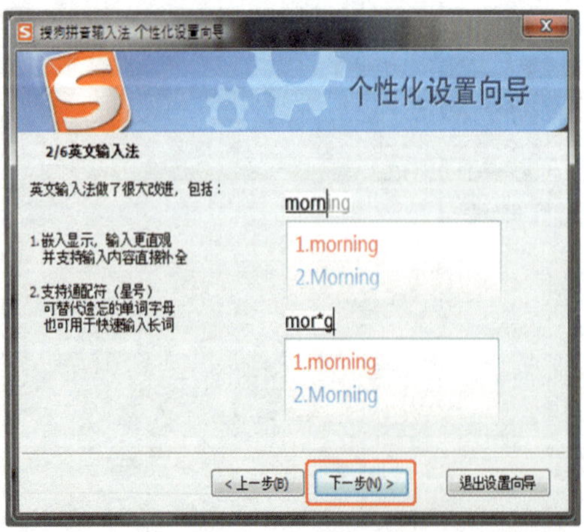

➤Step 11.

下一步(다음)를 누르면 첫 단계 영문입력법 설정이 나온다. 이것은 영문단어 전체를 타이핑할 필요 없이 스펠링의 일부만으로도 관련 단어를 제시해 주는 것으로 영문 타이핑에 익숙지 않은 사용자들의 편리성을 도와준다. 완벽한 스펠링을 모를 경우 중간에 별 표시만 해줘도 관련된 단어가 나열된다. 이 기능은 중문 타이핑 모드일 때만 가능하다.

➤Step 12.

다음단계로는 자신에게 필요한 입력기만 별도로 선택할 수 있는 설정이다. 체크한 입력기만 다국어 모드일 때 보인다. 조금 전에 설치한 Sohu입력기도 맨 윗줄에 보이는 것을 확인할 수 있다.

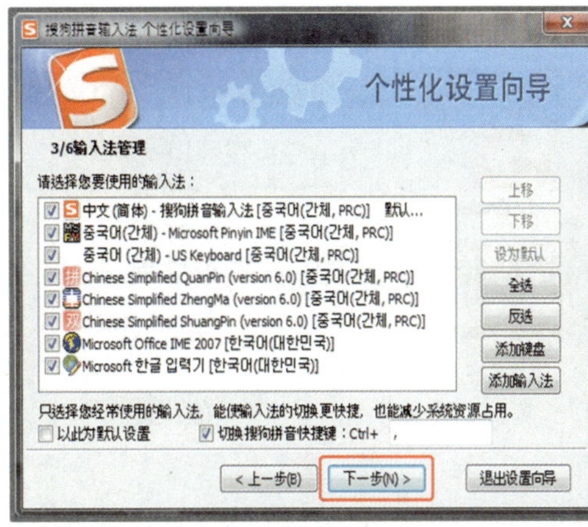

➤Step 13.

이 기능은 자신이 원하는 스킨을 선택하는 설정이다. 프로그램 설치 후 몇 가지의 스킨이 기본으로 제공되며 사이트 링크를 통해 다른 스킨을 추가할 수도 있다.

➤Step 14.

이 설정은 일종의 '용어집' 선택이다. 관련된 단어를 자동 입력할 때 필요한 부분으로, 예를 들어 '검도'라는 부분을 체크하면 검도와 관련된 단어를 입력할 때 이와 관련된 단어를 자동으로 찾아주는 기능을 가지고 있다. 반드시 필요한 설정은 아니지만 문서를 작성할 때 유용

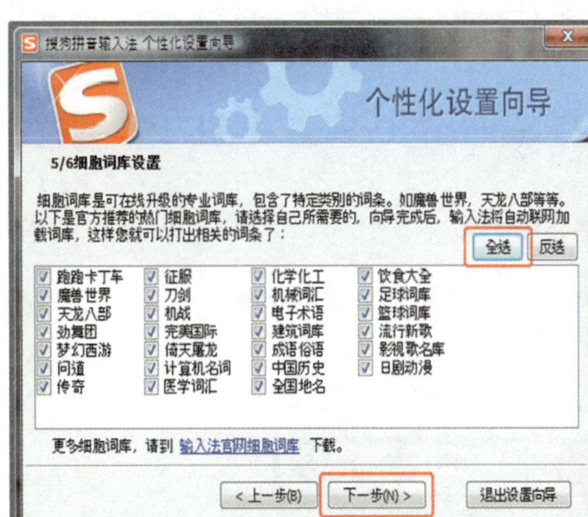

한 경우가 있으니 가능한 전부 체크해주는 것이 좋다. 사이트 링크를 통해 다른 용어집을 업그레이드 할 수도 있다.

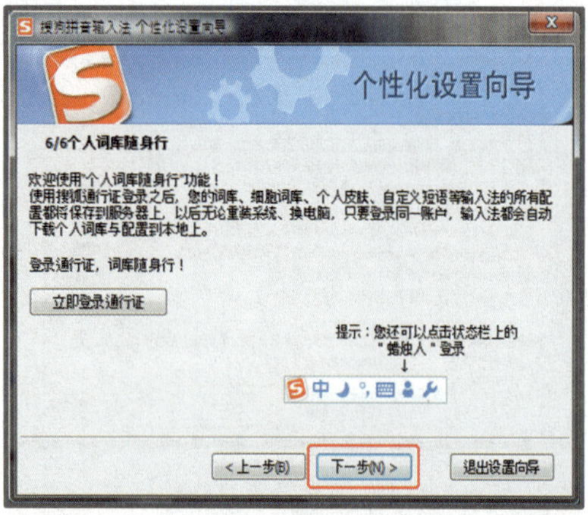

➤Step 15.

마지막으로 개인설정을 등록하겠는지의 여부이다. 아이디를 등록해 놓으면 내가 선택했던 모든 설정이 저장되며 로그인을 통해 다른 컴퓨터에서도 동일한 환경을 구축할 수 있다.

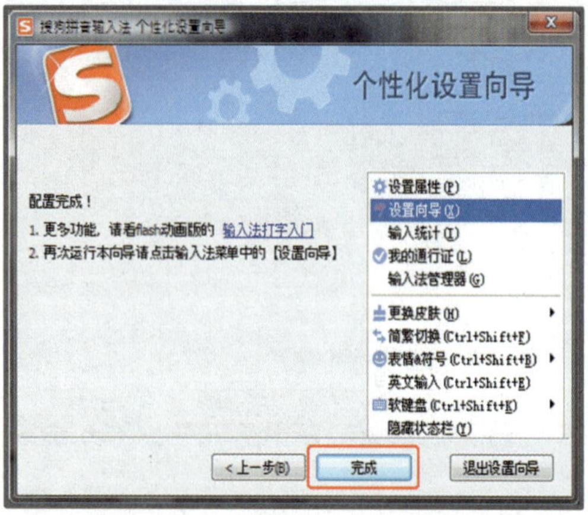

➤Step 16.

이 개인 설정은 나중에 따로 설정이 가능하다는 표시이다. 完成(종료)를 눌러 설정을 마무리한다.

2. SoHu한어병음 프로그램 활용하기

➤Step 1.

이제 새로운 중문 입력기를 실행시켜 보자. SoGou입력기의 기능은 윈도우에서 제공하는 IME와 기본적으로는 동일하다. 다만 좀 더 풍부한 기능을 제공하고 있다는 점에서 편리성이 높아졌다

고 볼 수 있다.

➤Step 2.

中华人民共和国의 한어병음 첫 글자만 입력해 보자. 원하는 글자가 나오면 '탭'키를 누르거나 표시된 번호를 눌러 단어를 선택한다. 원하는 단어가 없다면 키보드의 PgDn 키를 눌러 다음 단어들을 찾아본다.

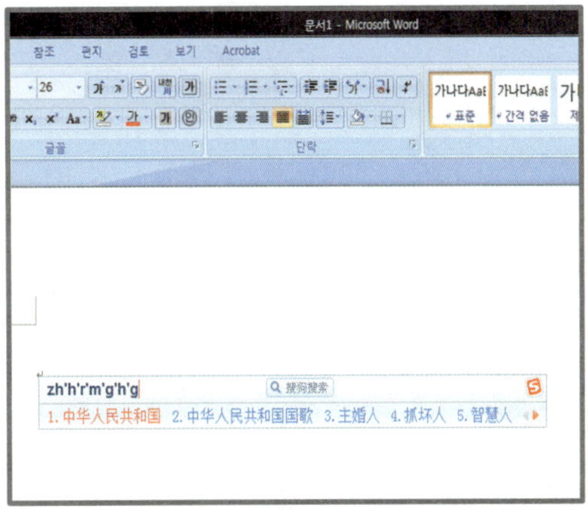

➤Step 3.

내가 찾은 단어가 입력됐다.

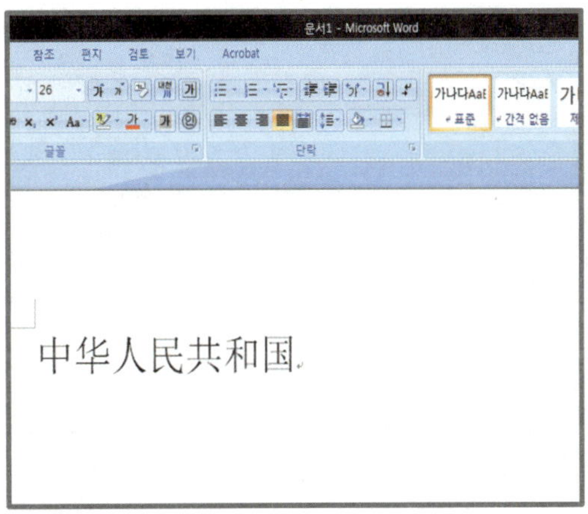

➤Step 4.

이 프로그램은 단어뿐만 아니라 문장 입력도 가능하다. 윈도우에서 제공하는 IME는 한어병음을 길게 쓸 경우 단어가 끊기거나 원하지 않는 글자가 나오기도 하지만 이 프로그램은 비교적 긴 문장을 타이핑 하더라도 가장 많이 쓰이는 문장이 자동으로 나열된다.

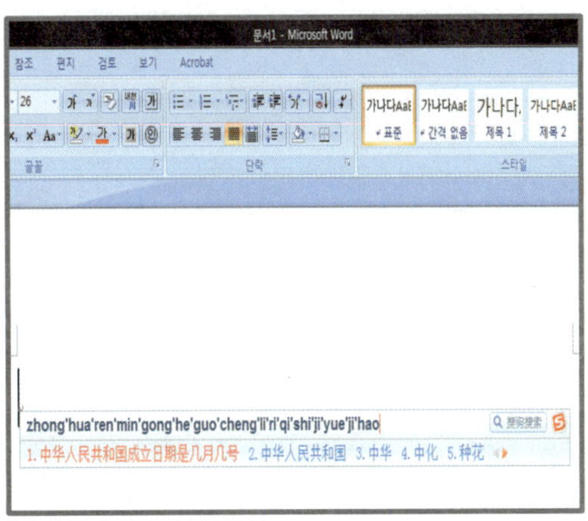

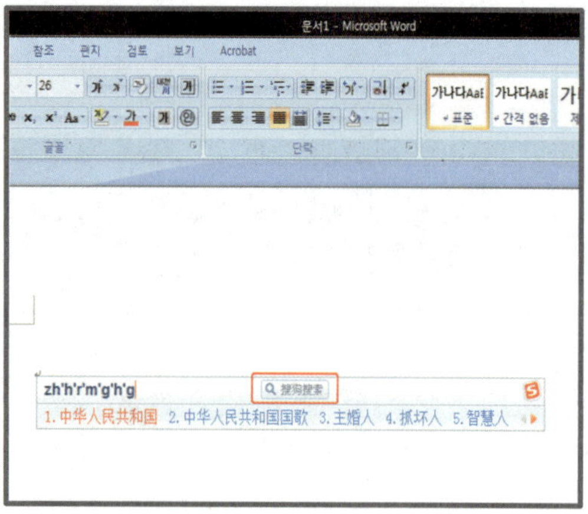

➤Step 5.

또한 단어를 입력하면 표시되는 'SoGou 탐색'을 클릭하면 관련 단어를 사이트에서 직접 검색할 수도 있다.

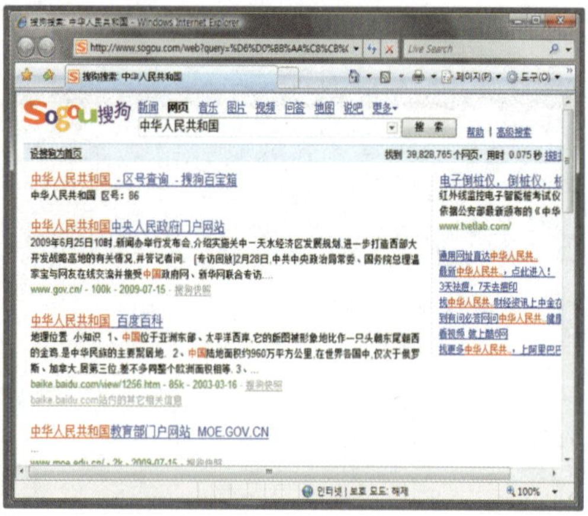

➤Step 6.

버튼을 클릭하니 SoGou사이트가 새창에 뜨면서 관련 단어가 자동으로 검색됐다.

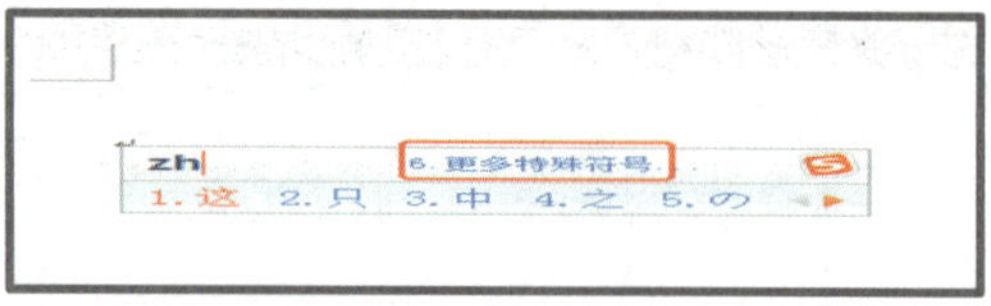

➤Step 7.

단어를 입력하는 중간에 나타나는 更多特殊符号(특수부호)라는 메뉴는 인터넷에서 자주 사용하는 이모티콘이나 사용자의 편리를 돕는 기호들이 포함되어 있다.

➤Step 8.

자세히 살펴보면 매우 다양한 기호와 이모티콘이 포함되어 있는 것을 알 수 있다.

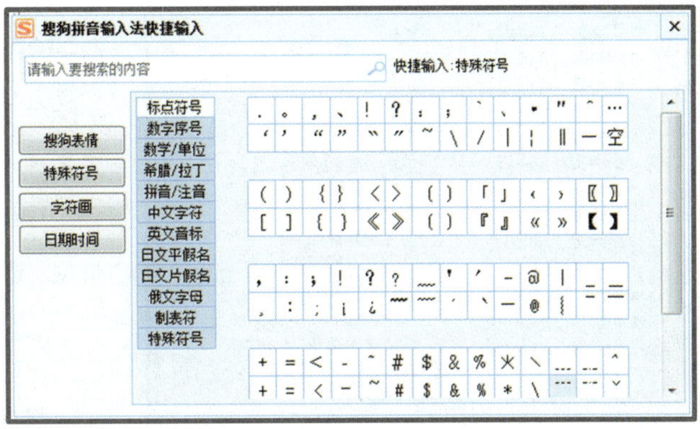

3. 한어병음 프로그램 옵션설정

이 프로그램은 윈도우에서 기본적으로 제공되는 IME보다 훨씬 많은 옵션을 제공하고 있다.

➤Step 1.

어떠한 옵션이 있는지 알아보기 위해 프로그램 우측의 표시를 클릭해보자.

➤Step 2.

표시를 클릭하면 작은 창이 하나 뜨게 되는데, 이 창에서 상세한 설정이 가능하다.

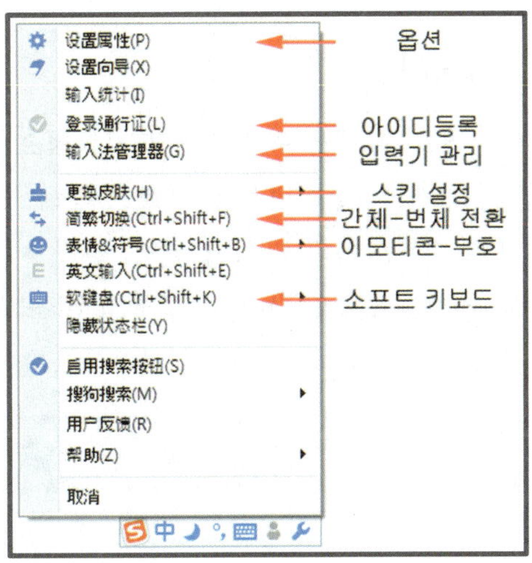

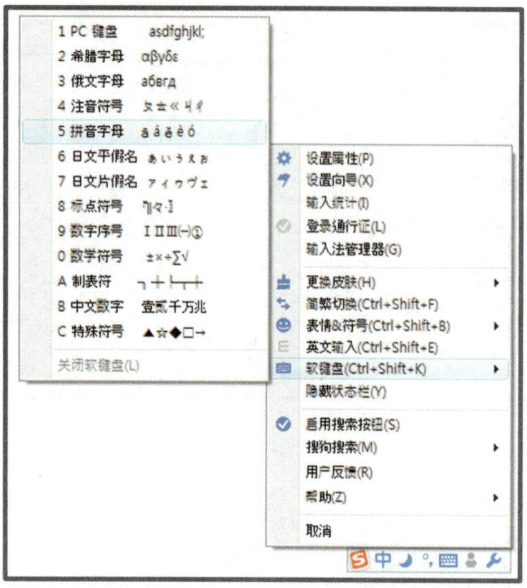

➤Step 3.

소프트 키보드 부분의 拼音字母는 윈도우에서 제공하는 성조가 있는 한어병음 입력과 동일한 것으로 이 프로그램에서도 제공하고 있다.

➤Step 4.

이 옵션을 통해 성조가 있는 한어병음을 입력할 수 있다.

➤Step 5.

이 프로그램은 윈도우에서 기본적으로 제공하는 IME3.0과 마찬가지로 워드 작업시 성조가 있는 한어병음을 미리 설정해 놓고 그림에 보이는 키보드 모양을 클릭하면 소프트 키보드가 사라지게 된다. 다시 사용하고 싶을 때는 키보드 모양을 누르면 나타나기 때문에 미리 설정을 해놓고 성조가 있는 한어병음을 입력할 때마다 클릭해 주면 매우 편리하게 사용할 수 있다.

➤Step 6.

스킨 설정 부분에서는 SoGou에서 제공하는 스킨을 바꿀 수도 있다. 설치 후 기본적으로 5가지의 스킨을 제공하며 하단의 更多皮肤를 클릭하면 더욱 많은 스킨을 다운받을 수도 있다.

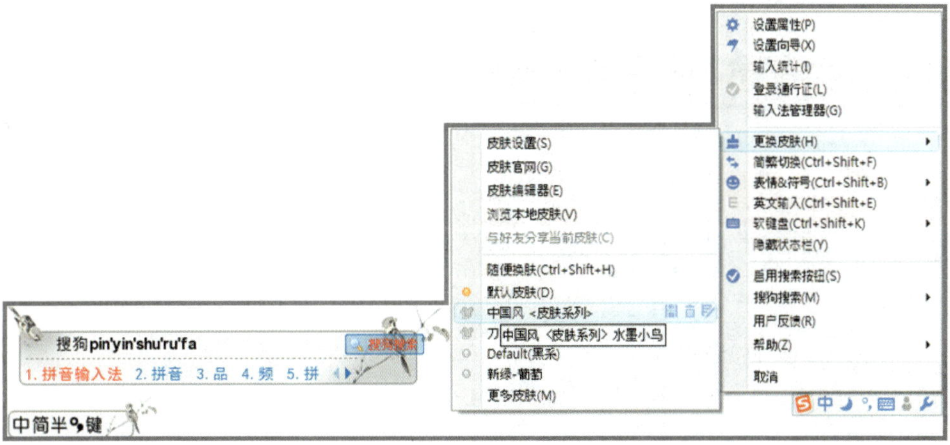

보는 것처럼 이 프로그램이 제공하는 기능은 매우 다양하다. 현재도 지속적으로 업데이트되고 있기 때문에 앞으로도 더욱 많은 기능들이 추가될 것으로 예상된다.

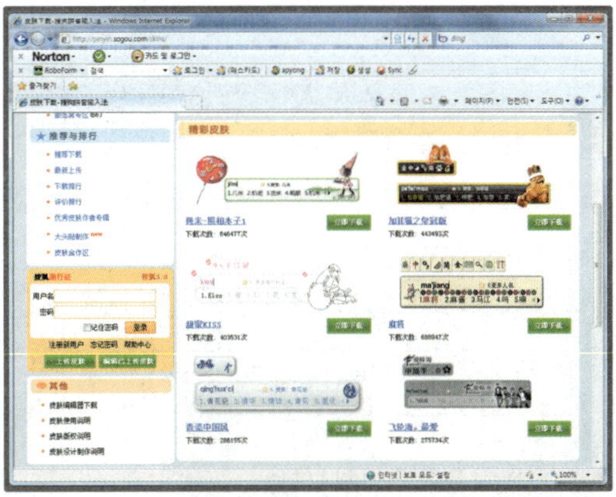

오필자형(五筆字型)입력기 활용하기

五筆字型입력법은 한자의 자형을 분석하고, 기초문자를 입력해 조합한다는 형식으로 앞서 살펴본 ZhengMa(郑码输入法)입력법과 크게 다르지 않다. 五筆字型입력법은 현재 중국에서 대중화된 입력 법 중에 하나이며 빠른 입력이 가능해 많은 전문가들이 사용하고 있는 방식이다. 五笔字型이 郑码输入法와 비슷한 방식으로 한자를 입력하지만 기본적으로 설정되어 있는 자판의 구성은 매우 상이하다. 따라서 이 입력법도 자판상에 설정되어 있는 입력위치를 미리 숙지해 놓아야 한다.

4. 오필자형 프로그램 설치하기

➤Step 1.

조금 전에 한어병음 입력기를 다운 받았던 Sogou사이트의 우측을 보면 搜狗五笔输入法라는 메뉴가 있다. 여기를 클릭하고 들어가자.

➤Step 2.

立即下载(바로 다운)를 클릭해 프로그램을 다운 받자. 이 후의 과정은 조금 전 한어병음 입력기와 비슷하니 여기서는 생략하도록 한다.

➤Step 3.

설치후 등장하는 설정은 사용자가 임의로 조정할 수 있다. 현재는 3가지 메뉴가 나오는데, 지금 선택되어 있는 부분은 오직 오필자형만 사용하겠다는 뜻이다. 두 번째 선택은 오필자와 한어병음 방식을 동시에 사용하겠다는 뜻이고, 마지막은 오직 한어병음만 사용하겠다는 뜻이므로 사용자가 편한 방식의 입력법을 선택해 사용한다.

지금은 오필자형을 연습하기 위한 단계이므로 첫 번째나 두 번째를 선택해 설치를 마친다. (옵션에서 재설정 가능)

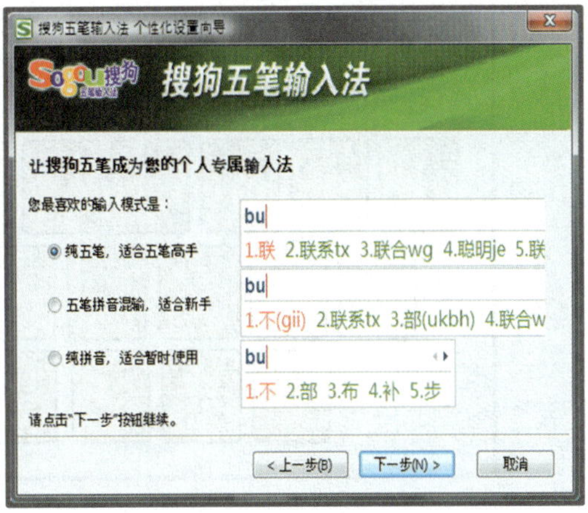

5. 오필자형 프로그램 활용하기

➤**Step 1.**

윈도우의 언어선택 부분에서 새로 설치한 오필자형 입력 법을 선택한다.

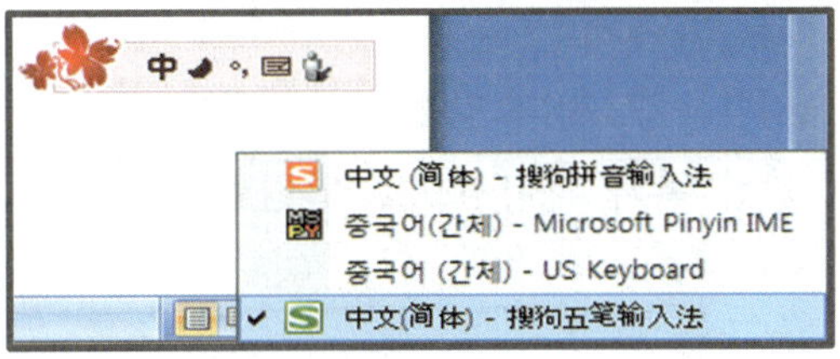

➤**Step 2.**

오필자형 입력법의 자판원리는 다음과 같다.

오필자형 입력 법은 자판에 배열되어 있는 한자의 위치를 숙지한 후 글꼴(기초한자)를 조합하여 하나의 완성된 글자를 만드는 방식으로 이 방식은 앞서 배운 郑码输入法방식과도 유사하다.

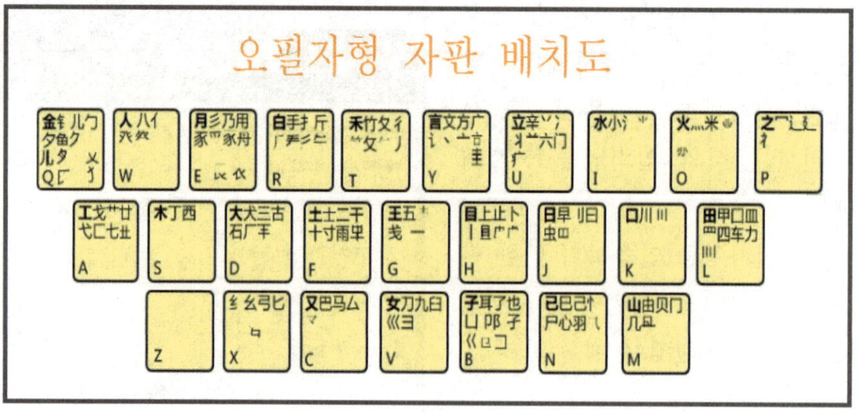

➤Step 3.

오필자형 입력 법에서는 자주 쓰이는 한자는 단축키를 이용해 입력할 수 있도록 하고 있다.

我나 不, 是와 같이 문장 입력 시 자주 사용해야 하는 상용한자는 단축키를 통해 단 한 번의 타이핑으로 입력할 수 있다.

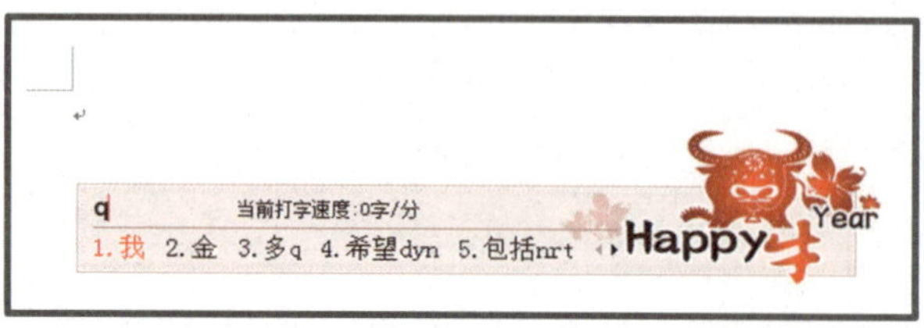

예를 들어 '我', '的', '和'등 문장을 입력할 때 자주 쓰이는 단어들은 'Q', 'R', 'T'등의 키만 눌러줘도 관련 한자가 등장한다.

➤Step 4.

그럼 기본 원리를 한번 살펴보자. 오필자형 입력 법은 한자의 글꼴을 입력해서 하나의 완성된 글자를 만드는 방식으로 사용이 복잡할 것 같지만, 조금의 연습만 한다면 빠른 입력이 가능한 입력법이기도 하다.

☞ 하나의 글자를 입력할시

조금 전 상용한자 단축키에서 보듯이 자주 쓰이는 한자 키는 단 한 번의 타이핑으로 입력이 가능하다.

地=F	国=K
以=V	要=D

☞ 두 개의 획수로 이루어진 하나의 한자를 입력할시

이번에는 단축키에 없는 하나의 한자를 입력할 때의 방법이다. 중국어에서 2개의 획수로 이루어진 한자는 총 625개로 이러한 한자들은 두 번의 타이핑으로 입력한다.

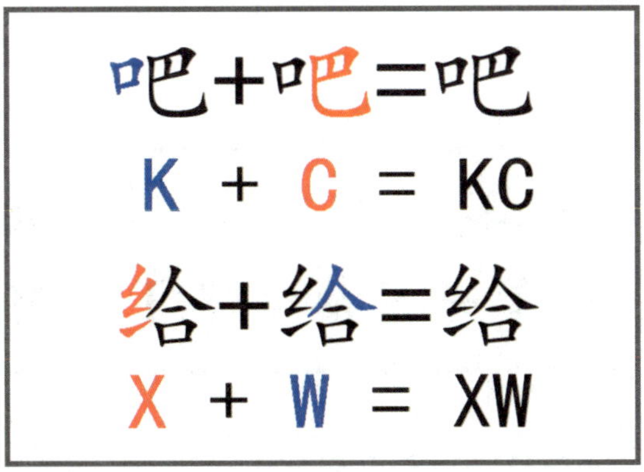

☞ 여러 개의 획수로 이루어진 한자를 입력할시

두 개 이상의 획수로 이루어진 한자를 입력할 때는 최소 4번의 타이핑이 필요하다. 이를 획별로 살펴보면 다음과 같다.

毅+毅+毅+毅=毅

U + E + M + C = UEMC

☞ 2자의 한자로 이루어진 단어를 입력할시

이번에는 단어를 타이핑하는 방법을 알아보자. 두 자가 하나의 단어로 이루어진 글자를 입력할 때는 4번의 타이핑으로 입력이 가능하다. 오필자형 입력 법은 1자의 한자를 입력하거나 여러 개의 한자로 이루어진 단어를 입력할 때 총 4번의 타이핑이 넘지 않도록 설정되어 있다. 나머지 획수는 무시해도 된다.

机器+机器=机器

SM+KK=SMKK

☞ 3자의 한자로 이루어진 단어를 입력할시

3자로 된 단어를 입력할 때는 앞 두자의 획을 하나씩 입력하고 나머지 1자의 획을 2개 입력한다.

计 + 算 + 机 = 计 算 机

Y + T + S M = Y T S M

☞ 4자의 한자로 이루어진 단어를 입력할시

4자로 된 단어를 입력할 때는 각 한자의 첫 번째 획을 하나씩만 입력한다.

汉+字+编+码=汉字编码
I + P + X + D = I P X D

光+明+日+报=光明日报
I + J + J + P = I J J P

☞ 여러 개의 한자로 이루어진 단어를 입력할시

4자 이상의 한자로 이루어진 단어도 마찬가지이다. 처음 앞부분의 3자는 획을 입력하고 나머지 1자의 획을 입력하면 된다.

电+子+计+算+机=电子计算机
J + B + Y +생략+ S = J B Y S

中+华+人+民+共+和+国=中华人民共和国
K+W+W+생략+생략+생략+L=K W W L

➤Step 5.

그러나 오필자형 입력 법은 한자 획의 순서를 정확히 인지하고 있어야 완전한 한자를 조합할 수 있다. 이는 좌측→우측, 위→아래 순과 같은 한자획순 방식을 따른다.

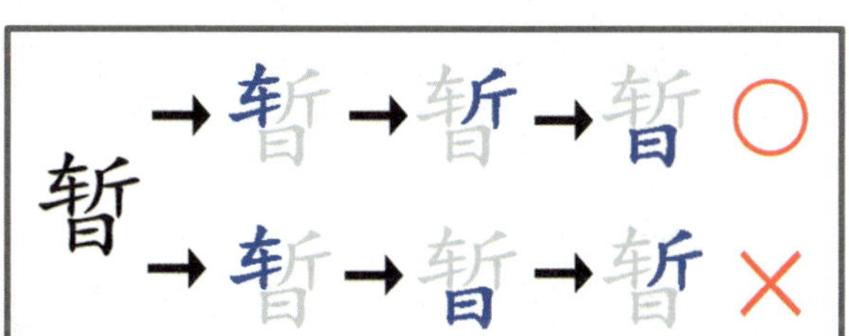

1. 위에서 아래로. 예) 三, 言, 工
2. 왼쪽에서 오른쪽으로. 예) 川, 外, 修
3. 좌와 우가 대칭일 때 가운데를 먼저. 예) 水, 小, 樂

4. 가로와 세로획이 겹칠 때 가로획을 먼저. 예) 十, 末, 井, 支
5. 가운데를 꿰뚫는 글자는 가장 나중에. 예) 中, 事, 車
6. 허리를 긋는 획은 나중에. 예) 子, 女, 母
7. 아래로 에운 획은 나중에. 예) 也, 七
8. 받침은 나중에. 예) 道, 近
9. 위에서 아래로 싼 획은 먼저. 예) 力, 方

단 주의해야 할 점은 아래 그림과 같이 한자의 부수를 나누는 법을 미리 숙지하고 있어야 한다는 점이다. 만약 이런 부분을 잘 인지하지 못하고 타이핑을 한다면 원하는 단어를 찾기가 어려워진다.

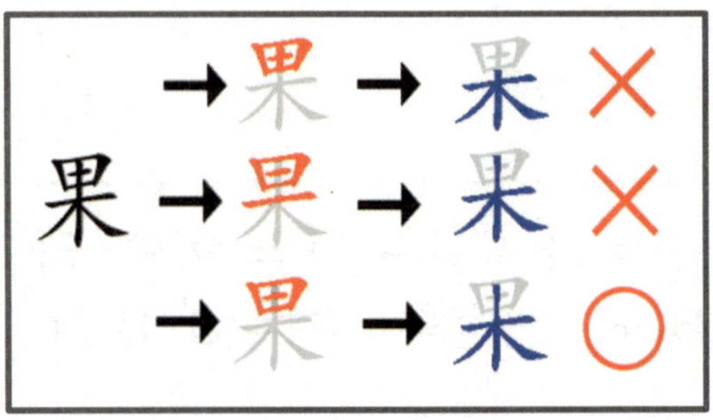

오필자형 입력 법은 한자가 친숙하지 않은 사람들이 배우기에는 다소 까다로운 입력법일 수 있다. 그러나 한자의 기본원리로 글자를 입력하는 방식이기에 오필자형으로 한자를 입력하다보면 한자가 익숙해지는 효과를 얻을 수 있다.

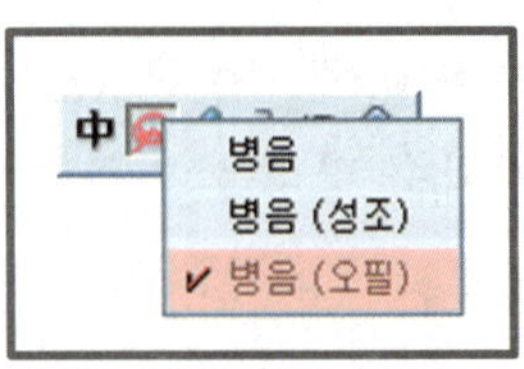

➤Step 6.

오필자형 입력기는 훈글에서도 제공하고 있다. 우측 하단의 병음을 클릭해보면 '병음(오필)'이라고 표기된 메뉴를 볼 수 있는데, 이 메뉴가 훈글의 오필자형 입력기 이다.

➤Step 7.

기본 입력 법은 상기 서술한 중문프로그램과 같다. 다만 단어의 수가 적어서 중문프로그램보다는 활용도가 떨어지는 단점이 있다.

9 중국어 폰트 다운받아 사용하기

한글윈도우XP부터는 중문입력에 필요한 중문폰트를 기본으로 제공하고 있다. 그러나 폰트의 수가 많지 않아 다양한 글자체를 꾸미기에는 다소 부족하다. 그래서 이번에는 다양한 중문폰트를 이용해 글자체를 꾸미는 연습을 해보도록 한다.

한국에서 중문 폰트를 다운받을 수 있는 사이트로는 다음 중국어 사전(http://cndic.daum.net/ font.html)과 네이버 중국어 사전(http://cndic.naver.com/static/fontInstall)이 있다. 현재 다음에서 제공하는 중문폰트는 윈도우 비스타와 윈도우7에 설치되지 않는 문제가 있기 때문에 여기서는 네이버 중국어 사전 사이트에서 제공하는 폰트를 다운받아 설치해보도록 한다.

➤Step 1.

네이버 중국어 사전로 들어가 '네이버 사전체 설치'를 클릭한다.

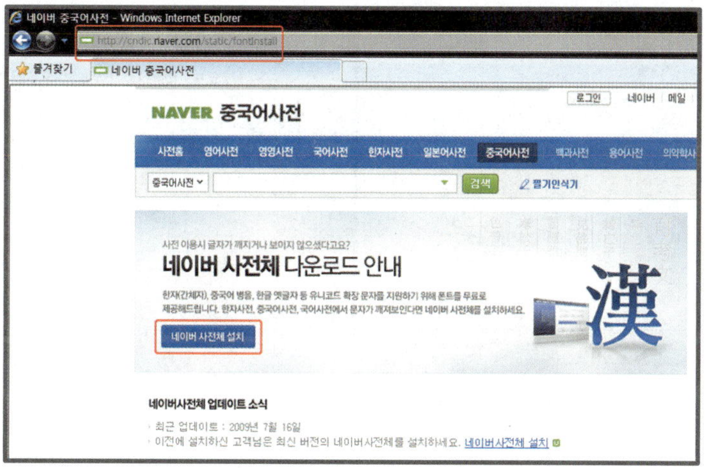

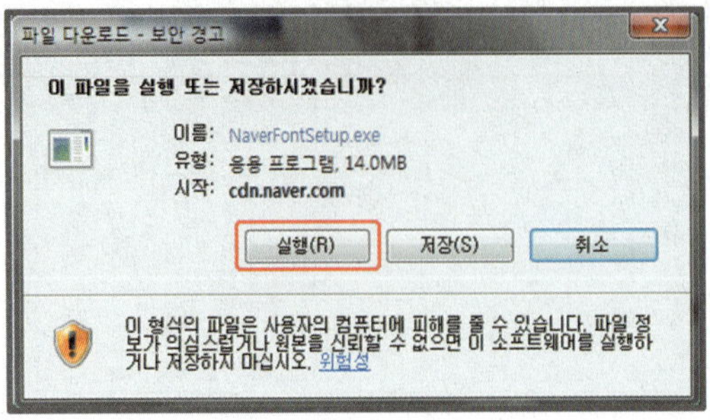

➤Step 2.

프로그램을 직접 실행하거나 적당한 곳에 다운받아 설치한다.

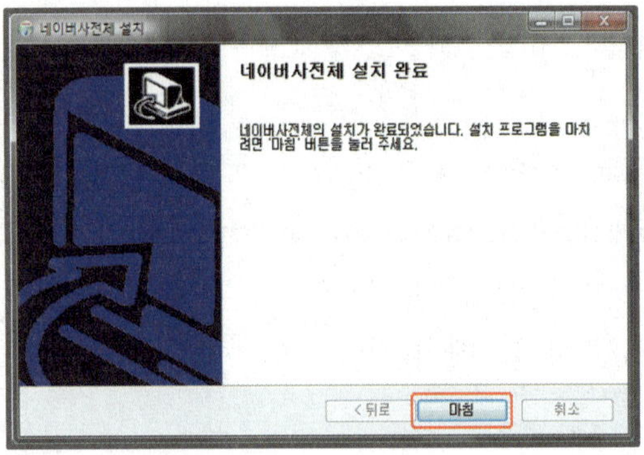

➤Step 3.

설치가 끝나면 마침을 눌러 종료한다.

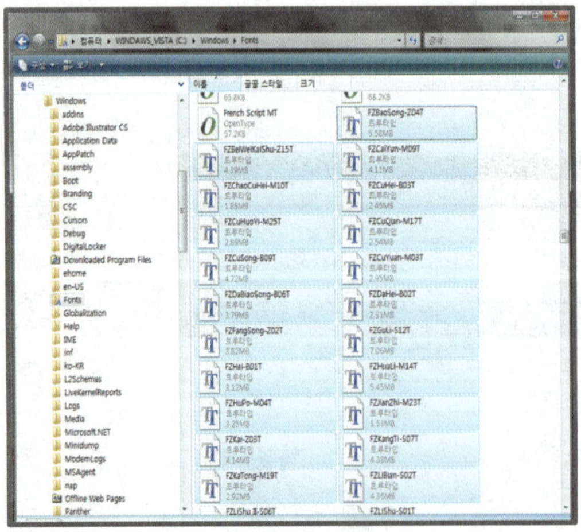

➤Step 4.

설치완료 후 윈도우의 폰트 폴더를 살펴보면 새로운 폰트가 설치된 것을 알 수 있다. 이 폰트를 활용해 다양한 글자체를 만들 수 있다.

➤Step 5.

MS Word에서 설치한 폰트들을 바꾸어 가면 연습을 해본다.

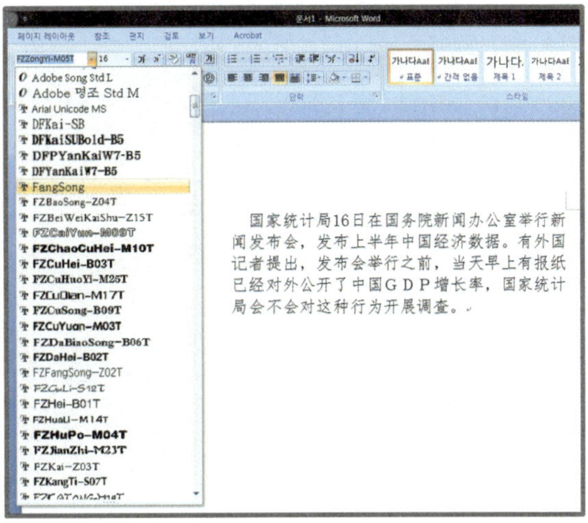

➤Step 6.

이외에도 중국사이트를 통해 폰트를 다운받는 방법이 있다. 그러나 사이트들이 자주 변경되거나 다운받는 방법이 복잡해 권장할 만하지는 않다. 다만 http://www.. verycd.com라는 중국사이트에 중문폰트를 모아놓은 파일들이 올라와 있으니 관심 있는 사용자들은 이곳에서 폰트를 다운받기 바란다. 그러나 다운 받기 위해서는 한국사이트에서 '이뮬'이나 '당나귀'라는 프로그램을 미리 설치해 놓아야 한다. (검색어는 '字体')

10 중문 인터넷 상의 중국어를 MS word에 붙이기 및 간체/번체 변환하기

이 방법은 내가 원하는 중국어 문서를 복사해오는 방법으로 중국어 신문기사를 스크랩하거나 번역연습이 필요할 때 활용할 수 있는 방법이다. 한글 MS Word나 훈글에서 모두 가능한 방법이지만 프로그램마다 조금씩 설정방법이 다르다.

1. MS word에서 간체/번체 변환하기

➤Step 1.

중국사이트에서 복사를 원하는 문장에 블록 설정하고 오른쪽 마우스를 눌러 복사한다.

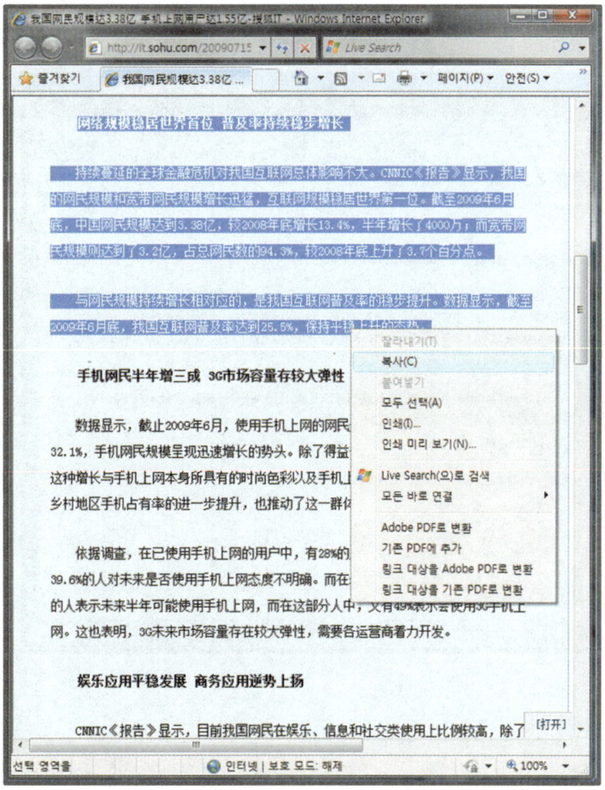

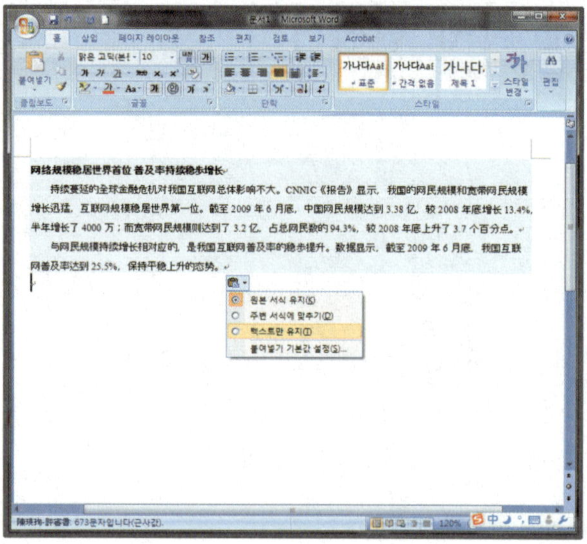

➤Step 2.

MS Word문서를 띄우고 빈 페이지에 붙여넣기를 실행한다. 붙여넣기를 하면 문장의 끝머리에 조그만 서류가방 모양의 아이콘이 뜬다. 이 아이콘의 화살표를 눌러 '원본 서식 유지'버튼을 '텍스트만 유지'로 바꾸어준다. 이는 인터넷 문서의 속성을 제거하는 과정으로 이 과정을 거치지 않으면 MS Word문서상에서 자유로운 편집이 불가능 할 수도 있다.

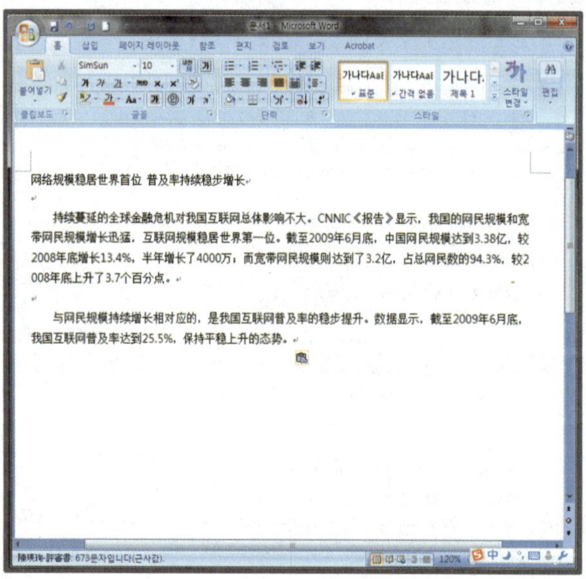

➤Step 3.

이제 편집이 가능한 문서로 전환이 되었다. 이 상태에서 문서에 블록을 정하고 폰트를 바꾸어 주거나 다른 형식으로 변환이 가능하다.

➤**Step 4.**

중국어 간체로 된 문장을 번체로 변환하고 싶으면 문서에 블록을 정하고 번체자 폰트로 바꿔준다. 중문폰트의 이름이 B-5나 T로 끝나면 번체자, S로 끝나면 간체자를 뜻한다.

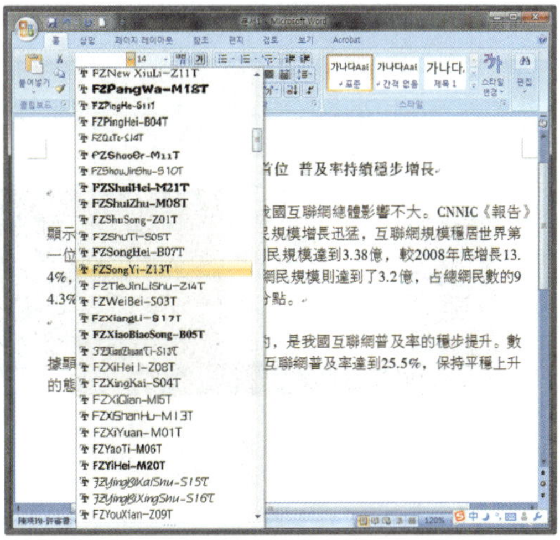

2. 훈글에서 간체/번체 변환하기

➤**Step 1.**

중문 인터넷상의 문서를 훈글에 붙이는 방법은 조금 전에 설명한 MS Word와 동일하다. 단 그림에서 보는 바와 같이 HTML 문서를 띄울 때 등장하는 데이터 형식 선택 메뉴를 '텍스트 형식으로 붙이기'로 설정해야 문서 가공이 가능하다.

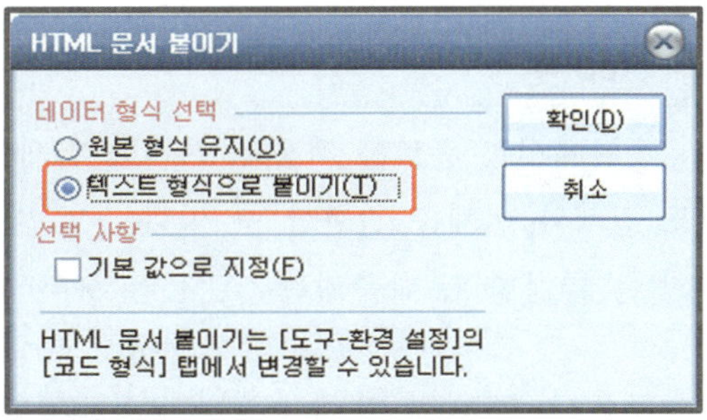

➤**Step 2.**

번체자 전환은 글꼴 중에 '약자'라는 이름이 들어가는 폰트로 설정하고 간체자는 '간자'라고 표시된 폰트로 전환이 가능하다.

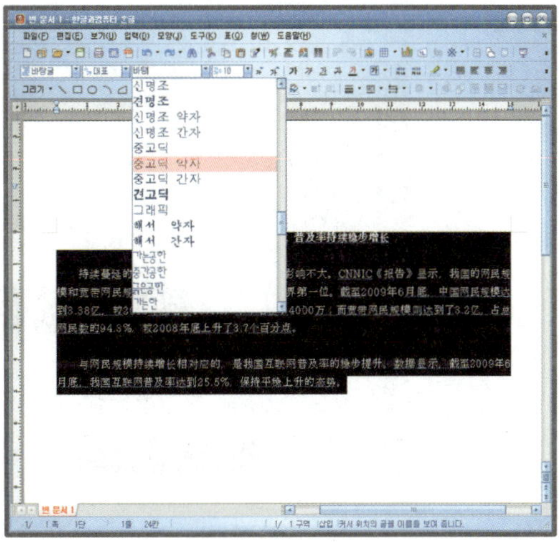

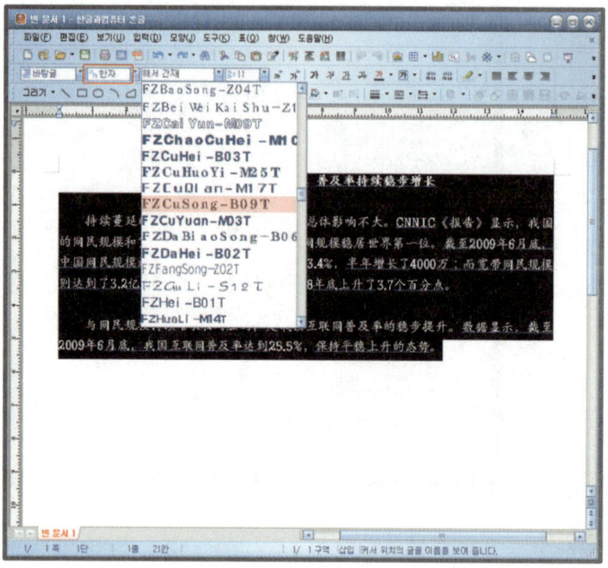

➤Step 3.

이외에 내가 설치한 폰트로 문서를 수정하려면 글꼴 설정 왼쪽의 메뉴를 클릭해 '한자'나 '외국어'로 전환하면 윈도우 상에 설치된 중문폰트를 이용할 수 있다.

➤Step 4.

혼글에서는 폰트를 적용해 간체와 번체를 전환하는 것 외에도 일반 메뉴를 통해서도 간체와 번체를 전환할 수 있다. '편집'의 '글자바꾸기'를 클릭해 '간체/번체 바꾸기'를 클릭한다. 단축키는 'Alt+Shift+F9'이다.

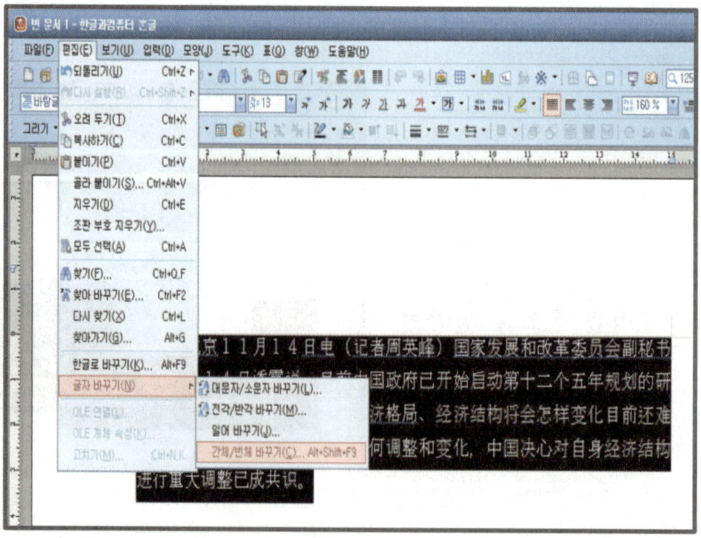

➤Step 5.

'간체/번체 바꾸기'를 클릭하면 다음과 같은 작은 창이 뜬다. 자신이 원하는 방식으로 선택해 전환한다.

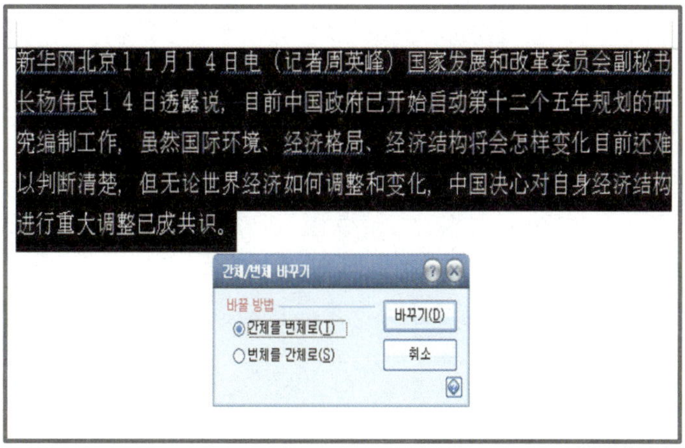

➤Step 6.

간체에서 번체로 선택해 '바꾸기'를 누르면 간체로 작성된 문서가 번체로 전환된다.

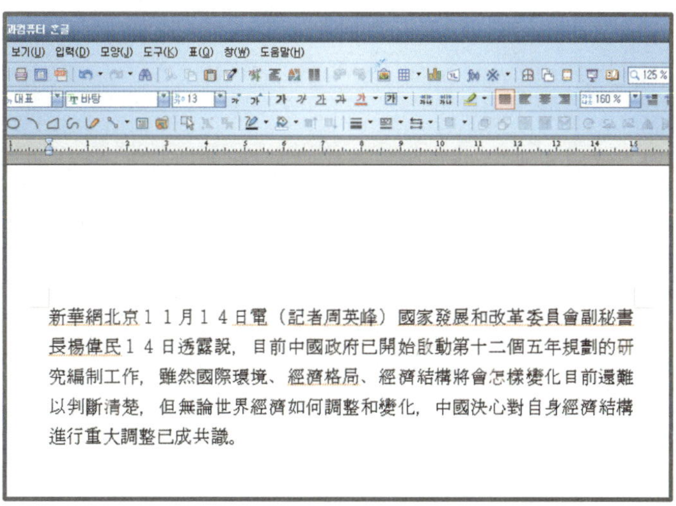

11 중국어 E-mail 보내기와 메일계정 만들기

중국어 이메일 계정에서 작성된 메일은 한국어 이메일 계정으로 열어보면 글자가 깨져서 오는 경우가 있다. 이는 웹상에서 한국어와 중국어를 표현하는 문자의 바이트 수가 서로 다르기 때문이다. 여기서는 이 문제를 해결하기 위한 몇 가지 방법에 대해 설명하고자 한다.

1. Outlook express 로 E-mail 보내기

➤Step 1.

중국어로 E-mail을 보내려면 outlook express를 실행시키고 편지쓰기 화면에서 내용을 입력한다.

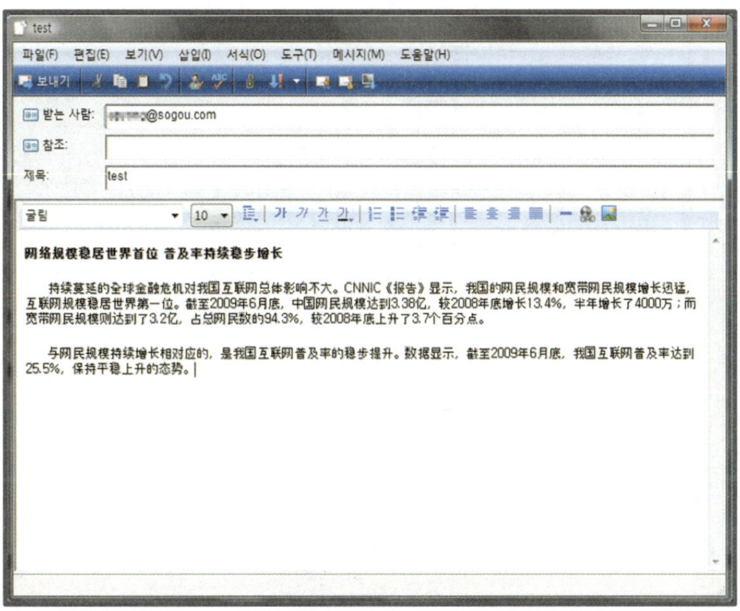

➤Step 2.

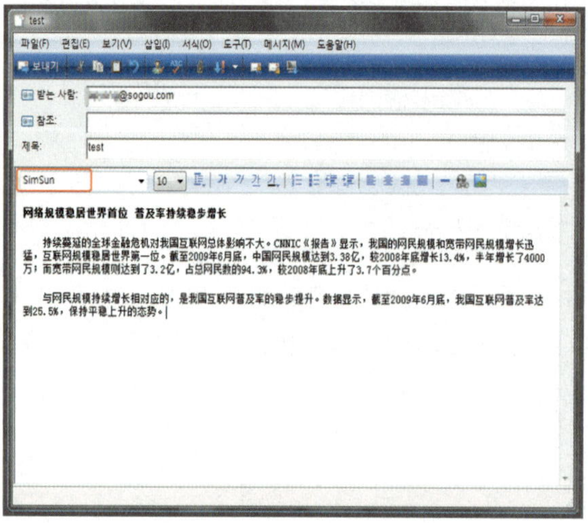

붙여넣기를 실행한 후 메뉴의 서식(O)을 클릭하여 인코딩(N)에서 중국어 간체(GB2312)로 바꾸어 주고 보내기를 클릭한다.

(주의 : 간자체를 입력하기 전에 반드시 글자체를 “MS Song”이나 “SimHei”, “SimSun” 같은 간자체 폰트로 바꿔 주어야 한다. 폰트를 바꿔주지 않으면 입력한 글자가 네모칸 모양으로 깨져 보인다.

➤Step 3.

붙여넣기를 실행한 후 메뉴의 서식(O)을 클릭하여 인코딩(N)에서 중국어 간체(GB2312)로 바꾸어 주고 보내기를 클릭한다.

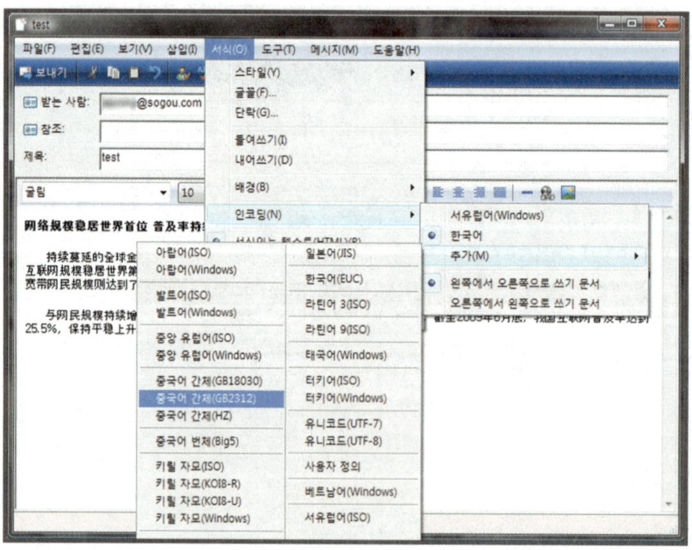

아래와 같이 메시지 문자 집합 충돌 메세지창이 나오면 현재 상태로 보내기(S)를 클릭한다.

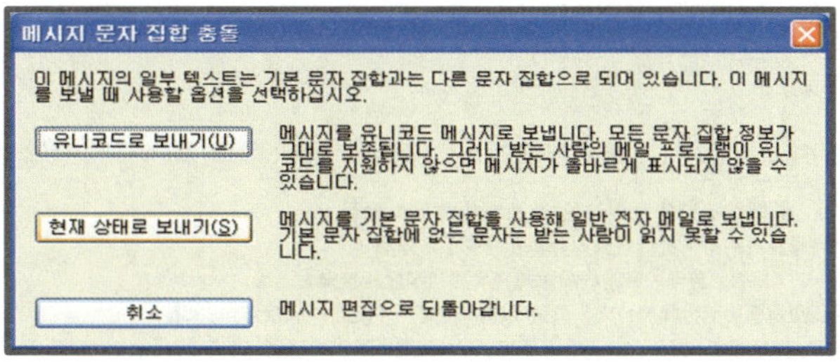

※알아두기 : 중국에서 한국어로 메일을 보낼 때는 반대로 인코딩(编码)을 한국어로 설정하고 보내면 된다.

'다음'이나 일부 이메일계정에서는 이 같은 인코딩 문제를 해결하기 위해 자동으로 다국어를 변환시켜주거나 '원문보기'서비스를 제공하고 있다.

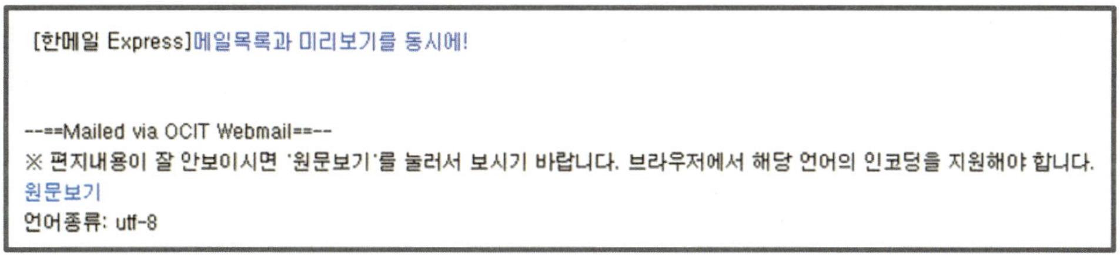

2. 중국어 E-mail계정 만들기

중국어 이메일 계정 만들기는 언어 코드를 맞추기 위한 번거로움을 해결하는 가장 손쉬운 방법 중 하나이다.

➤Step 1.

한국어 언어코드로 맞추어져 있는 한국어 이메일 계정에서 중국어로 이메일 내용을 작성해 보내보자.

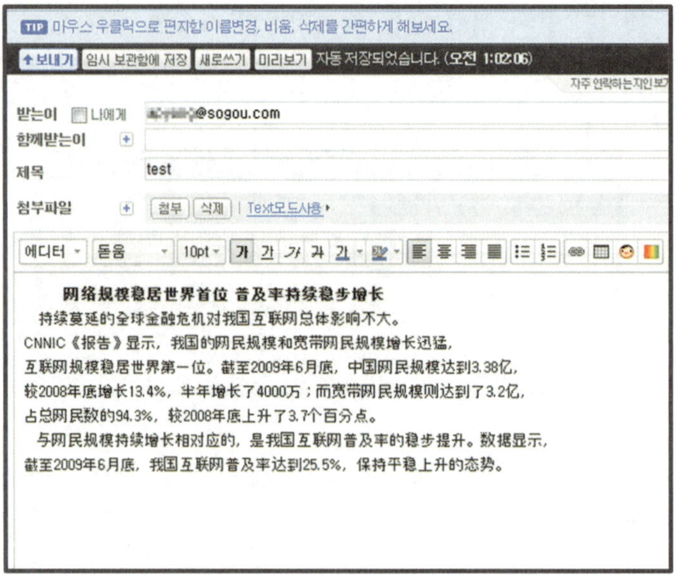

➤Step 2.

한국인에게 이메일을 받은 중국인은 메일을 열어봤을 때, 심히 당황할 수 있다. 한국인이 보낸 중국어 메일의 내용이 부분적으로 '?'표시가 됐기 때문이다. 이는 일부 한국어 이메일계정에서 중국어 문자코드를 지원하지 않기 때문이다.

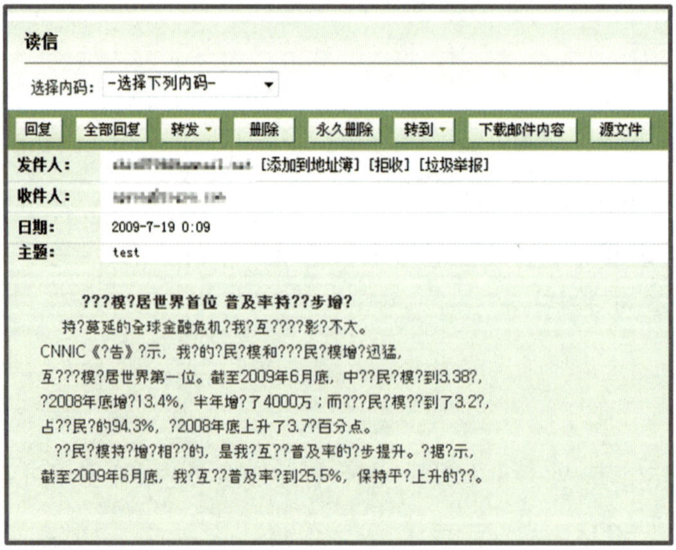

➤Step 3.

반면 중국인이 보낸 중국어 메일은 한국어 메일에서 큰 문제없이 열람이 가능하다.

그래서 만약 중국인과의 이메일 교류나 업무상 원활한 교신이 필요하다면 중국어 이메일 계정을 하나쯤 만들어 놓는 것도 좋은 방법일 듯싶다.

다른 여러 이메일 등록 사이트가 있지만 여기서는 sohu라는 사이트에서 메일 계정을 하나 만들어 보는 연습을 해보겠다.

※다른 중국의 무료 이메일 계정 제공 사이트

http://www.sina.com.cn	http://www.china.com
http://www.21cn.com	http://www.sohu.com
http://www.163.com	http://www.263.net

➤Step 4.

http://www.sohu.com로 접속하면 뜨는 초기화면이다. 그럼 아이디를 하나 만들어 보자. 상단의 注册를 클릭한다.

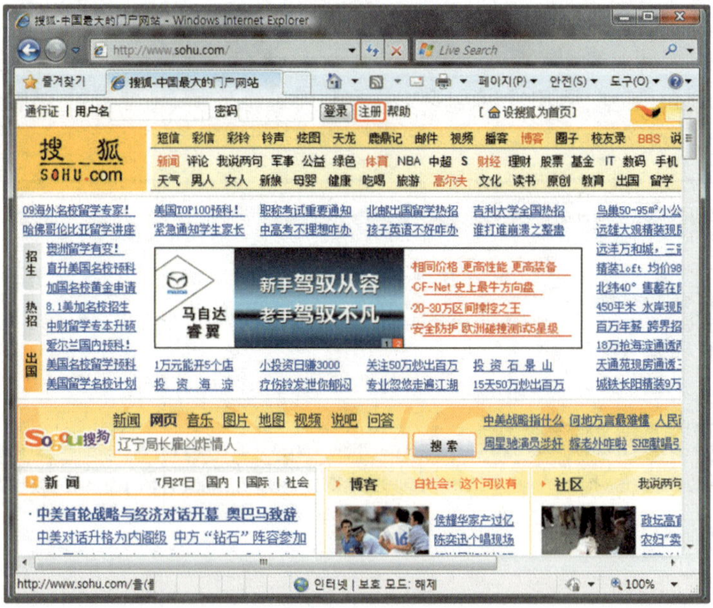

➤Step 5.

注册를 클릭했다면 다음과 같은 화면이 뜰 것이다.

➤Step 6.

내용입력에 큰 문제가 없으면 다음과 같은 성공 메시지가 뜬다.

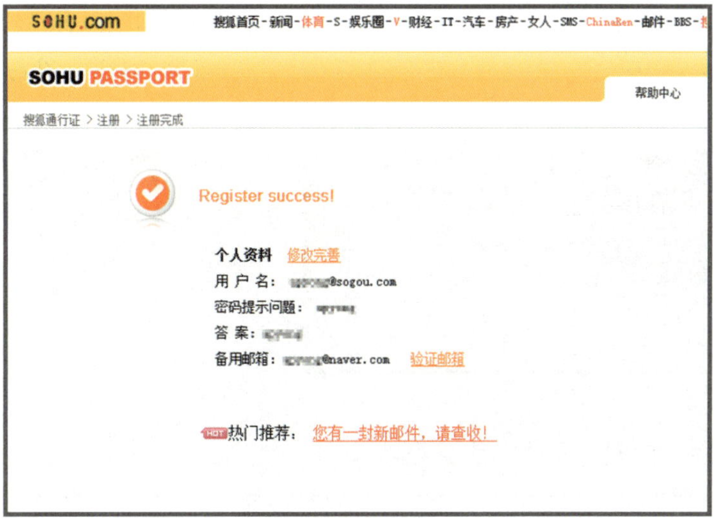

➤Step 7.

다시 초기화면으로 돌아와서 로그인을 해보자.

➤Step 8.

이제 중국 이메일 계정에서 이메일을 보내고 받아보자(sohu.com 기준, 이메일은 sogou로 전환됨). 로그인을 하면 다음과 같은 메일함이 뜬다.

메일에 자주 쓰이는 용어들을 다음과 같다.

주요 이메일 용어		
发送	fā sòng	(보내기)
保存草稿	bǎo cún cǎo gǎo	(임시 보관함에 저장)
附加	fù jiā	(파일 첨부하기)
工具	gōng jù	(편집 모드 바꾸기)
取消	qǔ xiāo	(취소)
收件人	shōu jiàn rén	(받는이)
抄送	chāo sòng	(함께 받는이)
密件抄送	mì jiàn chāo sòng	(숨겨 받는이)
主题	zhǔ tí	(제목)
段落	duàn luò	(단락)
字体	zì tǐ	(글꼴)
字体大小	zì tǐ dà xiǎo	(글꼴크기)

➤Step 9.

최근 소후를 비롯한 중국어 포털사이트들은 한국어를 비롯한 다국어도 문제없이 읽을 수 있다.

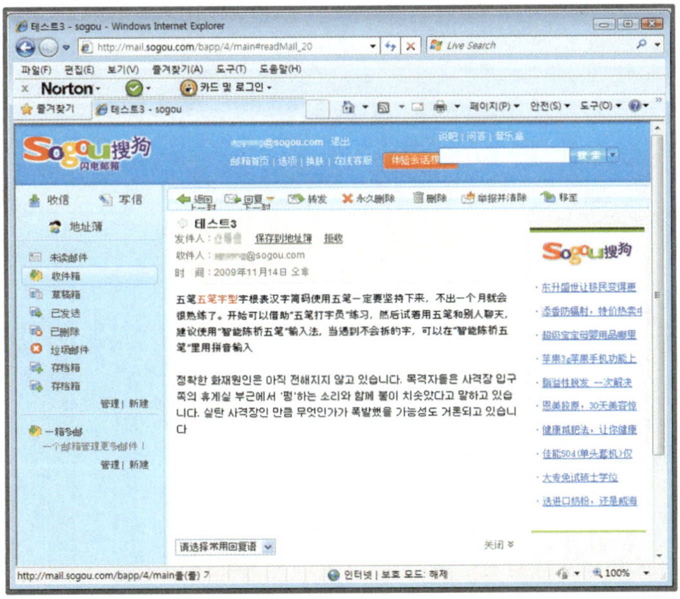

다만 한국의 일부 메일계정에서는 아직도 다국어를 지원하지 못해 소후에서 메일을 열었을 때 글자가 깨지는 경우는 있다. 이 같은 문제는 상호간에 문자코드를 지원하는가에 원인이 있는 것으로 생각되나 웹 메일에 대한 문제는 현재로서는 뾰족한 해결법이 없다.

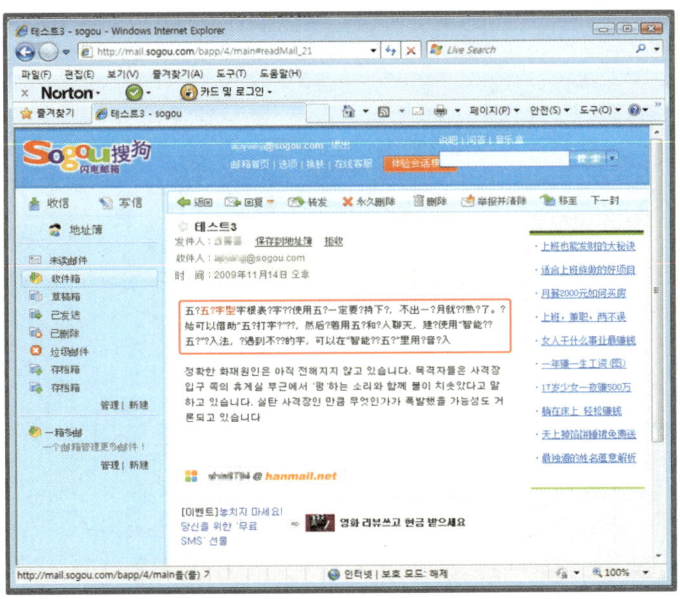

12 중국어 활용편

1. 중국관련 주요 사이트

중국 정부넷	http://www.gov.cn
중국정부 대표 사이트	http://www.govonline.cn
홍콩특별행정구	http://www.gov.hk/
마카오특별행정구	http://www.macau.gov.mo
중국인민은행(중앙은행)	http://www.pbc.gov.cn
중국국제무역상회	http://www.ccpit.org
중국 외교부	http://www.fmprc.gov.cn
중국 재정부	http://www.mof.gov.cn
대외경제무역합작부	http://www.cofortune.com.cn/moftec_cn
국가통계국	http://www.stats.gov.cn
국무원 신문판공실	http://www.china.org.cn
중국증권감독관리위원회	http://www.csrc.gov.cn
중국국제무역중재위원회	http://www.arbitration.org.cn
중국공작기계공업협회	http://www.cmtba.org.cn
중국방직공업협회	http://www.cnfti.com.cn
중국경제신식망	http://www.cei.gov.cn
베이징신식망	http://www.bta.net.cn
국가공상행정관리국	http://www.saic.gov.cn
정보통신부	http://www.mii.gov.cn
국가외환관리국	http://www.safe.gov.cn
국가경제무역위원회	http://www.setc.gov.cn
중국세관	http://www.customs.gov.cn

중국과 관련된 정보를 수집하기 위해서는 중국사이트를 직접 방문해 정보를 얻는 것 것만큼 좋은 것이 없다. 이는 정보에 대한 정확성을 공식으로 인정받을 수 있기 때문이다. 이번에는 중국관련 정보를 수집하기 위한 관련 사이트를 이용하는 방법에 대해 알아보도록 하겠다.

➤Step 1.

위의 주요 중국 정부기관 사이트 중 중국 통계국의 홈페이지에 접속해보자.

➤Step 2.

각 부문의 통계 데이터 검색창을 통하여 통계자료를 얻을 수 있다.

➤Step 3.

이번에는 중국정부넷(http://www.gov.cn)사이트에 접속해 보자.

➤Step 4.

중국정부넷 사이트에서는 중국정부가 공식적으로 인증한 중국의 다양한 정보가 담겨있다. 예를 들어 중국개황(中国概况)이라는 메뉴를 살펴보면 중국의 행정구역 및 국기에 대한 정보가 제공되고 있으며 기타 메뉴에서도 중국에 대한 정보가 상세하게 제공되고 있으니 한번쯤은 방문해서 정보를 살펴보는 것도 좋을 듯하다.

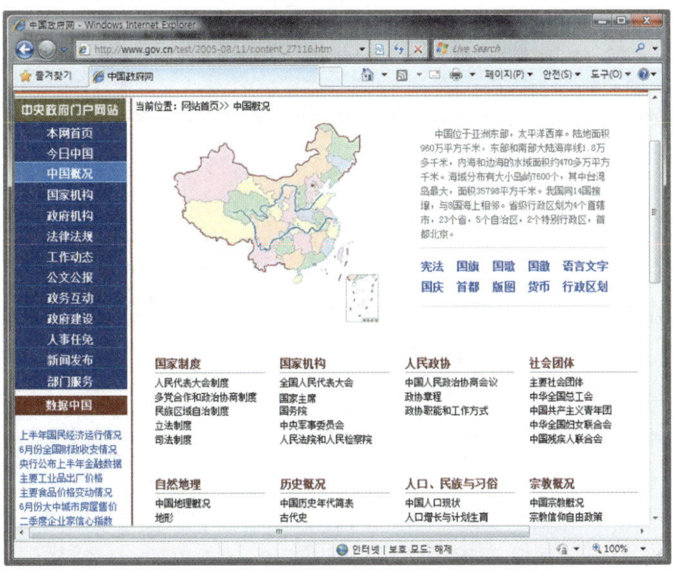

2. 연구기관 사이트

중국사회과학원	http://www.cass.net.cn
중국공정원	http://www.cae.cn
국무원 발전연구 중심	http://www.drc.gov.cn
중국경제개혁연구기금회	http://www.neri.org.cn
중화경제연구원	http://www.cier.edu.tw

중국사회과학원은 중국의 다양한 분야를 연구하는 곳으로 이 사이트를 통해 중국의 현재 연구추세와 동향을 파악할 수 있다.

3. 중국뉴스와 방송 사이트

명칭	사이트	설명
中央电视台	http://www.cctv.com	중국중앙방송
中国国际广播电台	http://www.cri.cn	중국국제방송
中国国际广播电台(한국어)	http://korean.cri.cn	중국국제 한국어방송
中国广播网	http://www.cnr.cn	중국방송망
多维广播台	http://www.dwnews.com	해외중국인방송망
完纬读者	http://www.creaders.net	해외중국인 제공 중국소식

중국국제방송(http://korean.cri.cn) 홈페이지이다. 최근 중국의 정부기관 홈페이지들은 다국어를 지원을 하고 있는 추세이다. 다양한 언어 중에서도 한국어 뉴스서비스를 제공하고 있으니 한번쯤은 방문해서 중국의 다양한 정보를 탐색해 보는 것도 중국을 알아가는 좋은 학습법이 될 것이다.

➤Step 1.

중국 중앙방송(http://www.cctv.com)이다. 좌측 상단을 보면 실시간 방송을 볼 수 있는 링크가 보인다. CCTV에서는 로그인 없이도 방송을 볼 수 있도록 서비스하고 있다.

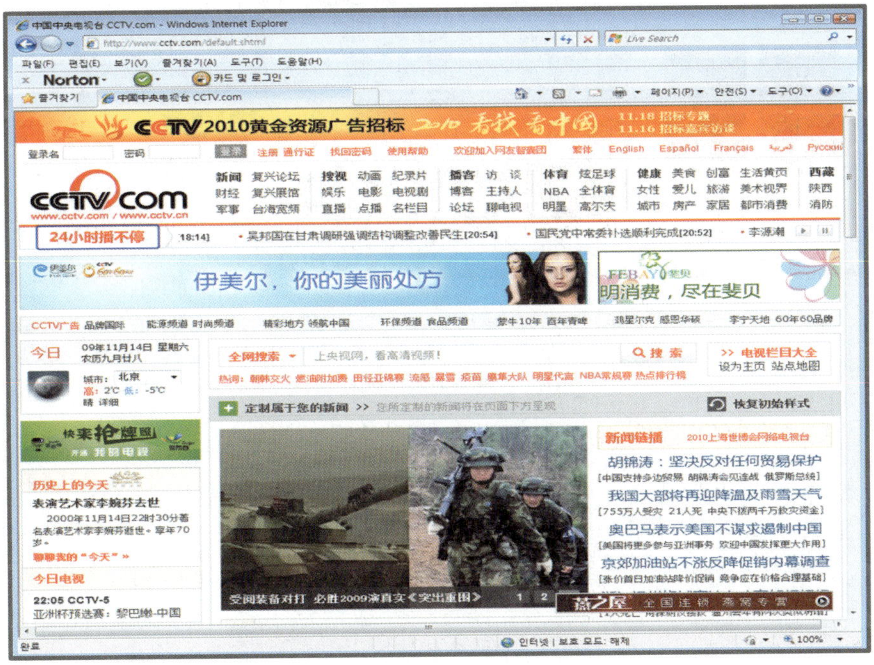

➤Step 2.

실시간 방송 링크는 홈페이지 개편 때마다 위치가 바뀌곤 한다. 만약 실시간 방송 주소를 찾기 어렵다면 http://24hour.cctv.com로 접속하도록 한다. CCTV는 중국의 중앙 방송으로 채널마다 각기 다른 주제의 방송을 내보내고 있다. 채널수가 많으니 하나씩 살펴보면서 감상해보자.

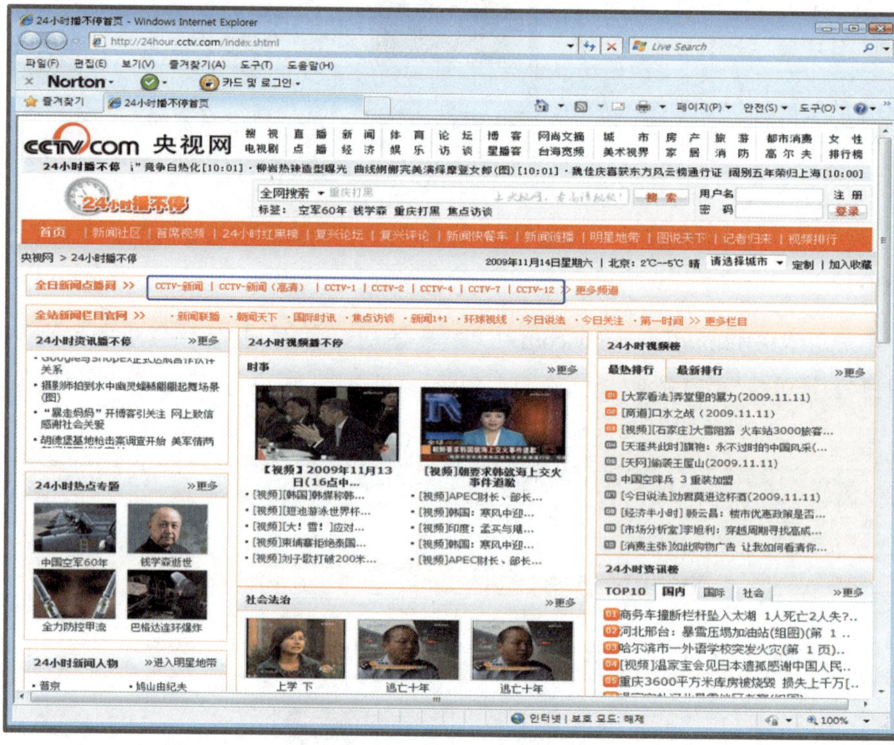

➤Step 3.

중국 CCTV에서 제공하는 실시간 방송은 해상도도 높아서 굳이 위성방송을 신청해 시청을 할 필요가 없을 정도이다. 중국의 정세를 파악할 수 있는 다양한 뉴스가 제공되고 있으니 중국어 학습자에게는 좋은 학습도구로 활용될 수 있을 것이다.

4. 중국 간행지 및 학술지

中国国家图书馆	http://www.nlc.gov.cn	중국의 각종 도서 및 논문 검색
中国期刊网	http://www.cnki.net	중국의 간행물 검색 및 다운(다운은 유료)
幸福校园	http://cn.happycampus.com	해피캠퍼스 중국어 버전(논문 및 레포트 제공)

중국 기간망(http://www.cnki.net)은 중국의 대학과 학술지에서 발행하는 논문들을 검색과 함께 다운로드 할 수 있는 사이트이다. 다운을 받기 위해서는 아이디 등록과 다운로드용 직불카드를 구입해야 하지만 다양한 학술자료들을 중국에 직접 가지 않고도 찾을 수 있다는 것이 가장 큰 장점이라 하겠다.

5. 중국음악 사이트

바이두 MP3	http://mp3.baidu.com	mp3다운 및 실시간 듣기
QQ163	http://www.qq163.com	mp3다운 및 실시간 듣기

➤Step 1.

실시간 음악 듣기와 mp3다운이 가능한 바이두mp3 사이트이다. 자신이 검색하고자 하는 음악의 제목을 검색창에 넣고 찾을 파일 종류를 mp3로 조정해서 검색을 한다.

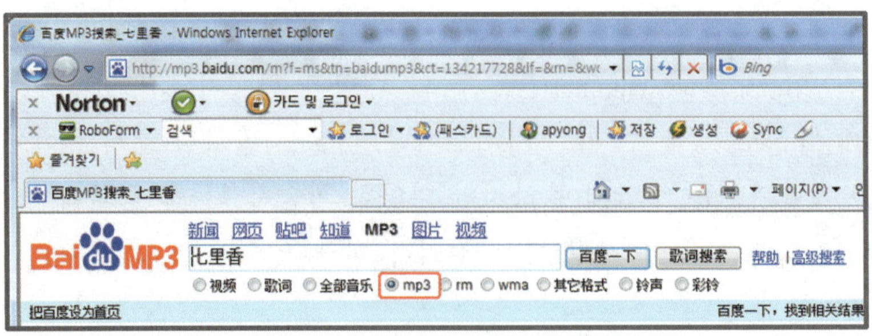

➤Step 2.

검색을 시작하면 관련된 파일들이 검색되기 시작한다. 검색이 완료된 창을 보면 우측에 파일의 크기가 나오는데, 용량의 크기가 작은 파일은 음질이 떨어지는 경우가 대부분이니 가능한 3M이상의 파일들을 선택해야 한다.

➤Step 3.

일단 1번 파일을 선택해봤다. 가운데 1번부터 4번까지는 동일한 파일을 가지고 있는 사이트를 말한다. 임의로 아무거나 선택해서 다운을 시도한다.

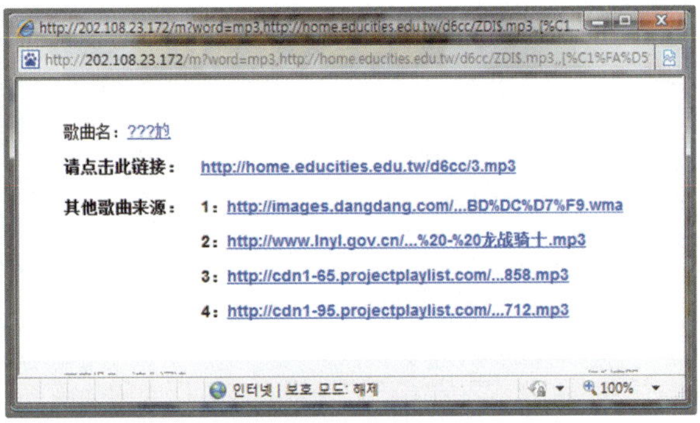

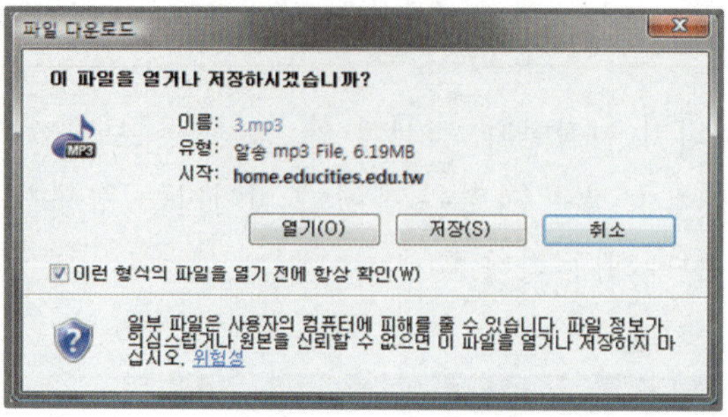

➤Step 4.

번호를 클릭하면 정상적인 경우 아래와 같은 창이 뜨면서 다운로드를 묻는다. 저장을 눌러 자신의 컴퓨터에 저장한다.

➤Step 5.

다운로드가 완료된 후 이름을 변경해 노래를 감상하면 된다.

Ⅱ

중문 인터넷 자료독해 편

1. 6대문장성분과 12품사
2. 접속사와 결과보어
3. 방향보어와 병렬관계접속사
4. 가능보어와 비교문
5. 연동문과 연속·목적관계 접속사
6. 겸어문과 인과·조건관계 접속사
7. 이합동사와 어림수
8. 피동문과 방향전치사
9. 처치문과 정도보어
10. 전치사구와 숫자읽기
11. 진행태와 점층관계접속사

1 6대문장성분과 12품사

학습목표

중국어의 문장을 구성하는 성분에는 주어, 술어, 목적어, 한정어(관형어), 상황어(부사어), 보어의 6개의 문장성분이 있습니다. 문장을 올바르게 해석하기 위해서는 반드시 문장성분을 잘 이해해야 합니다. 처음 접할 땐 생소하지만, 잘 익혀두면 중국어 학습에 많은 도움이 될 뿐만 아니라 올바른 해석과 작문을 위해 반드시 갖추어야 할 부분입니다.

6대 문장성분

주어는 문장의 주체가 되는 말입니다. 술어는 주어의 동작, 행동을 나타내는 말인데 주로 동사나 형용사가 술어가 됩니다. 목적어는 동작의 대상이 되는 말로 술어와 보어 뒤에 위치합니다. 주어와 목적어는 주체와 대상이 되는 말이므로 명사성 어휘가 되어야합니다. 한정어, 보어, 상황어에 대하여 아래에서 간단히 알아봅시다.

한정어

한정어는 주어와 목적어 앞에 위치하여 이 명사성 어휘를 수식해 주는 말로 '--한'에 해당하는 말입니다.

보어

보어는 동사 뒤에 위치하여 술어를 보충해주는 말로 결과보어, 정도보어, 가능보어, 방향보어, 시량보어, 동량보어 등이 있습니다.

상황어

상황어는 부사어라고도 하는데 '언제, 어디서, 누구랑, 어떻게, 어떤 기분으로, 얼마나 자주'에 해당하는 말로 '--- 하다'인 술어 앞에 위치하여 술어를 수식하는 말입니다.

(1) 문장의 기본성분

주어 + 술어 + 목적어

(2) 문장의 확장

(한정어)주어 + 상황어 + 술어 + 보어 + (한정어)목적어

12 품사

명 사 : 사물의 이름, 명칭

대명사 : 명사, 동사, 형용사, 수사 등의 낱말을 대신하여 지칭하거나, 문장뒤에서 그것을 가리키는 낱말을 대명사라고 합니다. 대명사에는 1)인칭 대사(我, 你, 他, 她, 谁 등), 2)지시 대사(这, 那, 这里, 那里 등), 3)의문 대사(谁, 什么, 为什么, 哪 등) 이 있습니다.

동 사 : 움직임

조동사 : 능력, 바램(能愿动词) 홀로는 문장의 주체를 서술할 힘이 없어 본용언(본동사와 본형용사) 아래에서 그 뜻을 돕는 동사를 말합니다.

형용사 : 모습을 형용

★부　사 : 주로 용언 앞에 쓰이어, 그 용언의 뜻을 분명히 한정하는 말로 문장에서 수식어 구실을 하는데, 쓰임에 따라 성분 부사(성상, 의태, 의성, 지시, 부정, 정도 부사) 문장 부사, 접속 부사로 나뉩니다.

'잘 달리다', '매우 차다', '데굴데굴 구르다.' 에서의 '잘', '매우', '데굴데굴' 등 정도, 범위, 시간, 빈도, 방식을 설명합니다.

정도부사	非常	很	太	범위부사	都	只	全
시간부사	已经	就	才	빈도부사	常常	又	再
부정부사	不	没		어기부사	也许	到底	简直

★개　사 : ~ (~와, ~로써, ~을, ~을 향해~대하여, ~으로,~보다, ~을 위해 등) 문법에서의 품사의 한 가지로, 명사나 대사 앞에 놓여 다른 품사와의 문법적 관계를 나타내는 말로 '시간, 장소, 위치, 목적, 원인, 방식, 대상, 비교' 등을 지칭하는 단어이며, 개사가 명사나 대사와 함께 이루고 있는 구조를 개사구조라고 합니다. 대표적인 개사로 在, 从, 又, 由, 往, 向, 给, 和, 跟 등이 있습니다.

수　사 : 숫자, 순서

양　사 : 물건의 양(명량사) 동작의 양(동량사)

조　사 : 단독으로 사용할 수 없고 구체적인 의미는 없지만 단어를 연결하고, 구를 구성하는 역할을 하며 동태조사, 구조조사, 어기조사가 있습니다.
동태조사 (了 着 过) 구조조사 (的 地 得)

★접속사 : 连词 문장 가운데의 두 성분 또는 문장과 문장을 이어 주는 말로 대표적인 접속사로 跟, 和, 与, 而且, 但是, 因为, 如果 등이 있습니다.

단원정리

명　사 : 사물의 이름, 명칭
대명사 : 이름을 대신하여
동　사 : 움직임
조동사 : 능력, 바램(能愿动词)
형용사 : 모습을 형용
★부　사 : 정도, 범위, 시간, 빈도, 방식
　정도부사 : 非常　很　太　　범위부사　都　只　全
　시간부사 : 已经　就　才　　빈도부사　常常　又　再
　부정부사 : 不　没　　　　　어기부사　也许　到底 简直
★개　사 : ~ (~와, ~로써, ~을, ~을 향해, ~대하여, ~으로,~보다, ~을 위해 등)
　수　사 : 숫자, 순서
　양　사 : 물건의 양(명량사)　　동작의 양(동량사)
　조　사 : 동태조사 (了 着 过)　구조조사 (的 地 得)
★접속사 : 连词 문장과 문장을 연결
　조　사 : 동태조사, 구조조사, 어기조사
　한정어 : 한정, 제한시키는 말

한정어의 어순
소유, 제한(영속관계 +지시대명사+수사+양사+수식어(묘사, 성질)+중심어(명사성 성분)
的있는 + 的없는

상황어 : 술어 앞에 위치하여 (언제,어디서,누구랑,어떻게,어떤기분으로,얼마나 자주)에 해당하는 말
보　어 : 술어 뒤에 위치하여 동작이나 상태에 대하여 구체적으로 보충 설명 해주는 성분 (결과, 시간, 장소, 방향, 가능, 정도 등)

확인학습1

※아래 빈칸을 채워보세요.

6대 문장성분

1. 문장의 기본성분　주어 + (　　　　) + 목적어
   문장확장
2. 한정어(　　) 주어 + 상황어(　　) 술어 (　　/　　) + 한정어(　　) + 목적어
   한정어- 한정, 제한 시키는 말
   상황어- 술어 앞에 위치하여
3. (　　,　　,　　, 어떻게, 어떤 기분으로, 얼마나　　)에 해당하는 말
   보 어- 술어 뒤에 위치하여
4. 동작이나 상태에 대하여 구체적으로 보충설명 해주는 성분
   (결과,　　, 장소,　　, 가능,　　등)

한정어의 어순

소유,제한(영속관계)+지대+수사+양사+수식어(묘사,성질)+중심어(명사성성분)
的있는 + 的없는

12 품사

명　사 : 사물의 이름, 명칭
대명사 : 이름을 대신하여
동　사 : 움직임
조동사 : 능력, 바램(能愿动词)
형용사 : 모습을 형용
★부 사 : 정도, 범위, 시간, 빈도, 방식

5. 정도부사(　　,　　,　　) 범위부사(　　,　　, 全) 시간부사(　　,　　, 才)
6. 빈도부사(常常,　　,　　) 부정부사(不, 没)　　어기부사(也许,　　,　　)

★개　사 : ~(~와, ~로써, ~을, ~을 향해, ~대하여, ~으로, ~보다, ~을 위해 등)
수　사 : 숫자, 순서
양　사 : 물건의 양(명량사) 동작의 양(동량사)
7. 조 사 : 동태조사 (　　,　　,　　) 술어찾기
구조조사 (　　,　　,　　)
★접속사 连词　　문장과 문장을 연결

확인학습2

※아래 문장을 6대 문장성분으로 분류해 보세요.

21世纪 被称为 亚洲的 世纪，亚洲国家 在世界舞台上 扮演着 越来越 重要的 角色。

확인학습3

※아래 문제의 올바른 답을 찾아보세요.

1. 她跑了几家商场，终于买到了＿＿＿＿＿＿＿＿＿＿＿＿＿＿＿。

A. 一件非常满意的红色毛衣　　B. 非常满意的红色毛衣一件
C. 一件红色毛衣非常满意的　　D. 一件非常红色满意的毛衣

2. 他十七岁生日那天，受到了＿＿＿＿＿＿＿＿＿＿＿＿寄来的生日贺卡。

A. 在日本一位朋友外国认识的　　B. 在日本的一位朋友外国认识
C. 在日本认识的一位外国朋友　　D. 在日本认识外国的朋友一位

3. 他＿＿＿＿＿＿，才把我是收拾干净。
A. 两个多小时忙了　　B. 两个小时多忙了
C. 忙了两个多小时　　D. 忙两个多小时了

4. 要是_A_信不过_B_我们，他_C_怎么会_D_我们公司投资呢!　　向

5. _A_他_B_把大家的意见_C_反映_D_给有关领导。　　能不能

6. _A_要_B_加速发展经济，_C_就_D_按经济规律办事。　　必须

확인학습정답

확인학습1
1. 술어　　2. 관형어, 부사어, 동사/형용사, 관형어
3. 언제, 어디서, 누구랑, 자주　　4. 시간, 방향, 정도
5. 非常, 很, 太, 都, 只, 已经, 就　　6. 又, 再, 到底, 简直
7. 了, 着, 过, 的, 地, 得

학인학습2

21世纪	被称为	亚洲的	世纪，	亚洲国家	在世界舞台上	扮演	着	越来越	重要的	角色。
주어	술어	관형어	목적어	주어	전치사구	술어	보어	부사어	관형어	목적어

확인학습3
1. A　2. C　3. C　4. D　5. B　6. D

2 접속사와 결과보어

학습목표

복문은 두 개 또는 두 개 이상의 의미상 연관된 절로 이루어진 문장을 의미하는데, 이런 복문을 이어주는 역할을 하는 것이 바로 접속사와 약간의 부사입니다. 이런 접속사 중에는 반드시 짝을 이루어 사용하는 경우와 단독으로 사용하는 경우가 있습니다.

접속사는 중국어 문장을 해석하는데 있어 매우 중요한 부분입니다. 자세한 내용은 각 과에서 살펴보고 여기서는 먼저 '접속사의 종류'를 통해 접속사의 개념을 정리해보고 '가정관계접속사'에 대해 간단하게 정리해 보도록 하겠습니다.

在未成年人的成长环境中，成年人其实是个相当关键的因素。

有国际机构曾在世界范围内做过一项调查，让青少年列出自己崇拜的人。结果，绝大部分国家的青少年都把自己的父母列在比较靠前的位置甚至是第一位，只有中国的青少年是把父母放在最后一位。

假如这个调查结果基本能反映实情的话，那就很值得我们思考：我们的青少年为什么不那么崇拜自己的父母？

❉부분 해석 해보기

1

在未成年人的成长环境中，
zài wèichéngniánrén de chéngzhǎng huánjìng zhōng,

成年人其实是个相当关键的因素。
chéngniánrén qíshí shì gè xiāngdāng guānjiàn de yīnsù。

해석해 보기

올바른 해석

새로나온 단어

成长	[chéng zhǎng]	동 성장하다, 자라다
环境	[huán jìng]	명 1. 환경 2. 주위 상황[조건]
其实	[qí shí]	부 (그러나)사실은, 실제는
相当	[xiāng dāng]	형 (수량, 가치, 조건, 상황 등이) 엇비슷하다 부 상당히, 무척, 꽤, 퍽
关键	[guān jiàn]	명 관건, 키포인트 형 매우 중요하다, 결정적이다.
因素	[yīn sù]	명 1. 구성 요소 2. 원인, 조건, 요소

구문해설

1. 본문의 '在未成年人的成长环境中'에서 '在………中'은 환경이나 과정, 추상적 범위가운데 라는 뜻입니다. 중국어를 학습하다 보면 같이 외어두면 도움이 되는 호응하는 구문들이 있습니다. 在는 일반적으로 '上', '中', '下' 등과 자주 호응하는데 그 의미를 정리하면 아래와 같습니다.

1) 在………上 (방면이나 필수조건)
   原则上(원칙상) 技术上(기술상의)
2) 在………中 (환경이나 과정, 추상적 범위)
   环境中(환경가운데) 研究当中(연구하는 중에) 记忆中(기억속의)
3) 在………下 (전제조건)
   帮助下(도움하에)

확인학습1

1. 在共产党的领导______，全国各地都深入地展开了反腐败运动。
   A. 里 B. 中 C. 下 D. 上

2. 双方在经济问题_______ 仍然有很大的纠纷。
   A. 里 B. 上 C. 中心 D. 中间

2

有国际机构曾在世界范围内做过一项调查，
yǒu guójì jīgòu céng zài shìjiè fànwéi nèi zuòguò yī xiàng diàochá,

让青少年列出自己崇拜的人。
ràng qīngshǎonián liè chū zìjǐ chóngbài de rén。

해석해 보기

____

____

올바른 해석

____

____

새로나온 단어

国际	[guó jì]	명 국제
机构	[jī gòu]	명 기구
世界	[shì jiè]	명 세계(世界), 세상(世上)
范围	[fàn wéi]	명 범위 동 제한하다, 개괄하다
项	[xiàng]	명 목(덜미) 명 돈, 금액, 비용, 경비 양 가지, 항, 조목, 조항, 단위
调查	[diào chá]	동 조사(하다)
列出	[liè chū]	동 열거하다, 늘어놓다

구문해설

1. 본문 "有国际机构曾在世界范围内做过一项调查"에서 '曾'은 '曾经'과 같은 뜻입니다. 중국어를 학습하다 보면 본문에서처럼 '曾经(일찌기), 已经(이미)' 같은 단어를 '曾, 已'처럼 간단하게 줄여 쓰는 것을 자주 접할 수 있습니다. 구어체(입말)에서는 일반적으로 '曾经(일찌기), 已经(이미)' 이라고 말하고 서면어에서는 '曾, 已'처럼 간단하게 줄여 씁니다.
2. 중국어를 처음 학습할 때 보통 '有'를 예제 1)과 예제 2)처럼 동사 '가지고 있다.'와 '존재(存在)하다.'라고 배웁니다. 하지만 이 외에도 예제 3)처럼 (일정한 수량이나 정도에) '이르다. 되다.'라는 뜻으로 쓰이고 본문에서처럼 '어느, 어떤'의 의미로도 쓰입니다. 이때는 예제 4)와 같이 '有'는 일반적으로 '某(어느)' 또는 '某些'의 역할과 비슷합니다. 또 예제 5)처럼'人(사람)'、'时候(때)'、'地方(장소)' 등을 나타내는 단어 앞에 쓰여 부분적인 것을 나타냅니다.

1) 他有一个姐姐。 - 그는 누나가 한 명 있다.
2) 教室里有十来个人。 - 교실 안에는 십여 명의 사람이 있다.
3) 这块布有多少尺？ - 이 천은 얼마나 길죠?
4) 有一年冬天她回来了。 - 어느 해 겨울 그녀가 돌아왔다.
5) 有人性子急，有人性子慢。 - 어떤 사람은 성질이 급하고, 어떤 사람은 성질이 느리다.
6) 有时天晴，有时下雨。 - 어떤 때는 날씨가 개고, 어떤 때는 비가 오다.
7) 有的地方穷，有的地方富。 - 어떤 지역은 가난하고 어떤 지역은 부유하다.

확인학습2

1. 我爸爸只顾_A_工作_B_，从来没关心_C_家里人_D_。 过
2. 我以前是_A_同意_B_她当班长，不过现在想法有_C_了改变_D_。 过

3. 我_A_妹妹告诉_B_他五点钟来学校_C_集合_D_上车。　　　让

4. 这个意外的消息, _______在场的人都大吃一惊。

A. 使　　B. 把　　C. 被　　D. 将

3

结果，绝大部分国家的青少年都把自己的
jiéguǒ, juédà bùfēn guójiā de qīngshǎonián dōu bǎ zìjǐ de

父母列在比较靠前的位置甚至是第一位，
fùmǔ liè zài bǐjiào kàoqián de wèizhì shènzhì shì dì yī wèi,

只有中国的青少年是把父母放在最后一位。
zhǐyǒu zhōngguó de qīngshǎonián shì bǎ fùmǔ fàng zài zuìhòu yī wèi。

해석해 보기

___

___

___

올바른 해석

___

___

___

새로나온 단어

结果	[jié guǒ]	명 결실, 결과
绝大	[jué dà]	형 대단히 큰, 절대의
部分	[bù fen]	명 부분, 일부 양 부분
把	[bǎ]	개 동작, 작용의 대상을 동사 앞으로 전치시키는 역할을 함
比较	[bǐ jiào]	동 비교하다 부 비교적 개 ~에 비해, ~보다 [정도나 상태의 차이를 비교]
靠	[kào]	동 기대다, 의지하다, 믿다
甚至	[shèn zhì]	부 심지어, …까지도, …조차도 접 더욱이, 더 나아가는
放	[fàng]	동 1. 놓아 주다, 풀어 놓다, 방출 하다 2. 내버려 두다, ~인 채로 버려두다, 방치하다
最后	[zuì hòu]	명 최후, 맨 마지막

구문해설

1. 결과보어

동사와 보어를 결합해서, 그 동사가 더욱 명확한 결과를 나타낼 수 있도록 도와주는 역할을 수행하는 것이 보어인데 결과보어는 중심어인 동사 뒤에 놓여 동작이나 행위, 현상, 변화가 초래한 결과를 나타내는 보어를 말합니다. 예를 들어 "看电视"는 '(일부러 듣고자 해서)방송을 보다'라는 뜻이지만, '听见脚步声'은 '听'한 결과 '(귀에 들려서) 발자국소리가 들리다'는 의미의 차이가 있다. 이때 동사 뒤에 오는 결과보어로는 예제 1)과 예제 2)의 '完'과 '开'와 같이 동사를 사용할 수 있고, 예제 3)처럼 형용사를 사용할 수 있습니다.

1) 我看完(동사)了这本小说了。 나는 이 소설을 다 봤다.
2) 这首歌传开(동사)了。 이 노래는 널리 퍼졌다.
3) 温度一下子升高(형용사)了。 온도는 갑자기 높이 상승했다.

2. 결과보어의 구조상 특징과 용법상의 주의점

(1) 중심어와의 결합 정도가 강하다.

결과보어는 중심어인 동사와의 결합 정도가 매우 강해서, 양자 사이에 다른 성분을 넣을 수 없습니다. 따라서, 동태조사인 '了'와 '过'는 '동사+결과보어'의 뒤에 붙습니다. 또 목적어도 결과보어 뒤에서 동보구조 전체의 목적어로써 작용합니다.

예를 들자면 "说明(설명하다)"이라는 말은 어느 사전에나 한 단어로 소개되어 있다. 그러나 이 단어는 원래 "说(이야기하다)"한 결과 "明白(명백)"하게 된다는 의미로, '동사+결과보어'의 구조이다. 또 "打倒(타도하다)"라는 단어도 "打(때리다)"한 결과, 상대가 "倒(쓰러지다)" 한다는 구조인 것이다. 이처럼 "说明"이나 "打倒"는 현대 중국어에서는 하나의 단어로서 인식되고 있으며, 두 글자로 된 단어라는 느낌이 거의 없습니다. 이런 예로 볼 때 중심어인 동사와 결과보어의 결합 정도가 얼마만큼 강한지를 알 수 있을 겁니다.

1) 小金来晚了一点儿。 小金은 조금 늦게 왔다.
2) 我一定要学好中文。 나는 반드시 중국어를 잘 배워야 한다.

(2) 부정문

동사가 결과보어를 수반하는 문장은, 거의 이미 행해진 동작이 어떤 결과를 만들어냈음을 나타내는 것이므로, 부정할 때는 예제 1)과 예제2)에서처럼 과거 부정 '没(有)'를 써야합니다. 하지만 가정의 뜻을 나타낼 경우에는 예제 3)과 같이 부정부사 "不"를 사용하여 부정합니다.

1) 她找了半天, 可是没找着。 그녀는 오랫동안 찾았으나, 찾을 수 없었다.
2) 我没看清楚布告上的字。 나는 게시한 글자를 분명하게 볼 수 없었다.
3) 我不做完作业, 就不睡觉。 나는 숙제를 다 못하면, 잠을 잘 수가 없다.

4

假如这个调查结果基本能反映实情的话，
jiǎrú zhè gè diàochá jiéguǒ jīběn néng fǎnyìng shíqíng de huà,

那就很值得我们思考：我们的青少年
nà jiù hěn zhídé wǒmen sīkǎo : wǒmen de qīngshǎonián

为什么不那么崇拜自己的父母？
wèishénme bù nàme chóngbài zìj de fùmǔ?

해석해 보기

올바른 해석

새로나온 단어

调查	[diào chá]	명 동 조사(하다)
基本	[jī běn]	명 기본, 근본 대체로, 거의 형 1. 기본의, 근본(기본)적인 2. 주요한, 주된
反映	[fǎn yìng]	명 동 반영(하다, 시키다)
实情	[shí qíng]	명 실정, 실제사정
值得	[zhí de]	동 ~할 만한 가치가 있다
思考	[sī kǎo]	동 사고하다, 사색하다 명 사고, 사색, 사유

구문해설

1. 접속사

복문은 두 개 또는 두 개 이상의 의미상 연관된 절로 이루어진 문장을 의미하는데, 이런 복문을 이어주는 역할을 하는 것이 바로 접속사와 약간의 부사입니다. 이런 접속사 중에는 반드시 짝을 이루어 사용하는 경우와 단독으로 사용하는 경우가 있습니다.

본문에서 '假如.......的话'는 '만약, 만일.....~하다면, ~이면'라는 뜻으로 가정을 나타내는 접속사입니다. '假如' 대신에 '如果'나 '要是'를 사용해도 같은 의미가 됩니다. 여기서'假如'는 대표적인 가정 표현의 접속사로 종종 '的话'와 호응하여 쓰이며, 아래 예문1) 처럼'假如'는 생략될 수도 있습니다.

1) 如果要旅行的话，你愿意与谁一起去？
   만약 여행을 가야 한다면 당신은 누구와 함께 떠나고 싶습니까?

접속사는 중국어 문장을 해석하는데 있어 매우 중요한 부분입니다. 자세한 내용은 각 과에서 살펴보고 여기서는 먼저 '접속사의 종류'를 통해 접속사의 개념을 정리해 보고 '가정관계접속사'에 대해 간단하게 정리해 봅시다.

2. 접속사의 종류

1) 병렬관계 : 他也去，我也去。 그도 가고, 나도 간다.
2) 선택관계 : 你去还是我去? 네가 갈래, 내가 갈까?
3) 연속관계 : 你先去，然后我也去。 그가 먼저 가고 그런 후에 나도 간다.
4) 점층관계 : 不仅他去过中国，而且我也去过。 그뿐만 아니라 나도 중국에 가보았다.
5) 인과관계 : 因为你去，所以我才去。 네가 가기 때문에 나도 간다.

6) 가정관계 : 如果你去，我就去。 만약 네가 간다면 나도 간다.
7) 전환관계 : 即使你去，我也不去。 설령 네가 간다 해도 나는 가지 않는다.
8) 조건관계 : 只有你去，我才去。 네가 가야만 나는 간다.
9) 목적관계 : 为了学习，他要去中国。 공부를 위해서 그는 중국에 가려 한다.

3. 가정관계 접속사

如果(要是 / 万一 / 假若 / 倘若 / 假使 / 假如 / 若)~那么(就)~ 만약 ~라면

如果明天下雨，我们就不去玩了。
만약 네가 시간이 없다면 오지 마라.

要不是~，就(那么)~ 만약~가 아니었다면

要不是你叫醒我，我就迟到了。
만약 네가 깨워주지 않았다면 나는 지각했을 것이다.

没有~就没有(不)~ ~가 없었다면, ~도 없다

没有付出就没有收获。
들이는게 없으면 얻는것도 없다.

(幸亏)~，要不然(要不 / 不然 / 否则)~ 다행히 ~했으니 망정이지, 그렇지 않았으면~

幸亏你开车送我，我就迟到了。
다행히 차로 바래다주어 망정이지 그렇지 않았다면 나는 지각했을 것이다.

幸亏~，才~ 다행히 ~해서

幸亏有你帮助，我才顺利地通过了考试。

다행히 네가 도와주어서 내가 순조롭게 시험을 통과할 수 있었다.

확인학습3

1. 晚上出去时，应该多穿点儿衣服，＿＿＿＿＿很容易感冒。

A. 否则　　B. 因此　　C. 并且　　D. 何况

2. 你＿＿＿＿＿没有证据，那我们＿＿＿＿＿认为你在说谎。

A. 如果……就……　　B. 既然……就……

C. 若……则……　　D. 不但……而且……

확인학습 정답

확인학습1

1. C　2. B

확인학습2

1. C　2. B　3. A　4. A

확인학습3

1. A　2. A

3 방향보어와 병렬관계접속사

학습목표

중심어인 동사 혹은 형용사 뒤에서 방향이나 상태가 진행되는 방향을 나타내는 말을 방향보어 또는 추향보어라고 합니다. '上, 下, 回, 起, 进, 出, 过, 来, 去'처럼 중심어 뒤에 오는 방향보어가 한 글자인 경우, '단순방향보어'라고 하고 '上, 下, 回, 起, 进, 出, 过, 来, 去' 등의 단순방향보어를 '来, 去'를 함께 사용하면 복합방향보어가 됩니다. 복합방향보어 안에는 화자와 청자의 진행이나 행동 방향을 나타내는 기능뿐만 아니라, '원래의 뜻에서 파생된 의미'를 나타내는 용법도 있습니다. 올바르게 문장을 해석하기 위해서는 복합방향보어의 파생적 의미에 대하여 잘 학습해 두어야 합니다.

为人父母者如果本身行不正、言不端，就必然直接影响到自己在子女心目中的形象，在这种情况下，孩子不崇拜父母也不奇怪。不过，为人父为人母的，做得不好，未成年人不认可其所做所为，乃至不崇拜，这至少说明未成年人还有一个比较正确的价值判断标准，从某种角度讲，这也是一件幸事。

准确地说，加强和改进未成年人思想道德建设，主要是成年人的事。尤其是为人父、为人母者，自己首先要从小处着眼，从细节做起，既言传又身教，用实际行动来净化未成年人成长环境。成年人自身的形象立起来了，在未成年人心目中的形象才有可能高大起来。

부분 해석 해보기

1

为人父母者如果本身行不正、言不端，
wéi rén fùmǔ zhě rúguǒ běnshēn xíng bùzhèng、 yán bùduān,

就必然直接影响到自己在子女心目中的形象，
jiù bìrán zhíjiē yǐngxiǎng dào zìjǐ zài zǐnǚ xīnmù zhōng de xíngxiàng,

해석 해보기

올바른 해석

새로나온 단어

影响 [yǐng xiǎng] 명 영향. 동 영향을 주다.
形象 [xíng xiàng] 명 (구체적인)형상, 이미지

2

在这种情况下，孩子不崇拜父母也不奇怪。
zài zhè zhǒng qíngkuàng xià, háizǐ bù chóngbài fùmǔ yě bù qíguài。

不过，为人父为人母的，做得不好，
bùguò, wéi rénfù wéi rénmǔ de, zuò dé bùhǎo,

未成年人不认可其所做所为，乃至 不崇拜，
wèichéngniánrén bù rènkě qí suǒzuò suǒwéi, nǎizhì bù chóngbài,

해석해 보기

올바른 해석

새로나온 단어

崇拜　명 동 숭배(하다).
不过　접 그런데. 그러나.　~에 지나지 않다. ~에 불구하다.
认可　명 동 허가(하다). 승낙(하다).
乃至　접 더 나아가서

구문해설

1. 为가 2성으로 날 때와 4성으로 날 때 각각 그 의미와 쓰임이 달라지므로 주의해서 공부해야합니다. 대표적인 쓰임을 간단하게 정리하면 아래와 같습니다.

2성

1) …을…으로 삼다.(以……为)
일반적으로 '以……为……'의 형식으로 쓰며 '以' 자는 종종 생략됩니다.
以攻为守才是最有效的防守。　공격을 수비로 삼는 것이야말로 가장 효과적인 수비이다.

2) …로서(作为)
作为学生，首要任务就是学习。　학생으로서, 가장 중요한 임무는 공부이다.

3) …이 되다. 으로 변하다.
化冰为水　- 얼음이 물이 되다.

4) …에게 …를 당하다. …에 의해 …하게 되다.
일반적으로 아래 예제처럼 '所'와 연용(連用)하여 사용됩니다.
这一点已为无数历史事实所证实。　이 점은 많은 역사적 사실에 의해 이미 증명되었다.

4성

1) [개] …때문에. …로 인하여.(因为)

원인을 나타내며, 일반적으로 '因为'와 바꿔 쓸 수 있으며, 아래 예제처럼 '而'과 연용(連用)하여 쓸 수 있습니다.

他为钱而努力工作。 그는 돈 때문에 열심히 일을 한다.

2) [개] …을 위하여. …을 대신하여. …에(게) (为了)

목적을 나타내며, '为'를 '为了'로 바꿔 쓸 수 있습니다.

父母就为孩子活着。 부모는 아이를 위해 살아간다.

3

这至少说明未成年人还有一个比较正确的
zhè zhìshǎo shuōmíng wèi chéngniánrén háiyǒu yī gè bǐjiào zhèngquè de

价值判断标准，从某种角度讲，这也是
jiàzhí pànduàn biāozhǔn, cóng mǒuzhǒng jiǎodù jiǎng, zhè yě shì

一件幸事。
yī jiàn xìngshì。

해석해 보기

올바른 해석

새로나온 단어

至少 부 최소한. 적어도.
某种 대 어떤 종류(의).
讲 동 1. 이야기하다. 말하다. 논하다. 2. 설명하다. 해석하다. 해설하다.
幸事 명 다행스러운 일. 기쁜 일.

4

准确地说，加强和改进未成年人
zhǔnquè de shuō, jiāqiáng hé gǎijìn wèichéngniánrén

思想道德建设，主要是成年人的事。
sīxiǎng dàodé jiànshè, zhǔyào shì chéngniánrén de shì。

해석해 보기

올바른 해석

____

____

____

새로나온 단어

准确　형 확실하다. 꼭 맞다. 틀림없다. 정확하다.
加强　동 강화하다. 보강하다.
改进　명 동 개진(하다). 개선(하다).
主要　부 주로. 대부분. 형 주요하다.
成年人　명 성년.

5

尤其是为人父、为人母者，自己首先要
yóuqí shì wéi rén fù、 wèi rén mǔzhě, zìjǐ shǒuxiān yào

从小处着眼，从细节做起，既言传又身教，
cóng xiǎochù zháoyǎn, cóng xìjié zuò qǐ, jì yán chuán yòu shēn jiāo,

用实际行动来净化未成年人成长环境。
yòng shíjì xíngdòng lái jìnghuà wèichéngniánrén chéngzhǎng huánjìng。

해석해 보기

____

____

올바른 해석

새로나온 단어

尤其 [yóu qí] 부 특히, 더욱, 더군다나
首先 [shǒu xiān] 부 맨 처음, 우선, 무엇보다 먼저
细节 [xì jié] 명 자세한 사정, 세부, 사소한 부분
身教 [shēn jiào] 동 몸소 자기의 행동으로 가르치다, 실천적 모범으로 가르치다
净化 [jìng huà] 동 정화하다, 맑게 하다

구문해설

1. 본문 '既言传又身教'에서 '既(又).........又(又)........'는 '...할 뿐만 아니라 ...하기도' 라는 뜻의 병렬관계접속사입니다. 병렬관계접속사는 두 개 이상의 동작이나 성질, 상황이 동시에 존재함을 나타내거나, 두 개 이상의 동작이 동시에 진행될 때 사용하는 접속사입니다. 대표적인 병렬관계 접속사를 정리하면 아래와 같습니다.

※병렬관계 접속사

(1) 두 개 이상의 동작이나 성질, 상황이 동시에 존재함을 나타날 때

'既(又).........又(又).........'는 예제 1)처럼 '这些产品'이라는 동일주어에 '便宜'과 '实

用'이라는 두 개의 성질과 상황이 동시에 존재함을 말합니다. '既'는 "且, 又, 也" 등의'부사'와 호응하여 두 가지 상황을 겸유함을 나타냅니다.'也.........也.........'는 '~도 ~하고, ~도 ~하다.'라는 뜻으로 다른 주어 '她'와 '我'가 각각 '会弹钢琴(피아노를 칠수 있다)'이라는 성질을 가지고 있음을 말합니다.

既 + 동사 + 也 + 동사　~이기도 하고, ~이기도 하다.(동일주어)

1) 这些产品既便宜又实用。
 - 이런 제품들은 저렴할 뿐만 아니라 실용적이다.

也 + 동사 + 也 + 동사　~도 ~하고, ~도 ~하다.(다른주어)

2) 她也会弹钢琴，我也会弹钢琴。
 - 그녀도 피아노를 칠 수 있고, 나도 피아노를 칠 수 있다.

(2) 두 개 이상의 동작이 동시에 진행될 때

'一边(一面).........一边(一面).........'는 부사로'한편으로, 한쪽으로'라는 뜻으로 한 동작이 다른 동작과 동시에 진행됨을 가리킵니다.

1) 我一边吃饭一边看电视。　- 나는 밥을 먹으면서 텔레비전을 본다.
2) 他一边去学校，一边听音乐。 - 그는 학교에 가면서 음악을 듣는다.

확인학습1

1. 骑自行车，_______可以锻炼身体，_____可以节省能源。

A. 既然……也……　　B. 既……也……
C. 虽然……也……　　D. 尽管……也……

6

成年人自身的形象立起来了，在未成年人
chéngniánrén zìshēn de xíngxiàng lì qǐ lái le, zài wèichéngniánrén

心目中的形象才有可能高大起来。
xīnmù zhōng de xíngxiàng cái yǒu kěnéng gāodà qǐ lái。

해석해 보기

올바른 해석

새로나온 단어

自身	[zì shēn]	명 자신, 본인
形象	[xíng xiàng]	명 (구체적인)형상, 이미지
心目	[xīn mù]	명 심중, 마음속, 안중

구문해설

成年人自身的形象立起来了，在未成年人心目中的形象才有可能高大起来。

1. 방향보어

중심어인 동사 혹은 형용사 뒤에서 방향이나 상태가 진행되는 방향을 나타내는 말을 방향보어 또는 추향보어라고 합니다. "上, 下, 回, 起, 进, 出, 过, 来, 去"처럼 중심어 뒤에 오는 방향보어가 한 글자인 경우, '단순방향보어'라고 하고 아래 표1) 방향보어의 활용처럼 "上, 下, 回, 起, 进, 出, 过, 来, 去" 등의 단순방향보어를 "来, 去" 를 함께 사용하면 복합방향보어가 됩니다.

(1) 방향보어의 활용

① / ②	上	下	进	出	回	过	起
来	上来	下来	进来	出来	回来	过来	起来
去	上去	下去	进去	出去	回去	过去	③

2. 복합방향보어의 파생적 의미

복합방향보어 안에는 화자와 청자의 진행이나 행동 방향을 나타내는 기능뿐만 아니라, '원래의 뜻에서 파생된 의미'를 나타내는 용법도 있습니다. 올바르게 문장을 해석하기 위해서는 복합방향보어의 파생적 의미에 대하여 잘 학습해 두어야 합니다.

(1) 上来

본 의미 낮은 곳에서 높은 곳으로 올라오는 것.

예 他跑上樓来了。

파생된 의미
'모종의 일을 훌륭하게 해내어 성과를 올리다'.

예 这些题她都答上来了。

(2) 下来

본 의미 높은 곳에서 낮은 곳으로 내려오는 것.

예 他们从车上跳下来了。

파생된 의미 '(지금까지 계속) 이어져 내려오다'.

예 这是祖传下来的东西。

파생된 의미 '동작이 멈추다. 정적인 상태가 되다'.

예 火车慢慢停下来了。

파생된 의미 동작의 결과가 남는 것을 의미.

예 你把快湿衣服换下来了。

파생된 의미 동작의 결과가 남는 것을 의미.

예 他把经理说的话都记下来了。

(3) 下去

본 의미 높은 곳에서 낮은 곳으로 내려가는 것.

예 小李扶着老人走下樓去。

파생된 의미 '지속하다'라는 것을 의미.

예 希望我们两国人民世世代代友好下去。

(4) 出来

본 의미 안에서 밖으로 나오는 것.

예 小张从书包里拿出一本书来。

파생된 의미 동작의 결과가 겉으로 나타나는 것.

예 我想出一个好办法来了。

(5) 过来

본 의미건너편에서 이쪽(화자쪽)으로 다가오는 것.

예 老吴跳过沟来了。

파생된 의미 정상적인 상태로 돌아오는 것을 의미.

예 她醒过来了。

(6) 过去

본 의미이쪽(화자쪽)에서 건너편으로 건너가는 것.

예 一群鸭子游过河去了。

파생된 의미 비정상적인 상태로 향하는 것 의미.

예 老大娘昏过去了。

(7) 起来

본 의미 낮은 곳에서 높은 곳으로 향하는 것.

예 爸爸站起来了。

파생된 의미 동작이나 정황이 시작되는 것.

예 她唱起歌来了。

파생된 의미 분산해 있던 것이 집중되는 것.

예 大家团结起来, 一定能战胜困难。

파생된 의미 실제로 그 동작을 행하는 것.

예 说起来容易，做起来难。

확인학습2

1. 回家后，他放 ______ 书包就又跑出去踢足球了。

A. 上　B. 下　C. 进　D. 过

2. 你要先拨9再拨电话号码，电话才能打得______。

A. 进来　B. 出去　C. 下来　D. 回去

3. 你的信没贴邮票，当然被邮局退_____了。

A. 下去　B. 起来　C. 回来　D. 回去

4. 我们公司去年报上去的计划，这两天终于批_____了。

A. 出去　B. 下来　C. 下去　D. 上来

5. 别着急，经验总是一点一点积累______的。

A. 起来　B. 上去　C. 下去　D. 过来

확인학습 정답

확인학습1

1. B

확인학습2

1. B　2. B　3. C　4. B　5. C

4 가능보어와 비교문

학습목표

가능보어는 '할 수 있는지 할 수 없는지' 즉, 가능한지 안한지를 술어 뒤에 위치하여 설명하는 보어를 말합니다. 처음 중국어를 배우면 간단하게 '不能'이라고 표현할 수 있다고 생각하게 되지만, '不能'은 할 수 없다만 설명하지 왜 할 수 없는지의 수많은 이유에 대해서는 설명할 수 없습니다.

가능보어는 어떤 보어를 사용하는가에 따라 간단하게 수많은 할 수 없는 이유까지 포함하여 말할 수 있습니다. 중국 사람들은 동사와 보어를 사용하여 여러 가지 상황에 따라 다르게 표현합니다. 한 동사를 가지고 자주 쓰이는 가능보어에 대해 학습하면 가능보어에 대한 느낌을 가질 수 있을 것입니다.

小军比我小14岁，那年才20岁，是跳舞的。她长得漂亮，一开始性格特别温柔，我们在一起总有说不完的话。说实话，我爱上她的时候，根本就没来得及想到自己的处境，也没想到后面的事情会这么麻烦。我老婆不知怎么对这事就有了察觉，她也不直说，就老让孩子跟着我。赶上过节，她就拉着我到处走亲戚，以前不怎么走动的亲朋好友家，现在她都拉着我去。

❁부분 해석 해보기

1

小军比我小14岁，那年才20岁，是跳舞的。
xiǎo jūn bǐ wǒ xiǎo 14 suì, nà nián cái 20 suì, shì tiàowǔ de。

她长得漂亮，一开始性格特别温柔，
tā zhǎng dé piāoliàng, yī kāishǐ xìnggé tèbié wēnróu,

我们在一起总有说不完的话。
wǒmen zài yī qǐ zǒng yǒu shuō bù wán de huà。

해석해 보기

___

___

___

올바른 해석

___

___

___

새로나온 단어

跳舞 [tiào wǔ] 동 춤을 추다

长	[zhǎng]	동 나다, 생기다
开始	[kāi shǐ]	동 개시하다, 시작하다, 착수하다 명 처음.
性格	[xìng gé]	명 성격
特别	[tè bié]	1. 형 특별하다, 특이하다, 별다르다. 2. 부 특히, 각별히, 유달리, 아주
温柔	[wēn róu]	형 온유하다, 부드럽고 순하다, 따뜻하고 상냥하다

구문해설

1. 부사 '才'를 처음 배울 때 예제 1)과 같이 '비로소, --에야 비로소'로 배웁니다. 하지만, 이외에도 '겨우'나 '방금, 이제 막'이라는 뜻으로도 사용됩니다. 본문에서는 '겨우'의 의미로 사용되었습니다.

 1) 老师给我讲了半天，我才明白了。(비로소, --에야 비로소)
 선생님께서 한참을 설명하신 후에야 비로소 나는 이해가 되었다.
 2) 他参加战争的时候才十四岁。(겨우)
 그가 전쟁에 참여했을 때는 겨우 열네 살이었다.
 3) 比赛才开始了。(방금, 이제 막)
 경기가 이제 막 시작되었다.

2. 본문에서 '一开始'의 '一'는 하나라는 의미로 사용된 것이 아닙니다. '一'는 명사 앞에 위치할 때는 본연의 수사의 의미로 사용되지만, 동사 앞에 위치 할 때는 '一 + 동사(動詞)/동량사(動量詞)'의 형식으로 사용되어 어떤 동작을 처음 함을 나타내며, 이어지는 구절에서 앞 동작에 대한 결과를 설명합니다.

 1) 他这么一说，我明白了。
 - 그가 이렇게 말하니 내가 이해하게 되었다.
 2) 她在前边一站，再也不说什么。
 - 그녀는 앞에 서더니 더 이상 아무런 말도 하지 않았다.
 3) 她向窗外一望，太阳已经落山了。
 - 그녀가 창밖을 바라보니 해는 이미 기울었다.

3. 비교문

(1) 比

개사(전치사) '比'를 이용해서 양자를 비교하거나 그 성질과 정황의 정도 차이를 표현합니다. 차이를 나타내는 형용사 뒤에 정도를 나타내는 말을 둘 수 있고, '更'과 '还' 등의 부사로써, 비교 결과의 정도를 나타낼 수 있습니다. 비교문에서 '更'이나 '还'와 같은 상대적 의미를 나타내는 부사를 사용할 수 있지만, '很'이나 '太'와 같이 절대적 정도를 나타내는 정도부사는 사용할 수 없습니다. '比'로 구성된 비교문장은 '不'를 '比' 앞에 붙여 부정문을 만듭니다.

A + "比" B + 결과 + 차이의 정도

1) 今天比昨天冷。 오늘은 어제보다 춥다.
2) 印度的人口比美国多得很。 인도의 인구는 미국보다 더 많다.
3) 她比我女儿还年轻。 그녀는 내 딸보다 더 젊다.
4) 中国比韩国更大。 중국은 한국보다 더 크다.
5) 这课的课文不比那课难。 이 교과서의 본문의 저 교과서보다 어렵지 않다.

(2) 有

예제 (1)처럼 '有' 혹은 '没有'를 사용해서, 사물이 어느 정도까지 도달해 있는지를 나타낼 수 있습니다. 이 때 비교의 기준은 '有'뒤에 있는 '你'가 되며, 'A는 B만큼 어떻다'라는 의미가 됩니다. 예제 (2)와 같이 B뒤에 '这么'나 '那么'를 써서 정도를 지시하기도 하는데, 이때 먼 것을 가리킬 경우에는 '那么'를 쓰고, 가까운 것을 가리킬 경우에는 '这么'를 씁니다. '有'를 사용하는 비교문의 부정형은 대부분 예제 (3)과 같이 '没有'를 사용하지만, 예제 (2)처럼 '不比'의 형태로도 부정할 수 있습니다.

A + "有" B (비교의 기준) + 결과

1) 他<u>有</u>你高。 그는 너만큼 키가 크다.
2) 他<u>不比</u>你高。 그는 너보다 키가 큰 것은 아니다.

3) 我没有他说得那么流利。 나는 그만큼 말이 유창하지 않다.

(3) 跟…一样

'A 跟 B 一样'의 형태를 써서 'A는 B와 같다'라는 의미를 나타낼 수 있습니다. 부정문일 때 '不'의 위치는 예제 (2)와 예제 (3)처럼 '跟'의 앞, '一样'의 앞 둘 다 상관없습니다.

1) 妹妹跟姐姐一样喜欢跳舞。 여동생은 누나와 같이 춤추는 것을 좋아한다.
2) 我的看法不跟你一样。 나의 생각은 너와 같지 않다.
3) 这件毛衣的颜色跟那件不一样。 이 스웨터의 색은 그 옷과 같지 않다.

(4) 象…一样

예제 (1)과 같이 '象…一样'은 '마치 ~와 같다'라는 뜻으로, 비교의 결과 두 사물이 유사함을 나타냅니다. 부정형식은 예제 (2)처럼 '象' 앞에 '不'를 붙여 부정합니다.

1) 今年的冬天象春天一样暖和。 올해의 겨울은 마치 봄과 같이 따뜻하다.
2) 他的身体不象他哥哥那么好。 그의 몸은 그의 형처럼 그렇게 좋지는 않다.

(5) 不如

'A 不如 B'는 'A는 B보다 못하다'라는 뜻으로 문어체의 조금은 딱딱한 느낌의 표현입니다. '不如'를 사용한 상용구로 예제 (1)과 같이 '与其'와 함께 사용하여 '与其 A 不如 B'의 문형으로 'A하는 것보다 B하는 편이 좋다'라는 비교의 문구를 만들 수도 있습니다.

1) 与其坐公共汽车不如骑自行车方便。 버스를 타는 것은 자전거를 타는 것보다 편리하지 않다.

확인학습1

1. 아래 빈칸에 들어갈 알맞은 단어를 골라 보세요.

1) ______掌握了汉语这个工具，才能很好地学习各种专业知识。

A. 只要　　B. 既然　　C. 因为　　D. 只有

2) ______他亲自向我道歉，我______会原谅他。

A. 除非---才　　B. 虽然---但　　C. 凡是---都　　D. 即使---也

2

说实话，我爱上她的时候，根本就没来得及
shuō shíhuà, wǒ àishàng tā de shíhòu, gēnběn jiù méi lái dé jí

想到自己的处境，也没想到后面的事情会
xiǎngdào zìjǐ de chǔ jìng, yě méi xiǎngdào hòumiàn de shìqíng huì

这么麻烦。
zhème máfán。

해석해 보기

올바른 해석

____

____

____

새로나온 단어

实话	[shí huà]	명 실화, 진실한 말, 정말, 참말
爱上	[ài shang]	동 사랑하게 되다, 좋아하게 되다
根本	[gēn běn]	부 시종, 전연, 도무지, 전혀, 아예
来得及	[lái de jí]	늦지 않다, ~할 겨를(여유)가 있다
处境	[chǔ jìng]	명 (처해있는) 상태, 상황, 환경, 처지
麻烦	[má fan]	1. 형 귀찮다, 성가시다, 번거롭다 2. 동 귀찮게 하다, 성가시게 굴다, 폐를 끼치다.

구문해설

1. 본문 '根本就没来得及想到自己的处境'에서 '来得及'는 가능보어의 긍정형태입니다. 가능보어는 '할 수 있는지 할 수 없는지' 즉, 가능한지 안한지를 술어 뒤에 위치하여 설명하는 보어를 말합니다. 처음 중국어를 배우면 간단하게 '不能'이라고 표현할 수 있다고 생각하게 되지만, '不能'은 할 수 없다만 설명하지 왜 할 수 없는지의 수많은 이유에 대해서는 설명할 수 없습니다.
   가능보어는 어떤 보어를 사용하는가에 따라 간단하게 수많은 할 수 없는 이유까지 포함하여 말할 수 있습니다. 중국 사람들은 동사와 보어를 사용하여 여러 가지 상황에 따라 다르게 표현합니다. 한 동사를 가지고 자주 쓰이는 가능보어에 대해 학습하면 가능보어에 대한 느낌을 가질 수 있을 것입니다.

(1) 가능보어의 형식

가능보어의 긍정은 아래 예제1)처럼 '동사+得+보어'의 형식을 취하고 부정형태는 예제2)와 같이 '不'가 동사와 보어 사이에 쓰여 불가능을 표시합니다. 또한 '동사+得+보어'의 형식에서 보어는 결과보어나 방향보어로 이루어져 '왜 할 수 있고 할 수 없는지'를 설명해 줍니다.

술어 + 보어(결과보어/방향보어)

1) 긍정 做得完 (다 할 수 있다.)
2) 부정 做不完 (다 할 수 없다.)
3) 의문 做得完吗? / 做得完做不完? (다 할 수 있니?)

(2) 자주 쓰이는 가능보어

1) 동사 + 不来 (일치되지 않거나 맞지않아) 할 가치가 없음을 나타냄

花那么多钱买这件毛衣划不来。/划得来吗?
谈得来 谈不来 合得来 合不来

2) 동사 + 不了 (주로 양) 완성이나 완결을 시킬 수 없다.

这么多采, 我一个人吃不了。
/你一个人吃得了吗?

3) 동사 + 不下 하지 못하다. (충분한 수량, 공간 여유가 없어) 할 수 없다.

已经饱了, 再也吃不下了。
这个教室坐不下五十个人。
这个教室坐得下五十个人吗?

4) 동사 + 不到　　(접할 기회가 없어서) 할 수 없다.

在我们国家<u>吃不到</u>这么好吃的东西
你这么不努力学习永远<u>达不到</u>你愿意的中文水平

5) 동사 + 不惯　　(습관이 되지 않아서) 할 수 없다.

我对象才总是吃不惯。

6) 동사 + 不起　　(경제적으로 돈이 없어서) 할 수 없다.

这么贵的房子，我实在买不起。
我没钱，住不起这么好的饭店。

7) 동사 + 不动　　(힘들거나 무거워서) 할 수 없다.

今天我太累了，一步也走不动。
这件行李太重了，我一个人拿不动。

8) 동사 + 不住　　(동작이 확실하거나 고정되지 않아) 할수 없다.

汉语水平考试的语法我看了好几遍，还是记不住。
这个人靠不住

9) 동사 + 不通　　(통하지 않아서) 할 수 없다.

我一直给他打电话，还是打不通。

확인학습2

아래 해석에 알맞은 가능보어를 골라 넣으시오.

不下	不上	不了	不来	不惯	不动	不得	不起	不着(到)

1) 吃 ____ ____。[배가 불러서 먹을 수 없다.]

2) 吃 ____ ____。[가난하거나 시간이 맞지 않아]

3) 吃 ____ ____。[양이 많아서]

4) 吃 ____ ____。[좋아하지 않아서]

5) 吃 ____ ____。[습관이 되지 않았거나 입에 맞지 않아서]

6) 吃 ____ ____。[너무 많이 먹었거나 이가 아파서]

7) 吃 ____ ____。[몸에 해롭거나 음식이 나빠서]

8) 吃 ____ ____。[비싸거나 자격이 없어서]

9) 吃 ____ ____。[그런 것이 없어서]

3

我老婆不知怎么对这事就有了察觉，
wǒ lǎopó bù zhī zěnme duì zhèshì jiù yǒu le chájué,

她也不直说，就老让孩子跟着我。
tā yě bù zhíshuō, jiù lǎo ràng háizǐ gēnzhé wǒ。

해석해 보기

올바른 해석

새로나온 단어

察觉 [chá jué] 동 발견하다, 느끼다, 발각하다, 알아차리다
老 [lǎo] 형 늙다. 형 낡다. 진부(陈腐)하다. 케케묵다. 부 자주. 종종. 늘.
跟 [gēn] 명 뒤꿈치. 동 뒤따르다. 따르다. 접속 …와/과.

구문해설

1. 중국어 학습을 하면서 '跟'을 처음 접하게 되는 경우는 예제 1)처럼 '…와'의 뜻으로 배우게 됩니다. 그러나 본문 '她也不直说, 就老让孩子跟着我。'에서 '跟'은 예제 3) '뒤따르다. 따르다.' 의 의미의 동사로 쓰였습니다. 이 외에도 '跟'은 명사로 '뒤꿈치'의 의미를 가집니다.

   1) 我想跟你商量一件事。 - 나는 너와 한 가지 일을 상의하고 싶다.
   2) 脚后跟。 - 발뒤꿈치.

高跟鞋。 - 뾰족구두. 하이힐.

3) 自行车后边跟着一辆小汽车。 - 자전거 뒤에 승용차 한 대가 뒤따르고 있다.

2. '老'는 형용사로 예제 1)과 같이 '늙다'의 의미가 있다는 건 모두 잘 아는 내용입니다. 하지만, 중국어 학습을 보다 심도 깊게 하다 보면 그 이외에도 여러 가지 뜻으로 자주 쓰인다는 걸 알 수 있습니다. 본문에서 '老'는 예제 2)와 같이 부사로 '자주, 종종, 늘'의 의미로 사용되었습니다. 그 이외에 예제 3)처럼 '오래된'이라는 의미나 예제 4)과 같이 '형태소'로 '노련하다.'라는 의미로도 쓰입니다.

1) 他已经很老了。 - 그는 이미 매우 늙었다.
2) 你怎么老迟到？ - 너는 어째서 늘 지각하느냐?
3) 老厂 - 오래된 공장. 老朋友 - 오랜 친구.
4) 老手 - 베테랑. 老练 - 노련하다.

3. '就老让孩子跟着我。' 让(ràng)은 동사로 '~에게 ~하게 하다, ~시키다'의 사역 의미의 겸어문 문장입니다. 자세한 내용은 6과에서 설명하도록 하겠습니다. (6과 참조)

4

赶上过节，她就拉着我到处走亲戚，以前
gǎnshàng guòjié, tā jiù lā zhé wǒ dàochù zǒu qīnqī, yǐqián

不怎么走动的亲朋好友家现在她都拉着我去。
bù zěnme zǒudòng de qīnpéng hǎoyǒu jiā, xiànzài tā dōu lā zhe wǒ qù。

해석해 보기

올바른 해석

새로나온 단어

赶上	[gǎn shàng]	(때나 상황 등을)만나다
过节	[guò jié]	동 명절을 지내다
拉	[lā]	동 끌다, 당기다
到处	[dào chù]	명 도처, 이르는 곳, 가는 곳, 곳곳
亲戚	[qīn qī]	명 [처음 의미는 외가 쪽, 하지만 지금은 양쪽 모두의 의미인] 친척
不怎么	[zěn me]	대 그다지, 별로 [일정한 정도를 표시한다]
走动	[zǒu dòng]	동 1. 거닐다, 움직이다 2. (친척이나 친구 간에)오고가고 하다, 오가다, 왕래하다, 교제하다

구문해설

1. 본문에서 '现在她都拉着我去'와 '她就拉着我到处走亲戚'는 모두 '她'라는 동일주어가 두 개의 술어를 동반하고 있습니다. 이렇게 한 문장의 술어 부분이 2개 또는 2개 이상인 동사 혹은 동사가 목적어 등을 동반하는 동사구로 구성되어 있는 문장을 연동문이라고 합니다. (자세한 내용은 5과 연동문 참조)
위의 문장에서 첫 번째 동사는 '拉'이고 두 번째 동사는 '去'입니다. 연동문에서 '着'는 첫 번째 동사 뒤에 위치합니다. '了'의 위치는 '동작·행위의 순서(발생순서)'의 경우 첫 번째 동사 뒤에 위치하고 그 외에는 '过'와 마찬가지로 맨 끝 동사 뒤에 붙입니다.

확인학습 정답

확인학습1

1. A　2. A

확인학습2

1. 不下　2. 不上　3. 不了　4. 不来　5. 不惯　6. 不动　7. 不得
8. 不起　9. 不着(到)

5 연동문과 연속·목적관계 접속사

학습목표

한 문장의 술어 부분이 2개 또는 2개 이상인 동사 혹은 동사가 목적어 등을 동반하는 동사구로 구성되어 있는 문장을 '연동문'이라고 합니다. 이 복수의 동사(구)가 표현하는 행위를 행하는 주체는 동일인물 혹은 사물입니다. 즉, 주어가 '하나'라는 것과 술어 부분이 2개 이상인 문장을 말합니다. 아래 문장을 통해 연동문과 목적관계 접속사에 대해 학습해 보도록 하겠습니다.

我总不能带着孩子去见小军吧？没办法，只能跟小军解释：工作太忙。小军开始挺体谅，后来就不行了，在电话里哭得昏天黑地的，说我不爱她，说我骗她。其实为了让她考学，我悄悄给她存了一些钱，存折上写的就是她的名字。

后来我老婆翻出了这张存折，我们打了一架，吵得特别伤心。这些，小军哪知道啊！小军让我离婚，我不是不想离，可现实问题太多了：孩子怎么办？同事会怎么看？我们家原来是单位里的"五好家庭"啊。我妈我爸、她妈她爸都饶不了我，亲朋好友就更别说了！而且，我在事业上刚做出点儿成绩来，提了研究室的副主任，这一闹，工作也受很大影响。一想到离婚，我的头都大了。

❋부분 해석 해보기

1

我总不能带着孩子去见小军吧？没办法，
Wǒ zǒng bù néng dài zhe háizi qù jiàn Xiǎojūn ba？ Méi bànfǎ,

只能跟小军解释：工作太忙。
zhǐ néng gēn Xiǎojūn jiěshì ： gōngzuò tài máng。

해석해 보기

올바른 해석

새로나온 단어

办法	[bàn fǎ]	명 방법, 수단, 방식, 조치, 방책, 술책
跟	[gēn]	접 ~~와 [대개 명사나 대명사를 병렬, 구어에 많이 쓰임]
		개 동작과 관계되는 대상을 이끌어 냄
解释	[jiě shì]	동 해석[해설]하다 동 변명하다, 해명하다

구문해설

본문 '我总不能带着孩子去见小军吧？'에서 주어는 '我'로 단일주어이고 술어는 '带'와 '去见'으로 동일주어에 술어 부분이 2개인 문장입니다. 이러한 문장을 연동문이라고 합니다. 이와 같이 한 문장의 술어 부분이 2개 또는 2개 이상인 동사 혹은 동사가 목적어 등을 동반하는 동사구로 구성되어 있는 문장을 '연동문'이라고 합니다. 이 복수의 동사(구)가 표현하는 행위를 행하는 주체는 동일인물 혹은 사물입니다. 즉, 주어가 '하나'라는 것과 술어 부분이 2개 이상인 문장을 말합니다.

1. 연동문의 정의와 주어와 술어

(1) 술어가 2개 이상

한 문장의 술어 부분이 2개 또는 2개 이상인 동사 혹은 동사가 목적어 등을 동반하는 동사구로 구성되어 있는 문장을 연동문이라고 합니다. 이때, 연동되는 동사는 그대로 나란히 오는 것이 아니고 예제 1)과 같이 동사 '倒'와 '喝'사이에 목적어 '牛奶'가 들어가야 합니다. 그러나 예외적으로 예제 2)와 같이 '来'와 '去' 만은 직후에 동사를 바로 연결할 수 있습니다.

1) 他倒牛奶喝。　　그는 우유를 따라 마신다.
2) 我们去看电影。　　우리는 영화를 보러 간다.

(2) 동일 주어

이 복수의 동사(구)가 표현하는 행위를 행하는 주체는 동일인물 혹은 사물입니다. 즉, 주어는 '하나'라는 것입니다. 아래 예제 1)에서 '去邮局'와 '寄信'이라는 두 개의 동사구의 주어는 '我'입니다. 예제 2)에서도 '买'와 '去' 두 동사의 주어는 '他'입니다.

1) 我去邮局寄信。　　나는 우체국에 편지 부치러 간다.
2) 他买东西去了。　　그는 물건 사러 갔다.

2. 연동문의 4가지 유형

연동문을 목적, 수단, 전후순서 등의 그 연관성에 의해 분류해 보면 다음과 같습니다. 연동문의 앞뒤 두 개의 동사(구)의 관계를 분석했을 때 4가지 유형으로 나눌 수 있습니다.

(1) 동작 · 행위의 순서

동작을 행하는 순서대로 말하면 됩니다. 아래 예제 1)에서'穿'이라는 동작이 먼저 행해지고 '拉开'와 '跑出去' 이라는 동작이 순서대로 행해졌으므로 동작이 행해지는 순서대로 동사를 배열하면 됩니다. 예제 2)의 '了----就'는 '～～하자마자 ---하다.'라는 뜻으로 대표적인 동작·행위의 순서의 연동문입니다.

1) 她穿上大衣拉开门跑出去了。 그녀는 외투를 입고 문을 열고 뛰어나갔다.
2) 我下了课就去找你。 수업이 끝나는 대로 바로 너한테 갈게

(2) 목적

뒤의 동사(구)는 앞 동사(구)가 표현하는 동작·행위가 행해지는 목적을 나타냅니다.

1) 我来中国念书。 나는 중국에 공부하러 왔다.
2) 明天我们去百货公司买衣服吧。 내일 우리 백화점에 옷사러가자.

(3) 수단 · 방식

앞 동사(구)는 뒤 동사(구)가 표현하는 동작·행위를 행하는 수단이나 방식을 나타냅니다.

1) 中国人用筷子吃饭。 중국사람들은 젓가락으로 밥을 먹는다.
2) 他们坐飞机去上海了。 그들은 비행기를 타고 상해에 갔다.

(4) 동사V1이 有(没有)인 구문

앞 동사가 "有(没有)"이고, 뒤 동사구는 "有(没有)"의 목적어에 대해서 보충 설명하

는 경우입니다.

1) 我们没有办法解决这个问题。
2) 这星期天我有很多衣服要洗。

3. 연동문에서 부사의 위치

'不, 没, 也, 都' 등의 부사는 일반적으로 첫 번째 동사 앞에 위치합니다. 부정부사 没(有)와 了를 같이 사용하면 안 된다는 점에 주의해야 합니다.

1) 今天我们不去看电影。 오늘 우리는 영화보러 가지 않는다.
2) 他没有打电话通知我。 그는 나에게 전화로 통보해주지 않았다.
3) 今天我们都去看电影。 오늘 우리 모두 영화 보러 간다.

4. 연동문에서 '了', '着', '过'의 위치

연동문에서 '了'의 위치는 '1) 동작·행위의 순서'의 경우 첫 번째 동사 뒤에 위치하고 그 외에는 '过'와 마찬가지로 맨 끝 동사 뒤에 붙입니다. '着'는 첫 번째 동사 뒤에 위치합니다.

확인학습1

1. _A_这里_B_一个人能_C_发现他_D_的秘密。	没有
2. 今天我想_A_做_B_作业_C_就去_D_踢足球。	了
3. 我从来没有_A_去_B_学校旁边的电影院_C_看_D_电影。	过

2

小军开始挺体谅，后来就不行了，在电话里
Xiǎojūn kāishǐ tǐng tǐliàng, hòulái jiù bù xíng le, zài diànhuà lǐ

哭得昏天黑地的，说我不爱她，说我骗她。
kū de hūn tiān hēi dì de, shuō wǒ bù ài tā, shuō wǒ piàn tā。

해석해 보기

올바른 해석

새로나온 단어

体谅	[tǐ liàng]	동 알아주다, 양해하다, 이해하다
后来	[hòu lái]	부 이후, 나중에, 그 다음에
昏天黑地	[hūn tiān hēi dì]	1. 사방이 캄캄하다 2. 눈앞이 아찔하다, 정신이 혼미하다
骗	[piàn]	동 속이다, 기만하다

3

其实为了让她考学，我悄悄给她存了一些钱，
Qíshí wèi le ràng tā kǎo xué, wǒ qiǎoqiǎo gěi tā cún le yī xiē qián,

存折上写的就是她的名字。后来我老婆翻出了
cúnzhé shàng xiě de jiù shì tā de míngzì. Hòulái wǒ lǎopó fān chū le

这张存折，我们打了一架，吵得特别伤心。
zhè zhāng cúnzhé, wǒmen dǎ le yí jià, chǎo dé tèbié shāngxīn。

해석해 보기

____

____

____

올바른 해석

____

____

____

새로나온 단어

其实 [qí shí] 부 (그러나)사실은, 실제는
为了 [wèi le] 개 ~을 위하여 [목적을 나타내다]
考学 [kǎo xué] 동 학교에 응시하다의 준말
悄悄 [qiǎo qiǎo] 형 1.근심하는 모양. 염려하는 모양. 2. 조용한 모양. 잠잠한 모양.

存	[cún]	동 모으다, 저축하다
存折	[cún zhé]	명 예금 통장
翻	[fān]	동 (물건을 찾기 위해)뒤지다, 헤집다, (책을)펴다, 펼치다
打架	[dǎ jià]	동 싸움하다, 다투다
吵	[chǎo]	동 떠들어대다, 말다툼하다 형 시끄럽다, 떠들썩하다
伤心	[shāng xīn]	동 상심하다, 슬퍼하다, 마음 아파하다

구문해설

1. 본문 '其实为了让她考学，我悄悄给她存了一些钱' 에서 '为了～'는 '～하기 위해서 ～한다'의 목적을 나타내는 '목적관계 접속사'입니다. 목적관계의 접속사를 정리하면 아래와 같습니다.

목적관계

为了～ ～하기 위해서 ～한다

为了学英语，他来到美国。

영어를 배우기 위해 그는 미국에 왔다.

～，是为了(为的是 / 好让 / 以便)～ ～한 것은 ～하기 위해서이다

他来美国，是为了学英语。

그가 미국에 온 것은 영어를 배우기 위해서이다.

以～ ～하기 위해서이다 (～+동사)

公司搞了很多促销活动，以扩大产品的销售量。

회사가 여러 판촉활동을 벌이는 것은 상품의 판매량을 늘리기 위해서이다.

～，省得～ ～하지 않도록, ～하지 않기 위해서

뒷절의 맨 앞에 오거나, 뒷절의 주어 뒤에 오기도 한다.(~+희망하지 않는 일)
我以后每天给你打一个电话，省得你总担心。
니가 항상 걱정하지 않게 이후에는 매일 전화할께.

~，免得~　~하지 않도록, ~하지 않기 위해서

뒷절의 맨 앞에 오거나, 뒷절의 주어 뒤에 오기도 한다.(~+희망하지 않는 일)
你出去的时候多穿点儿衣服，免得感冒。
감기 걸리지 않게 너 외출할 때는 옷 많이 껴입어라.

~，以免~　~하지 않도록, ~하지 않기 위해서 주어 앞에 온다(~+희망하지 않는 일)

请大家保管好自己的贵重物品，以免丢失。
분실하지 않도록 자신의 귀중품을 잘 보관해 주십시오.

~，以便~　~(하기에 편리)하도록, ~하기 위해서(~+희망하는 일)

请你大一点儿声音讲话，以便坐在后面的同学也能听清楚。
뒤에 앉은 학생도 잘 들을 수 있게 좀 큰소리로 말씀해 주세요.

2. 본문 '我们打了一架'는 '동사 + 了 + 동량사'의 고정 형식입니다. 여기서 주의해야 할 점은 목적어의 위치입니다. 목적어가 사람일 때와 사람이 아닐 경우 목적어의 위치는 각각 예제 1)과 예제 2)처럼 다릅니다.

1) 목적어가 사람이 아닐 경우
동사 + 了 + 동량사 + 목적어

2) 목적어가 사람일 경우
동사 + 了 + 목적어 + 동량사

확인학습2

1. 医生也睡在病房里，________随时观察病人的情况。

A. 免得　　B. 可见　　C. 不免　　D. 以便

2. 今天要是晚回来，给妈妈打个电话，________妈妈担心。

A. 甚至　　B. 免得　　C. 不至于　　D. 至于

4

这些，小军哪知道啊！小军让我离婚，
zhè xiē, Xiǎojūn nǎ zhīdào a! xiǎojūn ràng wǒ líhūn,

我不是不想离，可现实问题太多了。：
wǒ bú shì bù xiǎng lí, kě xiànshí wèntí tài duō le

孩子怎么办？同事会怎么看？
háizi zěnme bàn? Tóngshì huì zěnme kàn?

해석해 보기

____

____

____

올바른 해석

새로나온 단어

离婚	[lí hūn]	이합동사 이혼(离婚)하다.
现实	[xiàn shí]	명 현실
同事	[tóng shì]	명 동료. 동업자.

5

我们家原来是单位里的五好家庭啊。
Wǒmen jiā yuánlái shì dānwèi lǐ de "wǔ hǎo jiātíng" a。

我妈我爸、她妈她爸都饶不了我，
Wǒ mā wǒ bà、 tā mā tā bà dōu ráo bu liǎo wǒ,

亲朋好友就更别说了！
qīnpéng hǎoyǒu jiù gēng bié shuō le !

해석해 보기

올바른 해석

새로나온 단어

原来	[yuán lái]	동의어 本来 명 본래. 원래 부 알고 보니
单位	[dān wèi]	명 1. 단위 2. (단체. 기관 등의) 단위.
五好家庭	[wǔ hǎo jiā tíng]	명 모범가정
饶	[ráo]	동 관용하다. 용서하다.

구문해설

1. 본문 '她妈她爸都饶不了我'에서 '饶不了'는 가능보어의 부정 형태로 '용서할 수 없다'라는 뜻입니다. '不了' 는 동사나 형용사 뒤에 붙어 동작을 완료 완결시킬 수 없음을 나타냅니다. (4과 가능보어 참조)

2. 原来는 명사로 '본래, 원래', 부사로 '알고 보니'라는 뜻입니다. 본문 '我们家原来是单位里的五好家庭啊。'에서 '原来'의 위치는 술어 '是' 앞에 위치하여 부사로 쓰였습니다. 따라서 해석할 때 '알고 보니'라고 해석해야 합니다.

3. 본문의 '我妈我爸、她妈她爸都饶不了我, 亲朋好友就更别说了！'는 '~조차도 ~한데, ~는 말할 필요도 없다'라는 진일보의 뜻을 나타내는 '점층관계 접속사' 입니다. '점층관계 접속사'는 뒷 절의 내용이 앞 절의 내용보다 한걸음 더 나아갔음을 나타내는 복문에 쓰이는 낱말을 말합니다. 본래의 기본형태는 '连~都

(也)~, 别说(更不用说)~了’입니다. (11과 점층관계접속사 참조)

확인학습3

아래 해석에 알맞은 가능보어를 골라 넣으시오.

不下	不上	不了	不来	不惯	不动	不得	不起	不着(到)

1) 吃_____ _____。[배가 불러서 먹을 수 없다.]

2) 吃_____ _____。[가난하거나 시간이 맞지 않아]

3) 吃_____ _____。[양이 많아서]

4) 吃_____ _____。[좋아하지 않아서]

5) 吃_____ _____。[습관이 되지 않았거나 입에 맞지 않아서]

6) 吃_____ _____。[너무 많이 먹었거나 이가 아파서]

7) 吃_____ _____。[몸에 해롭거나 음식이 나빠서]

8) 吃_____ _____。[비싸거나 자격이 없어서]

9) 吃_____ _____。[그런 것이 없어서]

6

而且，我在事业上刚做出点儿成绩来，提了
Érqiě, wǒ zài shìyè shàng gāng zuò chū diǎnr chéngjì lái, tí le

研究室的副主任，这一闹，工作也受很大
yánjiūshì de fù zhǔrèn, zhè yī nào, gōngzuò yě shòu hěn dà

影响。一想到离婚，我的头都大了。
yǐngxiǎng。Yī xiǎngdào lí hūn, wǒ de tóu dōu dà le。

해석해 보기

올바른 해석

새로나온 단어

而且	[ér qiě]	접 게다가 ~뿐만 아니라, 또한
事业	[shì yè]	명 사업, 영업
成绩	[chéng jì]	명 성적, 성과, 기록
提	[tí]	동 1.(말을)꺼내다, 이야기하다, 언급하다 2.진급하다.(시키다)

副主任 [fù zhǔ rèn] 명 부주임
闹 [nào] 형 떠들썩하다, 소란스럽다, 시끄럽다
동 (나쁜 일이)생기다, 벌어지다.
受 [shòu] 동 받다, 받아들이다
影响 [yǐng xiǎng] 동 영향을 주다 명 영향

구문해설

1. 본문 '一想到离婚，我的头都大了。' 는 '一想到离婚，就我的头都大了。'에서 '就'가 생략된 형태입니다. '一 …… 就'는 예제 1)처럼 '…하기만 하면, 바로 ~하다.' 또는 예제 2)와 같이. '…하자마자 ~하다.'라는 뜻으로 앞뒤의 일이 긴밀하게 이어짐을 표시합니다.

1) 她一见生人脸就红。그녀는 낯선 사람을 만나면 얼굴이 바로 붉어진다.
2) 一听就明白。 듣자마자 이해하다.

위와 같이 앞뒤의 일이 긴밀하게 이어짐을 표시하는 접속사를 '연속관계 접속사'라고 합니다. 대표적인 연속관계의 접속사를 정리하면 아래와 같습니다.

1) 一(才，刚)~就~ ~하자마자 곧 ~하다

他们一见面就开始聊了起来。
그들은 만나자마자 수다를 떨기 시작했다.

2) 先~再~ ~하고 그리고 나서~

你先听我说完，再发表意见。
먼저 제 말을 듣고 나서 의견을 발표하세요.

3) 先~然后~ 먼저 ~하고 그리고 나서 ~한다

我们先吃饭，然后去看电影。
우리 먼저 밥부터 먹고 나서 영화보러 가자.

4) ~，便~ ~, 곧 ~하다

他办完事便回去了。
그는 일을 마치고 바로 돌아갔다.

확인학습 정답

확인학습1
1. B 2. B 3. D

확인학습2
1. D 2. B

확인학습3
1. 不下 2. 不上 3. 不了 4. 不来 5. 不惯 6. 不动 7. 不得
8. 不起 9. 不着(到)

6 겸어문과 인과 · 조건관계 접속사

학습목표

'你的话使我难过。'에서 '我'는 '你的话使我'에서는 목적어가 되고 뒤의 '我难过'에서는 주어가 됩니다. 이처럼 문장에서 '我'는 목적어와 주어의 역할을 동시에 겸하고 있습니다. 이러한 문장을 '겸어문'이라고 합니다. 대표적인 사역의미의 동사로는 '使, 让, 叫, 令, 请' 등이 있습니다. 이 가운데 '使'는 문장의 주어가 겸어로 하여금 어떤 결과를 얻게 하거나, 겸어가 그렇게 된 원인이나 조건을 제공하는 경우에만 쓸 수 있고, 명령이나 요구를 나타낼 때는 쓸 수 없습니다. 아래 문장을 통해 '겸어문'과 '인과 · 조건관계접속사'에 대해 학습하겠습니다.

从婚姻的角度看，离婚对当事人都是一个非常沉重的打击，不论你是否愿意这样。当外遇暴露或外遇发展到情人要求结婚的时候，离婚与再婚的问题就会突现在外遇者面前。在这个时候，他们内心的矛盾冲突会非常激烈，甚至会使一些人痛苦不堪。

由于社会道德、社会舆论、社会责任和家庭义务等因素的强大作用，由于离婚本身可能会对当事人、子女及其他家庭成员的心灵产生很大的负面影响，甚至于造成严重的伤害，所以，在面对抉择的时候，他们可能会收回承诺，退回到相对安全的但也很温暖的爱人的怀抱里。

❈부분 해석 해보기

1

从婚姻的角度看，离婚对当事人都是一个
Cóng hūnyīn de jiǎodù kàn, líhūn duì dāngshìrén dōu shì yí ge

非常沉重的打击，不论你是否愿意这样。
fēicháng chénzhòng de dǎjī, búlùn nǐ shìfǒu yuànyì zhèyàng。

해석해 보기

___

___

___

올바른 해석

___

___

___

새로나온 단어

角度 [jiǎo dù] 명 1. 각도 2. 사물을 보거나 생각하는 방향, 관점, 견지

沉重 [chén zhòng] 형 1. (무게. 기분. 부담 등이)무겁다 2. (병. 죄 등이)심각하다, 중대하다

打击 [dǎ jī] 동 치다, 때리다 명동 공격(하다), 타격(을 주다)
不论 [bù lùn] 동 논하지 않다, 문제로 삼지 않다 접 ~을 막론하고, ~든지

2

当外遇暴露或外遇发展到情人要求结婚的时候，
dāng wàiyù bàolù huò wàiyù fāzhǎn dào qíngrén yāoqiú jiéhūn de shíhòu,

离婚与再婚的问题就会突现在外遇者面前。
líhūn yǔ zàihūn de wèntí jiù huì tūxiàn zài wàiyùzhě miànqián。

해석해 보기

올바른 해석

새로나온 단어

暴露 [bào lù] 동 폭로하다, 드러내다

情人	[qíng rén]	명 애인, 연인, 정부, 내연남, 정부
要求	[yāo qiú]	명 동 요구(하다), 요망(하다)
再婚	[zài hūn]	명 동 재혼(하다)
突现	[tū xiàn]	동 돌연히 나타나다
面前	[miàn qián]	명 면전, (눈)앞

구문해설

当----的时候　　当-------时

1. 不论----都----'는 ~을 막론하고, ~에 관계없이라는 의미의 조건관계 접속사입니다. 본문의 '离婚对当事人都是一个非常沉重的打击，不论你是否愿意这样。'은 '不论你是否愿意这样，离婚对当事人都是一个非常沉重的打击'이라고 말해도 같은 의미입니다.' 조건관계의 접속사를 정리하면 아래와 같습니다. 함께 익혀두면 문장을 이해하고 올바르게 해석하는데 많은 도움이 될 것 입니다.

조건관계

无论(不管 / 不论)~都(也 / 总 / 反正)~　~을 막론하고, ~에 관계없이

无论什么时候看到他，他都那么开心。
언제 만나든 간에 그는 항상 그렇게 즐거워한다.
无论你们怎么说，反正我不相信。
당신들이 어떻게 말하든, 어차피 난 믿지 않는다.

任~都~　~을 막론하고, ~에 관계없이

任你是谁，都不能做违法的事情。
당신이 누구든 법에 위배되는 일을 해서는 안 된다.

无论如何　어찌되든간에

这次我无论如何都要帮助他。

이번엔 어떤 일이 있어도 그를 도아야 한다.

只有(除非)~才~	~해야만, (~이다) 조건을 강조

只有这样做，才能解决问题。

오직 이렇게 해야만 문제를 해결할 수 있다.

只要~就~	~하기만 하면, 만약 ~라면 결과를 강조

只要努力，就没有做不到的事。

노력만 한다면 하지 못 할 일이 없다.

除非~才~	반드시 ~해야만, 그래야 비로소~

除非亲眼看见，我才相信。

반드시 내눈으로 봐야지만 나는 믿을 수 있다.

除非~否则(要不然)~	오직~해야지, 그렇지 않으면~, 아니고서는

除非出现特殊情况，否则我们的计划不会改变。

특수 상황이 발생하지 않는 한 우리의 계획은 변함이 없을 것이다.

凡是~都~	무릇 ~한 것은, 모두 ~하다 예외가 없음을 나타냄

凡是8岁以下的儿童，都可以免费进入游乐场。

8세 이하의 어린아이라며 모두 무료로 놀이시설에 입장할 수 있다.

再~也~	설사 ~하더라도 ~하다

这样的东西再好也不想买。

이런 물건은 아무리 좋더라도 사고 싶지 않아.

확인학습1

1. 有多少困难，我________ 一定要实现自己的梦想。

A. 不但……而是……　　B. 要是……就……

C. 只要……就……　　D. 不管……也……

2. 我一定要告诉你事情的经过，________你相信不相信。

A. 尽管　B. 即使　C. 但是　D. 不管

3

在这个时候，他们内心的矛盾冲突会非常
Zài zhè ge shíhòu, tāmen nèixīn de máodùn chōngtū huì fēicháng

激烈，甚至会使一些人痛苦不堪。由于社会
jīliè, shénzhì huì shǐ yì xiē rén tòngkǔ bùkān。 Yóuyú shèhuì

道德、社会舆论、社会责任和家庭义务等
dàodé、 shèhuì yúlùn、 shèhuì zérèn yìwù děng

因素的强大作用，
yīnsù de qiángdà zuòyòng,

해석해 보기

올바른 해석

새로나온 단어

内心	[nèi xīn]	명 (속)마음, 내심
矛盾	[máo dùn]	명 창과 방패　명 동 모순(되다)
冲突	[chōng tū]	명 동 충돌(하다), 모순되다, 겹치다
激烈	[jī liè]	형 격렬하다, 치열하다, 맹렬하다
甚至	[shèn zhì]	부 심지어, ~까지도, ~조차도, ~마저
使	[shǐ]	동 (~에게)~하게 하다, ~시키다
痛苦	[tòng kǔ]	명 고통, 아픔, 고초, 비통
不堪	[bù kān]	1. 동 견딜 수 없다, 참을 수 없다　2. 형 심하다

구문해설

1. 예제 1) '你的话使我难过。'에서 '我'는 '你的话使我'에서는 목적어가 되고 뒤의 '我难过'에서는 주어가 됩니다. 이처럼 문장에서 '我'는 목적어와 주어의 역할을 동시에 겸하고 있습니다. 이러한 문장을 겸어문이라고 합니다. 본문 '会使一些人痛苦不堪。'에서 '使'는 '~에게 ~하게하다'라는 의미의 사역의미의 동사입니다. 대표적인 사역의미의 동사로는 '使, 让, 叫, 令, 请' 등이 있습니다. 이 가운데 '使'는 예제 1)처럼 문장의 주어가 겸어로 하여금 어떤 결과를 얻게 하거나, 겸어가 그렇게 된 원인이나 조건을 제공하는 경우에만 쓸 수 있고, 예제 2)와 같이 명령이나 요구를 나타낼 때는 쓸 수는 없습니다.

1) 你的话使我难过。　　너의 말은 나를 슬프게 만든다.

2) 先让小孩子先上车。　먼저 어린아이들이 차에 타게 하세요.

'使'와 달리 '让', '叫'는 사동의 의미뿐만 아니라 피동의 의미도 가지고 있습니다.

让	~하게하다

1) 사역동사　妈妈不让我看电视。　엄마는 내가 텔레비전을 보지 못하게 하신다.
2) 피동사　衣服让雨给林了。　옷이 비에 젖었다.
3) 양보하다　哥哥让着弟弟点儿。　형이 동생에게 좀 양보해라.

叫	~하도록하다

1) 사역동사　你叫他过来。　너 그에게 좀 오라고 해라.
2) 피동사　弟弟叫妈妈打了。　동생이 엄마에게 맞았다.
3) 부르다　有人在外边叫你呢。　어떤 사람이 밖에서 너를 부른다.

확인학습1

1. 改革开放________人们拥有很大的力量。

A. 把　B. 使　C. 被　D. 以

2. __A__这个制度__B__人们__C__有了更多的__D__业余时间。　使

3. 老师__A__我转告__B__你明天上午__C__参加__D__会议。　让

4

由于离婚本身可能会对当事人、子女及其他
yóuyú líhūn běnshēn kěnéng huì duì dāngshìrén、 zǐnǚ jí qítā

家庭成员的心灵产生很大的负面影响，甚至于
jiātíng chéngyuán de xīnlíng chǎnshēng hěn dà de fùmiàn yǐngxiǎng, shènzhìyú

造成严重的伤害，所以，在面对抉择的时候，
zàochéng yánzhòng de shānghài suǒyǐ, zài miànduì juézé de shíhòu,

해석해 보기

올바른 해석

새로나온 단어

舆论	[yú lùn]	명 여론, 세론
责任	[zé rèn]	명 책임
义务	[yì wù]	명 의무
强大	[qiáng dà]	형 강대하다

作用	[zuò yòng]	동 작용하다, 영향을 미치다. 명 영향, 효과
本身	[běn shēn]	명 (사람이나 물건, 일의)그 자신, 자체
及	[jí]	접 및, 와, 과
产生	[chǎn shēng]	명 동 발생(하다), 생기다
负面	[fù miàn]	명 나쁜 면, 부정적인 면
造成	[zào chéng]	동 (좋지 않은 사태 따위를)발생, 야기, 초래하다
严重	[yán zhòng]	형 중대하다, 심각하다, 엄중하다
伤害	[shāng hài]	동 손상시키다, 상하다, 해치다

구문해설

1. 由于는 전치사로 '~때문에, ~로 인하여, ~로 말미암아'의 뜻이고 접속사로 '~때문에'라는 뜻입니다. 본문에서는 '所以'와 같이 쓰여 접속사로 쓰였습니다. 由于가 원인을 나타내는 경우 所以, 因此, 因而, 而이 보통 필요하지 않으나 원인을 나타내는 문장이 길 경우 쓸 수 있습니다. 이와 같이 원인과 결과관계를 연결해주는 접속사를 인과관계접속사라고 합니다. 대표적인 인관관계접속사를 간단하게 정리하면 아래와 같습니다. 접속사는 문장을 정확하게 해석하는데 매우 중요하기 때문에 잘 익혀두고 정리할 필요가 있습니다.

인과관계 접속사

1) 因为~所以~ ~이기 때문에, 그래서~

因为路上堵车，所以我迟到了。
차가 막혀서 나는 지각했다.

2) (由于)~所以(因而 / 因此)~ ~이기 때문에, 그래서~

由于眼睛不好，所以我经常戴眼镜。
눈이 나빠서 나는 늘 안경을 낀다.
金老师讲课既生动又有趣，因此学生们都很喜欢他。

김 선생님의 수업은 생기있고 재미있어서, 학생들 모두 그를 좋아한다.

3) (之)所以~(是)因为~ ~인 까닭은, ~이기 때문이다

他之所以生气，是因为你不信任他。
그가 화를 내는 이유는 니가 그를 믿지 않기 때문이다.

4) 既然~那么(就)~ 이미 ~한 바에, ~하다

既然你已经决定了，我就不再劝你了。
이왕 니가 이미 결정한 바에야 나도 더 이상 권유하지 않겠다.

5) ~，可见~ ~을 알 수 있다 (어떤 판단이나 결론을 '可见'을 써서 이끌어낸다.)

她经常帮助有困难的人，可见她是一个多么善良的人。
그녀가 늘 어려운 사람들을 돕는걸 보면 그녀가 얼마나 선량한 사람인지 알 수 있다.

6) ~，从而~ ~, 그래서(따라서)~

学校招生过度，从而导致了教学质量下降。
학교에서 학생을 과도하게 모집해서 수업의 질의 떨어지게 만들었다.

7) ~，于是~ ~, 그래서(따라서)~

新买的衣服太大了，于是我去换了一件。
새로 산 옷이 너무 커서 나는 다른 옷으로 갈아입었다.

8) ~，以至~ ~로 하여, ~ 때문에, ~하다 (=以至于)

他没有复习，以至老师的提问一个也回答不上来。
그는 복습을 하지 않아서 선생님의 질문에 하나도 답하지 못했다.

9) ~，以致~　　　　　~이 되다, ~을 가져오다

他酒后开车，以致造成了车祸。
그는 음주 운전을 해서 교통사고를 냈다.

10) ~，不免~　　　　　~을 피할 수 없다

她跟男朋友分了手，不免很伤心。
남자 친구와 헤어졌으니 그녀 마음이 많이 아플 수밖에 없다.

11) ~，难免~　　　　　~을 피할 수 없다

你对他不好，难免他会离开你。
네가 그사람에게 잘해주지 못하니 그사람이 너를 떠날 수밖에.

5

他们可能会收回承诺，退回到相对安全的
tāmen kěnéng huì shōuhuí chéngnuò, tuìhuí dào xiāngduì ānquán de

但也很温暖的爱人的怀抱里。
dàn yě hěn wēnnuǎn de àirén de huáibào li。

해석해 보기

올바른 해석

새로나온 단어

面对 [miàn duì] 동 마주 보다, 직면하다, 직접 대면하다
抉择 [jué zé] 명 동 선택(하다), 채택(하다)
收回 [shōu huí] 동 1. 회수하다, 몰수하다, 거둬들이다, 되찾다
2. (의견, 제의, 명령 따위를) 취소, 철회하다
承诺 [chéng nuò] 동 승낙하다, 대답하다
退回 [tuì huí] 동 1. 되돌리다, 반송하다 2. 되돌아가다
温暖 [wēn nuǎn] 형 따뜻하다, 따스하다 동 따뜻하게 하다
怀抱 [huái bào] 명 품, 가슴

확인학습 정답

확인학습1

1. D 2. D

확인학습2

1. B 2. B 3. A

7 이합동사와 어림수

학습목표

우리가 처음 중국어를 배울 때 '见面'은 '만나다' 라고 간단하게 배웁니다. 그런데 '见面'을 자세히 살표 보면 '见(보다)'의 동사부분과 '面(얼굴)'의 목적어부분으로 이루어져 '얼굴을 보다' 즉, '만나다'의 의미가 되는 것을 볼 수 있습니다. 이처럼 이합동사(离合动词)는 '동사+목적어'구조로 이루어져 하나의 동사처럼 쓰이는 동사를 말하는데, 자주 사용하는 이합사로는 睡觉 (잠자다) , 唱歌 (노래하다), 毕业 (졸업하다), 跳舞 (춤추다), 见面 (만나다), 谈话 (대화하다), 生气 (화내다), 问好 (안부를 묻다) 등이 있습니다. 아래 문장을 통해 이합동사와 중국어의 어림수에 대해 학습하겠습니다.

家住附近的侯奶奶说，上午9时，她送孙子来幼儿园，迎接她却是一道警戒线。“一听说幼儿园出了人命，我就担心会不会是她。”侯奶奶所担心的“她”是幼儿园的贺老师，之所以有此预感，是因为这位老师经常值夜班。侯奶奶说，贺老师40来岁，这家幼儿园成立之初就在这里，至今已经有十几年了。

贺老师个子不高，皮肤有点黑，对孩子特别好，自己2岁多的孙子入托才两三个月时间，就跟贺老师特别亲近。于是侯奶奶拨通了贺老师的手机，电话中传出一年轻女子的声音，在核实侯奶奶的身份后，这位自称是贺老师儿子女朋友的人说：

"阿姨，我姨已经走了。侯奶奶对贺老师的离去惋惜不已，她更不知道如何给自己的小孙子交待："贺老师走了，怎么给孩子说啊。"

❋부분 해석 해보기

1

家住附近的侯奶奶说，上午9时，她送孙子来
jiā zhù fùjìn de hóu nǎinài shuō, shàngwǔ 9shí, tā sòng sūnzǐ lái

幼儿园，迎接她却是一道警戒线。"一听说
yòuéryuán, yíngjiē tā què shì yī dào jǐngjièxiàn。 yī tīngshuō

幼儿园出了人命，我就担心会不会是她。
yòuéryuán chū le rénmìng, wǒ jiù dānxīn huì bù huì shì tā。

해석해 보기

올바른 해석

새로나온 단어

附近	[fù jìn]	명 부근, 근처
孙子	[sūn zi]	명 손자
迎接	[yíng jiē]	동 1. 영접하다, 맞이하다, 출영하다　2. (일을)맞이하다
道	[dào]	명 길, 도로　[명] 선, 줄을 세는 양사
警戒线	[jǐng jiè xiàn]	명 경계선
听说	[tīng shuō]	동 1. 듣는 바로는 ~이라 한다.　2. 순종하다, 말을 잘 듣다
人命	[rén mìng]	명 인명. 사람의 목숨
就	[jiù]	부 1. 곧, 즉시, 바로　2. 이미, 벌써, 일찍이　3. (~하자마자)곧, 바로
担心	[dān xīn]	동 염려하다, 걱정하다　操心

2

侯奶奶所担心的"她"是幼儿园的贺老师，
hóu nǎinǎi suǒ dānxīn de "tā" shì yòuéryuán de hè lǎoshī,

之所以有此预感，是因为这位老师经常值夜班。
zhī suǒyǐ yǒu cǐ yùgǎn, shì yīnwèi zhè wèi lǎoshī jīngcháng zhí yèbān。

해석해 보기

올바른 해석

새로나온 단어

之所以	[zhī suǒ yǐ]	~의 이유, ~한 까닭
预感	[yù gǎn]	명 동 예감(하다)
因为	[yīn wèi]	접 1. ~ 때문에, ~에 의하여 [원인이나 이유를 먼저 말할 경우] 2. 왜냐하면(~ 때문이다) [원인이나 이유를 나중에 말할 경우]
经常	[jīng cháng]	부 늘, 언제나 형 보통이다, 정상적이다 명 일상, 평상

구문해설

1. 6과에서 살펴보았듯, '之所以有此预感，是因为这位老师经常值夜班。'에서 '(之)所以~(是)因为~'는 '~인 까닭은, ~이기 때문이다.'라는 의미의 인과관계 접속사입니다. 일반적으로 인과관계 접속사에서 제일 먼저 접하는 것은 '因为~A, 所以~B'입니다. '因为~A, 所以~B'는 예제 1)과 같이 먼저 A에서 원인을 말하고 B에서 결과를 말하고 '(之)所以~A (是)因为~B'는 예제 1)처럼 A에서 결과를 말하고 B에서 원인을 말합니다.'~인 까닭은, ~이기 때문이다.'합니다. 예제 1)은 예제 2)처럼 바꿔 말할 수 있습니다.

   1) 因为你不信任他，所以他生气了。
      니가 그를 믿지 않기 때문에 그는 화가 났다.
   2) 他之所以生气，是因为你不信任他。

그가 화를 내는 이유는 니가 그를 믿지 않기 때문이다.

2. 이합동사

(1) 이합동사의 의미

우리가 처음 중국어를 배울 때 '见面'은 '만나다' 라고 간단하게 배웁니다. 그런데 '见面'을 자세히 살표 보면 '见(보다)'의 동사부분과 '面(얼굴)'의 목적어부분으로 이루어져 '얼굴을 보다' 즉, '만나다'의 의미가 되는 것을 볼 수 있습니다. 이처럼 이합동사(离合动词)는 '동사+목적어'구조로 이루어져 하나의 동사처럼 쓰이는 동사를 말하는데, 예제 2)처럼 사람목적어가 올 경우 상황에 따라 분리될 수 있습니다. 자주 사용하는 이합사로는 睡觉 (잠자다) , 唱歌 (노래하다) , 毕业 (졸업하다), 跳舞 (춤추다), 见面 (만나다), 谈话 (대화하다), 生气 (화내다), 问好 (안부를 묻다) 등이 있습니다.

1) 我们打个电话就行了,用不着见面。 전화 한 통 걸면 되지 만날 필요 없어.
2) 明天我想见他一面。 내일 나는 그를 한번 만나고 싶다.

(2) 이합동사와 목적어

이합동사 위에서 보았듯 '동사+목적어'구조로 이루어져 있기 때문에 그 뒤에 목적어를 취할 수 없습니다. 예제 1)처럼 '见面' 사이에 '你的'를 두거나 '跟你见面'과 같이 목적어를 전치사 '跟'과 함께 사용하여 앞에 놓습니다.

1) 见面你 (X) → 见你的面 / 跟你见面 (○)
2) 毕业大学 (X) → 大学毕业 (○) 帮忙朋友 (X) → 帮朋友忙 (○)
3) 道歉你 (X) → 向你道歉 (○) 谈话你(X) → 跟你谈话 (○)

(3) 이합동사와 보어의 위치

시량보어와 동량보어는 보통 예제 1)과 예제 2)와 같이 '동사+동량보어+목적어' 의 형태로 동빈구조 사이에 둡니다.

1) 我跟他见过三次面。　　나는 그와 세 번 만난 적이 있다.
2) 我们在那儿游过三次泳。　우리는 그곳에서 세 번 수영을 한 적이 있다.

(4) 이합동사의 중첩형식

이합동사는 위에서 설명하였듯 '동사+목적어'구조로 이루어져 있기 때문에 이합동사의 중첩형식은 당연히 동사 부분만 중첩을 합니다. 따라서 아래 예제 1)의 '见见面'처럼 AAB식(동사부분만 중첩)의 중첩을 하고 '시도, 짧은 동작'을 의미합니다.

1) 见见面, 聊聊天, 洗洗澡, 跳跳舞, 散散步

확인학습1

1. 山田_________很快就找到了一个好工作。

A. 一毕业大学　　B. 毕业大学了
C. 毕业了大学　　D. 大学一毕业

2. __________以后, 我们就一起去电影院了。

A. 见面中国朋友　　B. 跟中国朋友见面
C. 见面了中国朋友　　D. 跟中国朋友见面了

3

侯奶奶说，贺老师40来岁，这家幼儿园
hóu nǎinǎi shuō, hè lǎoshī 40 lái suì, zhè jiā yòuéryuán

成立之初就在这里，至今已经有十几年了。
chénglì zhī chū jiù zài zhèlǐ, zhìjīn yǐjīng yǒu shí jǐ nián le。

해석해 보기

올바른 해석

새로나온 단어

家	[jiā]	명 가정, 집, 집무실 양 가정, 가게, 기업 따위를 세는 단위
成立	[chéng lì]	동 1. (조직, 기구 등을)설치, 창립, 결성하다 2. (안건 등이 회의에서)의결 통과되다
之	[zhī]	[조]수식어와 피수식어 사이에 놓여 '的'와 같은 작용을 함
至今	[zhì jīn]	동 오늘에 이르다, 지금에 이르다 부 지금까지, 오늘까지

구문해설

1. 중국어에서 어림수를 나타내고자 할 때는 주로 多, 来, 几, 左右 등을 사용합니다. '左右'는 아래 예제'十三岁左右' 처럼 수사와 양사'岁'뒤에 위치하여'정도'라는 의미를 가집니다. '多, 来'는 10 이상의 수 뒤와 양사 사이에 위치하고 우리말의 '~여'에 해당합니다. 예를 들어 '二十多岁'는 '20여 살'로 10 이상의 수 20의 뒤와 양사'岁'앞에 위치합니다. 그러나 10 이하의 수와 함께 쓰일 때는 '~넘다.' 라는 의미로 쓰입니다. 예를 들어 '三年多'에서 '多'는 '3년이 넘었다'의 '넘다'의 의미로 쓰였습니다. 또한 어림수를 나타내는 방법으로 아래 예제 1)과 2)와 같이 근접한 두 개의 수를 이용하여 어림수를 나타낼 수 있습니다.

1) 孩子们六七岁上小学。
2) 他今年十二三岁。

어림수	예문	비고
左右	十三岁左右 二十二岁左右 三个小时左右	수사와 양사 뒤에 붙인다.
几	十几岁 二十几岁	반드시 10 이상의 수 뒤에 붙인다.
多	十多岁 二十多岁 一百多个 一千多个	반드시 10 이상의 수 뒤에 붙인다.
	一年多 七岁多 三年多 一个多小时 一个多月	(수사+양사+ 多)의 형식으로도 쓰일 수 있다.

4

贺老师个子不高，皮肤有点黑，对孩子特别
hè lǎoshī gèzǐ bù gāo, pífū yǒudiǎn hēi, duì háizǐ tèbié

好，自己2岁多的孙子入托才两三个月时间，
hǎo, zìjǐ 2 suì duō de sūnzǐ rùtuō cái liǎng sān gè yuè shíjiān,

就跟贺老师特别亲近。
jiù gēn hè lǎoshī tèbié qīnjìn。

해석해 보기

올바른 해석

새로나온 단어

个子	[gè zi]	명 (물건의)크기, (사람의)체격, 키, 몸집
皮肤	[pí fū]	명 피부
有点	[yǒu diǎn]	부 조금 약간 [대개 여의치 않은 일에 쓰인다]
特别	[tè bié]	형 특별하다, 특이하다, 별다르다, 유다르다

부 특히, 각별히, 유달리, 아주

入托 [rù tuō] 동 1. 아이를 탁아소에 맡기다 2. 위탁하다

亲近 [qīn jìn] 형 가깝다, 친근하다, 사이가 좋다. 동 친밀하게 사귀다, 친해지다

구문해설

1. 본문 '皮肤有点黑'에서 '有点'은 '조금, 약간'의 의미입니다. '有点'과 '一点'은 모두 '조금, 약간'이라는 의미를 가지지만 '一点'은 형용사에 뒤에 '有点'은 형용사의 앞에 위치하며 일반적으로 불만의 어기를 나타낼 경우가 많다.

2. '才'는 예제 1)과 같이 '…(가 되어)서야, …에야, …에야 …비로소'의 의미로 어떤 일의 발생이 시간적으로 늦거나, 끝나는 시점이 늦었음을 표시하는 것으로 처음 중국어를 배울 때 접하게 된다. 하지만 본문의 '自己2岁多的孙子入托才两三个月时间，就跟贺老师特别亲近。'에서 '…才，…就'는 '겨우 …만에, 곧 …' 이라는 뜻으로 쓰였습니다.

1) 雨下了一个星期才晴。
   비가 일주일 동안 내리고 나서야 날이 개었다.
2) 这才几月，天就这么热呀。
   이제 몇 월인데 날씨가 벌써 이렇게 더운 거야.
3) 她离开家才一个星期，就想家了。
   그녀는 집을 떠난 지 일주일만에 집을 그리워하기 시작했다.

5

于是侯奶奶拨通了贺老师的手机，电话中传出
yúshì hóu nǎ nǎi bōtōng le hè lǎoshī de shǒujī, diànhuà zhōng chuán chū

一年轻女子的声音，在核实侯奶奶的身份后，
yī niánqīng nǚzǐ de shēngyīn, zài héshí hóu nǎinǎi de shēnfèn hòu,

这位自称是贺老师儿子女朋友的人说："阿姨，
zhè wèi zìchēng shì hè lǎoshī érzǐ nǚ péngyou de rén shuō : " āyí,

我姨已经走了。
wǒ yí yǐjīng zǒu le。

해석해 보기

올바른 해석

새로나온 단어

于是 [yú shì] 접 그래서, 이리하여, 그리하여

手机 [shǒu jī] 명 휴대폰

传	[chuán]	동 1. 전하다. 2. 전수하다, 가르쳐 전하다
年轻	[nián qīng]	형 젊다
声音	[shēng yīn]	명 성음, 소리, 음성, 목소리
核实	[hé shí]	동 (실상이나 실태를)조사하다, 확인하다 명 조사, 확인
身份	[shēn fen]	명 (사회적 · 법률적) 지위, 신분
自称	[zì chēng]	대 자칭, 일인칭 동 스스로 일컫다
阿姨	[ā yí]	명 1. 이모 2. 어린이가 보모를 부르는 칭호 3. 아주머니 [어린아이가 친척이 아닌 어머니 또래의 여자를 부르는 말]

6

侯奶奶对贺老师的离去惋惜不已，她更不知道
hóu nǎinài duì hè lǎoshī de líqù wǎnxī bù yǐ, tā gēng bù zhīdào

如何给自己的小孙子交待："贺老师走了，
rúhé gěi zìjǐ de xiǎo sūnzǐ jiāodài : " hè lǎoshī zǒu le

怎么给孩子说啊。"
zěn me gěi háizǐ shuō a。"

해석해 보기

올바른 해석

새로나온 단어

离去	[lí qù]	동 떠나가다
惋惜不已	[wǎnxī bù yǐ]	애석해 마지않다.
如何	[rú hé]	대 어떠냐, 어떠한가
给	[gěi]	개 1. (~에게)~를 시키다, ~하도록 하다 2. ~~를 향해, ~~에게 (동사 뒤에 놓여) 주다, 바치다의 뜻을 나타냄.
交待	[jiāo dài]	동 1. (사정이나 의견을) 설명하다 2. 자백하다

확인학습 정답

확인학습1

1. D 2. B

8 피동문과 방향전치사

학습목표

중국어에서 대표적인 수동형식의 개사(전치사)로는 '被', '让', '叫'가 있습니다. 개사 '被', '让', '叫' 등이 사용된 문장은 문형에서 바로 수동임을 알 수 있으며, 특히 이런 문장은 어순에 주의해야 합니다. 일반적인 어순은 '주어+被/让/叫+행위자+동사+그 외 성분'으로 이루어져 있습니다. 아래 문장을 통해 '피동문'과 '방향전치사'에 대해 학습해 보도록 하겠습니다.

因咬掉一名顾客耳朵，顺义某超市老板夏某昨天被当地警方刑事拘留。年近30岁的夏某是辽宁人，他与妻子在顺义区后沙峪村开了一家超市。夏某在案发后向警方称，前晚，他正在超市隔壁的卧室哄女儿睡觉，突然听见妻子与人发生争吵。

随后，妻子告诉他，刚才有几名男子来买矿泉水，共买了六瓶，却强行要让送一瓶，为此双方吵了几句。

矿泉水的男子再次来到超市买方便面，其中一男子随口骂了夏某一句，夏某当即出手朝男子打了一拳，双方撕扯起来。冲突间，夏某抱住对方的身体，并使劲咬住他的右耳。直至对方拉夏的双手，口里尖叫着"耳朵掉了！"这时，夏某才意识到自己的嘴里咬有一只耳朵。

事发后，超市的其他顾客迅速报警。后沙峪派出所民警丁晓明称，他们到场后当即将伤者送往医院治疗，并对超市老板夏某进行了控制。昨日，夏某因涉嫌故意伤害罪被刑拘。

부분 해석 해보기

1

因咬掉一名顾客耳朵，顺义某超市老板夏某
yīn yǎo diào yī míng gùkè ěrduo, shùnyì mǒu chāoshì lǎobǎn xià mǒu

昨天被当地警方刑事拘留。
zuótiān bèi dāngdì jǐngfāng íngshì jūliú。

해석해 보기

___

___

___

올바른 해석

___

___

새로나온 단어

耳朵	[ěr duo]	명 귀
顺义	[shùn yì]	지명 베이징시(北京市)에 위치
某	[mǒu]	대 어느, 모, 아무개
昨天	[zuó tiān]	명 어제
被	[bèi]	개 …에게 …를 당하다.
警方	[jǐng fāng]	명 경찰 쪽, 경찰 측
刑事	[xíng shì]	형 형사의, 형사와 관련된
拘留	[jū liú]	동 구류하다, 구금하다

2

年近30岁的夏某是辽宁人，他与妻子
nián jìn 30 suì de xià mǒu shì liáoníng rén, tā yǔ qīzi

在顺义区后沙峪村开了一家超市。
zài shùnyì qū hòushāyù cūn kāile yī jiā chāoshì。

해석해 보기

올바른 해석

새로나온 단어

近	[jìn]	형 (공간적이나 시간적인 거리가) 가깝다
岁	[suì]	양 나이를 세는 단위
昨天	[zuó tiān]	명 어제
辽宁	[liáo níng]	지명 랴오닝성(辽宁省)
妻子	[qī zi]	명 아내, 처
后沙峪	[hòu shā yù]	지명 베이징시(北京市)에 위치
村	[cūn]	명 마을
开	[kāi]	동 1. 개설하다 2. (닫힌 것을) 열다, (꺼져 있는 것을) 켜다
家	[jiā]	양 가정이나 기업, 가게 등을 셀 때

3

夏某在案发后向警方称， 前晚， 他正在超市
xià mǒu zài àn fā hòu xiàng jǐngfāng chēng, qiánwǎn, tā zhèngzài chāoshì

隔壁的卧室哄女儿睡觉， 突然听见妻子与人
gébì de wòshì hǒng nǚér shuìjiào, tūrán tīng jiàn qīzi yǔ rén

发生争吵。
fāshēng zhēngchǎo。

해석해 보기

올바른 해석

새로나온 단어

案	[àn]	형태소 (법률상의) 사건, 공문서, 기록
称	[chēng]	동 1.(무엇이라고) 칭하다, …라고 부르다. 2.진술하다.
前晚	[qián wǎn]	명 그저께 밤
隔壁	[gé bì]	명 이웃, 이웃집
卧室	[wò shì]	명 침실, 와방
哄	[hǒng]	동 1. (거짓말을 하거나 수단을 써서) 속이다, 기만하다 2. (어린아이를) 달래다, 어르다, 데리다
睡觉	[shuì jiào]	이합동사 자다
突然	[tū rán]	형 갑작스럽다. 돌연하다. 의외다.
听见	[tīng jiàn]	이합동사 듣다
发生	[fā shēng]	동 (원래는 없던 일이) 생기다, 발생하다, 일어나다
争吵	[zhēng chǎo]	동 (큰소리로) 말다툼하다.

4

随后，妻子告诉他，刚才有几名男子来买
suí hòu, qīzi gàosù tā, gāngcái yǒu jǐ míng nánzǐ lái mǎi

矿泉水，共买了六瓶，却强行要让送一瓶，
kuàngquánshuǐ, gòng mǎi le liù píng, què qiángxíng yào ràngsòng yī píng

此双方吵了几句。
wèicǐ shuāngfāng chǎo le jǐ jù。

해석해 보기

____

____

____

올바른 해석

____

____

____

새로나온 단어

随后	[suí hòu]	부 뒤이어, 바로 뒤에, 그 다음에
告诉	[gào su]	동 (…에게 …를) 알리다
刚才	[gāng cái]	명 방금
来	[lái]	동 오다
买	[mǎi]	동 (돈을 주고 물건을) 사다, 구입하다

矿泉水	[kuàng quán shuǐ]	명 광천수
共	[gòng]	부 1. 함께, 공동으로 2. 모두, 도합, 전부
瓶	[píng]	명 병 양 병처럼 생긴 물건을 세는 단위
却	[què]	부 하지만, 그런데, 오히려
强行	[qiáng xíng]	동 강행하다
让	[ràng]	동 (어떤 일을) 하게 하다. 하도록 하다.
为此	[wèi cǐ]	접속 이 때문에, 이로 인하여
双方	[shuāng fāng]	명 쌍방
吵	[chǎo]	형 (소리가) 크다, 시끄럽다
		동 1. (시끄럽게 해서) 피해를 주다, 방해하다 2. 말싸움하다
句	[jù]	양 마디

구문해설

1. '刚才有几名男子来买矿泉水' 에서 주어는 '有几名男子'이고 술어는 '来'와 '买' 2개입니다. 즉, 술어 부분이 2개 또는 2개 이상인 동사 혹은 동사가 목적어 등을 동반하는 동사구로 구성되어 있는 연동문입니다. (5과 참조)
   이때, 연동되는 동사는 그대로 나란히 오는 것이 아니고 '刚才有几名男子来商店买矿泉水'동사 사이에 목적어가 들어가야 합니다. '刚才有几名男子来商店买矿泉水'와 같은 형태를 취해야 합니다. 그러나 예외적으로 '来'와 '去' 만은 직후에 동사를 바로 연결할 수 있습니다.

2. 5과에서 살펴보았듯 본문에서의 '吵了几句'는 예제 1)처럼 '동사 + 동태조사 + 동량사'의 고정 형식입니다. 여기서 주의해야 할 점은 목적어의 위치입니다. 목적어가 사람일 때와 사람이 아닐 경우 목적어의 위치는 각각 과 예제 2)처럼 다릅니다.

   1) 去 + 过 + 一次 打 + 了 + 一拳
   2) 목적어가 사람이 아닐 경우 목적어가 사람일 경우
   동사 + 了 + 동량사 + 목적어 동사 + 了 + 목적어 + 동량사

5

矿泉水的 男子再次来到超市买方便面，
kuàngquánshuǐ de nánzi zàicì lái dào chāoshì mǎi fāngbiànmiàn,

其中一男子随口骂了夏某一句，夏某当即出手
qí zhōng yī nánzǐ suíkǒu mà le xià mǒu yī jù, xià mǒu dāngjí chūshǒu

朝男子打了一拳，双方撕扯起来。
cháo nánzǐ dǎ le yī quán, huāngfāng sīchě qǐ lai。

해석해 보기

올바른 해석

새로나온 단어

再次	[zài cì]	명 두 번째 부 다시, 새로
方便面	[fāng biàn miàn]	명 (인스턴트) 라면
其中	[qí zhōng]	명 그 속, 그 중
随口	[suí kǒu]	부 아무 생각없이 되는대로, 입에서 나오는 대로

骂	[mà]	동 1. 욕하다 2. 꾸짖다, 질책하다, 따지다
当即	[dāng jí]	부 즉시, 곧, 바로
朝	[cháo]	동 (사람이나 사물이 어떤 물체를) 향하다. 개 …를 향해서, …를 향하여
拳	[quán]	명 주먹　동 (물체가) 굽다, 휘다
撕扯	[sī chě]	동 찢다, 째다, 떼다, 뜯다

구문해설

1. 방향을 나타내는 전치사 向、右、朝、往

올바른 중국어를 배우기 위해서는 '向、右、朝、往'등 같이 자주 쓰이는 방향전치사의 차이점과 올바른 쓰임을 이해할 필요가 있습니다.

(1) 向 [전] …을 향해(서). …(으)로

'向'은 동작이 진행되는 방향이나 동작의 대상을 나타내는 전치사이다. '向'으로 이루어진 전치사구조는 부사어가 될 수도 있고, 동사 뒤에 놓여 보어 역할을 할 수도 있습니다.

'向+장소/방위사/방향을 나타내는 단어'의 형식으로 씁니다.

他向学校跑去。(그는 학교를 향해 뛰어갔다.) 장소
他飞快地向前跑。(재빠르게 앞을 향해 뛰다.) 방위사
他向我打听买飞机票的事。(그는 내게 비행기표 구매에 대해 물었다.) 사람(대상)
我国经济已经走向全球化。
(우리나라의 경제는 이미 세계화를 향해 나아갔다.) 보어

(2) 朝 [전] …를 향해서. …를 향하여.

'朝+(목적어)+대상'의 형식으로 씁니다.

她调皮地朝我笑笑。(그녀가 장난스럽게 나를 향해 웃는다.) 사람(대상)
他朝学校跑去。(그가 학교를 향해 뛰어가다.) 장소

목적어가 비교적 복잡한 구(句)나 절(節)로 이루어져 있을 때, '朝'뒤에 종종 '着'를 쓸 수 있지만, 단음절 방위사와 조합될 때는 '着'를 쓸 수 없습니다.

咱们应该朝着自己的目标前进。(우리는 자신의 목표를 향해 전진해야 한다.)
铁门朝南开着。(철문이 남쪽을 향해 열려 있다.) 마주하는 방향

(3) 往 [개] …을 향해. …쪽으로. …방향으로.

'往'은 동작이 진행되는 방향을 표시하는 전치사로, '往'으로 이루어지는 전치사구조는 동사 앞에 놓여 부사어도 될 수 있고 동사 뒤에 놓여 보어도 될 수도 있습니다. '단음절 동사+往+장소'의 형식으로 쓰며 동작 행위의 방향을 나타냅니다.

这趟火车开往哪里? - 이번 기차는 어느 곳으로 향하니? 보어
地铁开往哪里? - 지하철은 어디로 가나요?

'往+방위/장소'의 형식으로 쓰며 행위 동작의 방향 또는 장소를 나타냅니다.

身子不要往后靠。 - 몸을 뒤로기대지 마세요. 방위사
你往哪边去? - 너 어디 거니? 장소

【요점정리】 방향을 나타내는 전치사

向 xiàng …을 향해
他向学校跑去。(장소) 向前走。(방위사)
我向老李打听买火车票的事。(사람(대상))

往 wǎng …(쪽)으로
你往哪儿跑?(장소) 往南走。(방위사) 火车开往哪儿?(보어)

朝 cháo …를 향해서, …를 향하여.
他朝我看了一眼。(사람(대상))　　窗户朝南开着。(마주하는 방향)

2. 본문 '双方撕扯起来。'의 '起来'는 복합방향보어입니다. 앞의 3과 방향보어에서 살펴보았듯 "上, 下, 回, 起, 进, 出, 过" 등과 "来, 去" 를 함께 사용하면 복합방향보어가 됩니다. 그러나 복합방향보어 안에는 화자와 청자의 진행이나 행동 방향을 나타내는 기능뿐만 아니라, '원래의 뜻에서 파생된 의미'를 나타내는 용법도 있다. (3과 방향보어 참조)

起来

본 의미 낮은 곳에서 높은 곳으로 향하는 것.
爸爸站起来了。

파생된 의미 동작이나 정황이 시작되는 것.
她唱起歌来了。　　外边下起雪来了。

파생된 의미 분산해 있던 것이 집중되는 것.
大家团结起来，一定能战胜困难。

파생된 의미 실제로 그 동작을 행하는 것.
说起来容易，做起来难。
这件衣服穿起来一定很漂亮。

확인학습1

1. 要是_A_信不过_B_我们，他_C_怎么会_D_我们公司投资呢!　　向

2. 那个人________我姐姐借了三万块钱。

A. 往　　B. 向　　C. 从　　D. 由

3. 这个房间 ______北，冬天又湿又冷。

A. 向　　B. 对　　C. 由　　D. 朝

4. 富裕 ______的农民进城将彩色电视机抢购一空。

A. 出来　　B. 下来　　C. 起来　　D. 下去

5. 出院以后妈妈的身体一天天好 ______了。

A. 上来　　B. 下去　　C. 出来　　D. 起来

6

冲突间，夏某抱住对方的身体，并使劲咬住
chōngtū jiān, xià mǒu bào zhù duìfāng de shēntǐ, bìng shǐjìn yǎo zhù

他的右耳。
tā de yòuěr。

해석해 보기

올바른 해석

새로나온 단어

冲突	[chōng tū]	동 1. 충돌하다 2. 모순되다
间	[jiān]	명 1. 중간, 사이 2. (어떤 공간 또는 시간의) 가운데, 안
抱	[bào]	동 안다, 껴안다, 포옹하다
对方	[duì fāng]	명 상대방, 상대
身体	[shēn tǐ]	명 1. 몸, 신체, 육체 2. 건강
并	[bìng]	부 같이, 동시에, 함께 개 …조차도
		접속 그리고, 또, 아울러, 게다가 동 나란히 하다, 병렬하다
使劲	[shǐ jìn]	이합동사 힘을 쓰다

7

直至对方拉夏的双手，口里尖叫着“耳朵掉了！”
zhí zhì duìfāng lā xià de shuāngshǒu, kǒu lǐ jiānjiào zhe “ ěrduo diào le ! ”

这时，夏某才意识到自己的嘴里咬有一只耳朵。
zhè shí, xià mǒu cái yìshì dào zìjǐ de zuǐ lǐ yǎo yǒu yī zhī ěrduǒ。

事发后，超市的其他顾客迅速报警。
shì fā hòu, chāoshì de qítā gùkè xùnsù bàojǐng。

해석해 보기

올바른 해석

새로나온 단어

直至	[zhí zhì]	동 쭉 …에 이르다 (주로 시간을 가리킴)
拉	[lā]	동 당기다, 끌어당기다, 잡아당기다
双手	[shuāng shǒu]	명 양손, 쌍수
尖	[jiān]	형 날카롭다, 예리하다, 뾰족하다
这时	[zhè shí]	1. 이때 2. 요즘
意识	[yì shí]	명 의식 동 의식하다, 깨닫다, 느끼다
自己	[zì jǐ]	대 자기, 자신, 스스로
嘴	[zuǐ]	명 입 형태소 말
只	[zhī]	양 짝, 쪽 (한 벌이나 한 쌍을 이루는 물건의 하나를 세는 단위)
其他	[qí tā]	대 기타, 그 밖, 그 외
迅速	[xùn sù]	형 신속하다, 재빠르다, 날쌔다
报警	[bào jǐng]	이합동사 (치안 기관이나 관련 기관에) 위급 상황을 알리다, 긴급 신호를 보내다

8

后沙峪派出所民警丁晓明称，他们到场后当即
hòu shā yù pàichūsuǒ mínjǐng dīng xiǎomíng chēng, tā men dào cháng hòu dāngjí

将伤者送往医院治疗，并对超市老板夏某进行
jiāng shāngzhě sòng wǎng yīyuàn zhìliáo, bìng duì chāoshì lǎobǎn xià mǒu jìnxíng

了控制。昨日，夏某因涉嫌故意伤害罪被刑拘。
le kòngzhì。 zuó rì, xià mǒu yīn shèxián gùyì shānghàizuì bèi xíngjū。

해석해 보기

올바른 해석

새로나온 단어

派出所 [pài chū suǒ] 명 '公安局派出所(공안국파출소)'의 줄임말
民警 [mín jǐng] 명 '人民警察(인민 경찰)'의 줄임말
到场 [dào chǎng] 이합동사 (직접) 현장에 가다, 자리에 가다
当即 [dāng jí] 부 즉시, 곧, 바로

送	[sòng]	동 1. 보내다, 배달하다, 전달하다 2. 배웅하다, 바래다주다 3. (기념품이나 선물 등을) 주다, 증정하다
医院	[yī yuàn]	명 병원
治疗	[zhì liáo]	동 치료하다
进行	[jìn xíng]	동 1. 진행하다 2. 행진하다, 전진하다.
控制	[kòng zhì]	동 통제하다, 제어하다, 규제하다, 억제하다, 제압하다
涉嫌	[shè xián]	동 (어떤 일과 관련되어) 의심을 받다, 혐의를 받다
故意	[gù yì]	명 고의
刑拘	[xíng jū]	동 형사 구류하다 ('刑事拘留'의 줄임말)

구문해설

1. 위 문장 '超市老板夏某昨天被当地警方刑事拘留。'와 '夏某因涉嫌故意伤害罪被刑拘。' 모두 '...에게 ...를 당하다.'의 의미를 가지는 피동문입니다. '被'는 피동문(被動文)을 구성하는 문법적 기능을 하며, 앞에 나오는 주어(夏某)는 동작을 당하는 대상이 됩니다. 중국어에서 대표적인 수동형식의 개사(전치사)로는 '被', '让', '叫'가 있습니다. 개사 '被', '让', '叫' 등이 사용된 문장은 문형에서 바로 수동임을 알 수 있으며, 특히 이런 문장은 어순에 주의해야 합니다. 일반적인 어순은 '주어+被/让/叫+행위자+동사+그 외 성분'로 아래 예제 1)을 보면 주어는 '我的錄音机(내 녹음기)' 행위자는 '妹妹(여동생)' 동사 '弄(하다)' 그 외 성분 '坏了(망가지다)'로 이루어져 있습니다.

주어 + 被/让/叫 + 행위자 + 동사 + 그 외 성분
(동작의 대상) (동작의 주체대상) (어떻게 처리되었는지 처리의 결과)
(보어가 많으나 가능보어 안됨)

1) 我的錄音机被妹妹弄坏了。 내 녹음기는 여동생에 의해 망가졌다.

피동구문의 특징을 살펴보면 아래와 같습니다.

(1) 동사는 처치의 의미를 가진 타동사를 사용.

"被, 让, 叫" 등의 문장에서 사용되는 술어동사는 "把"자 구문처럼 동작행위의 대상에 대해 어떤 영향을 주거나 처치를 더하는 의미를 가진 동사입니다. 사용할 수 있는 동사의 범위는 "把"자 구문보다 넓고, "听见"과 "知道"와 같은 지각동사도 사용 가능하다.

1) 我们俩的话叫老金听见了。　우리 둘의 말을 老金이 들었다.
2) 她的秘密让大家知道了。　그녀의 비밀을 모두가 알아버렸다.

(2) 동사는 그 외의 성분을 동반한다.

수동문에서 쓰이는 동사는 단독으로 사용되는 일이 없으며, 반드시 뒤에 조사 "了", "过" 등의 기타성분을 동반해야합니다.

1) 我被老师批评了。　나는 선생님께 꾸중을 들었다.
2) 我的词典叫小金借走了。　내 사전은 小金이 빌려갔다.

(3) 수동문의 부정

부정부사 '不', '没(有)'는 '被'앞에 두고 이때 부정을 나타내는 '不', '没(有)'는 '被, 让, 叫' 등의 앞에 놓여, 개사 구조 전체를 이끕니다. 단, 피동 앞에 부정사 '没'가 있을시 기타성분 부분의 了는 빼야합니다.

1) 那(一)本书没被别人借走。　그 책은 다른 사람이 빌려가지 않았다.
2) 你的杯子不是被我打碎的　네 컵은 내가 깬 것이 아닙니다.

(4) '被'와 '让', '叫'의 차이

'被'를 사용할 때는, 예제 1)처럼 그 뒤에 오는 행위자(목적어)를 생략할 수 있으나, '让', '叫'를 사용할 때는 '~에 의해'라는 행위자를 반드시 표시할 필요가 있습니다. 또한 구어체에서는 '让', '叫'가 많이 사용되며, 문어체에서는 '被'가 많이 사용되고 있습니다.

1) 房子被拆了。　　　　집이 헐렸다.

2) 我的钱包让人偷走了。　　　　나의 지갑은 사람이 훔쳐 갔다.

① 목적어가 있을 경우

那(一)本书被别人借走了。(결과보어)

小雨被同学打了一顿。(동량보어)

② 목적어가 없을 경우

동작의 주체(목적어)가 없을 경우 被뒤에 바로 동사를 직접 받을 수 있다.

小雨被打了一顿。(동량보어)

我的自行车被骑走了。(결과보어)

확인학습 정답

확인학습1

1. D　2. B　3. D　4. C　5. D

9 처치문과 정도보어

학습목표

'把'는 '…을 …해버리다'라는 뜻으로 목적어를 술어 앞으로 전치시키는 역할을 합니다. 목적어를 술어 앞으로 보내 목적어를 강조하고 처치의 의미를 강조합니다. '把 자문'은 '능동문'이라고도 하고 '처치문'이라고도 합니다. '把' 자문의 술어동사 뒤에는 올수 있는 기타성분으로는 처리결과를 나타내주는 보어(결과, 방향, 정도, 시량, 동량보어나 동태조사 '了', '着' 또는 중첩형식 이 올 수 있습니다. 또한, 把자문의 목적어는 화자와 청자가 이미 인식하고 있는 반드시 특정한 목적어이어야 합니다. 아래 문장을 통해 '처치문'과 '정도보어'에 대해 학습해 보도록 하겠습니다.

2004年8月18日，中国邮政正式开通特快专递(EMS)"全夜航"，27个省、自治区、直辖市的136个大中城市间的EMS邮件实现"次日递"。中国邮政把白天留给了用户，把夜晚留给了自己，提速不加价，业内人士评价说："快得不能再快了。"

中国邮政EMS是我国最早提供特快专递服务的品牌，开办20多年来发展迅速。先后引进大型货机，新辟航线，建立中国邮政自主航空快速网，改造现有业务流程，完善汽车快速网，改革作业组织，在上海至日本开通了自主航线，推出了北京、上海等主要城市国际邮件到大阪、新加坡、伦敦、巴黎等10个主要城市的"限时递""次日递"，并先后在长三角、珠三角、环渤海等区域开通"次晨达。"

❋부분 해석 해보기

1

2004年8月18日，中国邮政正式开通特快专递
2004 nián 8yuè 18rì, Zhōngguó yóuzhèng zhèngshì kāitōng tèkuài zhuāndì

"全夜航"，27个省、自治区、直辖市的136个
"Quán yèháng", 27ge shěng、 zìzhìqū、 zhíxiáshì de 136 ge

大中城市间的EMS邮件实现"次日递。"
dàzhōng chéngshì jiān de EMS yóujiàn shíxiàn "Cì rì dì"。

해석해 보기

올바른 해석

새로나온 단어

邮政	[yóu zhèng]	명 우정, 우편 행정
正式	[zhèng shì]	형 정식의, 공식의
特快	[tè kuài]	명 특별 급행열차, 특급 열차　형 특히 빠르다
特快专递	[tè kuài zhuān dì]	명 EMS
夜航	[yè háng]	명 동 야간 비행[항행](하다)
直辖市	[zhí xiá shì]	명 직할시
邮件	[yóu jiàn]	명 우편물
次日	[cì rì]	명 다음날, 이튿날, 익일
递	[dì]	동 넘겨주다, 전해주다, 건네[넘겨]주다, 건네다.

2

中国邮政把白天留给了用户，把夜晚
hōngguó yóuzhèng bǎ báitiān l iú gei le yònghù, bǎ yèwǎn

留给了自己，提速不加价，业内人士评价说
liú gei le zìjǐ, tísù bù jiā jià, yènèi rénshì píngjià shuō

"快得不能再快了。"
"Kuài de bù néng zài kuài le。"

해석해 보기

___

___

___

올바른 해석

___

___

___

새로나온 단어

白天 [bái tian] 명 낮, 대낮
留给 [liú gei] 동 (~게)남기다, 남겨주다
夜晚 [yè wǎn] 명 밤, 야간
加价 [jiā jià] 동 할증하다, 값을 올리다 명 할증가격
评价 [píng jià] 명 동 평가(하다)

구문해설

1. 정도보어

(1) 정도보어의 형식과 정의

동사나 형용사 뒤에서 동작이나 사물의 성질에 대하여 그 정도를 표시하는 성분을

정도보어라고 합니다. 정도보어는 대체로 형용사나 부사로 이루어지는데, 예제 1)과 같이 중심어 '说'와 정도보어 '很快'사이에 구조조사 "得"가 삽입되며, 부정은 아래 예제 2)처럼 정도보어 부분에 부정부사 "不"를 붙입니다. 의문문은 문장 뒤에 "吗"를 붙이거나, 보어부분을 정반 의문문화하면 되며, "得"뒤에 "怎么样"을 붙여 정도가 어떠한지를 물을 수도 있습니다.

1) 老师说得很快。　　선생님은 매우 빨리 말한다.
2) 他们打扫得不干净。　　그들은 깨끗하지 않게 청소한다.
3) 他说汉语说得流利吗？　　그는 중국어를 유창하게 말합니까?
4) 你最近过得怎么样？　　당신은 최근 어떻게 지냅니까?

(2) 정도보어의 기본문형

목적어가 있는 문장에서는 구조조사 "得"앞에서 동사를 두어야 하므로, 술어동사를 중첩시킨 후 보어성분을 붙입니다. 이때, 목적어 앞에 있던 동사는 생략이 가능합니다. 또한, 목적어를 문장 앞으로 끌어내는 방법도 있습니다.

1) 동사 + 목적어 + 동사 + "得" + 정도보어

　她说汉语说得很流利。

2) 주어 + 목적어 + 동사 + "得" + 정도보어

　我弟弟汉字写得很清楚。　　내 동생은 한자를 매우 잘 쓴다.

3) 목적어 + 주어 + 동사 + "得" + 정도보어

　这次观考试你考得怎么样？　　이번 시험은 어땠습니까?

(3) 특수한 경우의 정도보어

많이 쓰이지는 않지만, 예제 1)과 같이 부사가 정도보어로 쓰이는 경우도 있다.

1) 他最近忙得很。　　그는 최근 매우 바빴다.
2) 这个电影有意思极了。　　이 영화는 매우 재미있다.

2. '把자문'

본문 '中国邮政把白天留给了用户，把夜晚留给了自己，提速不加价，'에서 '把'는 '…을 …해버리다'라는 뜻으로 목적어를 술어 앞으로 전치시키는 역할을 합니다. 목적어를 술어 앞으로 보내 목적어를 강조하고 처치의 의미를 강조합니다. '把 자문'은 '주어가 …(목적어)를 …해버리다(처리결과)' 라는 '주어가 의지에 의해 목적어를 …하게 처치하다'라는 의미이기 때문에 '능동문'이라고도 하고 '처치문'이라고도 합니다.

(1) '把' 자문의 기본 형식

'把' 자문 자체가 처치를 강조하기 위한 문장이므로 맨몸 동사는 올 수 없고 처치의 결과와 방식을 나타내는 기타성분이 와야 합니다. '把' 자문의 술어동사 뒤에는 올수 있는 기타성분으로는 처리결과를 나타내주는 보어(결과, 방향, 정도, 시량, 동량보어)나 예제 2)과 같은 동태조사 '了', '着' 또는 예제 1)처럼 중첩형식 이 올 수 있습니다. 하지만, '把' 자문 자체가 처치를 강조하고 그 결과 어떻게 되었다는 의미를 가지기 때문에 '我把这种菜吃过'와 같이 동태조사 '过'는 쓸 수 없습니다. 또한, 把자문의 목적어 예제 3)와 같이 화자와 청자가 이미 인식하고 있는 반드시 특정한 목적어이어야 합니다.

1) 주어 + 把 + 목적어 + 동사 + 기타성분

请把你们的要求谈一谈

2) 주어 + 把 + 목적어 + 동사 + 了 / 着

我把你的电话号码忘了。　你把雨伞带着。

3) 我把那本书买到了(O)　　我把一本书买到了(X)

(2) '把' 자문의 확장 형식

'把' 자문의 술어동사 뒤에는 올수 있는 기타성분으로 처리결과를 나타내주는 보어(결과, 방향, 정도, 시량, 동량보어)나 '了', '着'와 중첩형식 등이 올 수 있다는 것을 살펴보았습니다. 하지만 본문 '把白天留给了用户，把夜晚留给了自己' 와 같이 목적어가 두 개일 경우는 아래와 같은 형식으로도 표현 할 수 있습니다.

1) 주어+把+목적어1+동사+在(到/给/成/作)+목적어2

① 请把你的名字写在这儿。 당신의 이름을 이곳에 기입해 주세요

② 请把行李送到我的房间。 짐을 제 방으로 보내주세요.

③ 我把作业交给老师了。 나는 숙제를 선생님에게 제출하였다.

④ 我把美元换成人民币了。 나는 달러를 인민폐로 바꿨다.

⑤ 父亲总把我当作小孩子。 아버지는 항상 나를 어린아이로 여기신다.

(3) '把자문' 과 '被자문'의 차이

아래 예제처럼 '把자문'은 능동적의미를 가지고 '被자문'은 수동적 의미를 가집니다.

1) 把 : 능동적 의미 他把我甩了。 그는 나를 찼다.

2) 被 : 수동적 의미 我被(他)甩了。나는 그에게 차였다.

확인학습1

1. 哎呀，我_A_手表_B_忘在_C_办公室里_D_了。 把

2. 他打算_______这十台电脑捐给山区的希望小学。

A. 将 B. 用 C. 被 D. 让

3

中国邮政EMS是我国最早提供特快专递
zhōngguó yóuzhèng EMS shì wǒguó zuì zǎo tígòng tèkuài zhuāndì

服务的品牌，开办20多年来发展迅速。
fúwù de pǐnpái, kāibàn 20 duō nián lái fāzhǎn xùnsù。

해석해 보기

______

______

______

올바른 해석

______

______

______

새로나온 단어

提供	[tí gōng]	동 제공하다
服务	[fú wù]	동 복무하다, 일하다 2.봉사하다, 서비스하다
品牌	[pǐn pái]	명 상표, 생산품
开办	[kāi bàn]	동 개업하다, 창립하다, 설립하다
发展	[fā zhǎn]	명 동 발전(하다), 확대(하다)
迅速	[xùn sù]	형 신속하다, 급속하다, 날쌔다

4

先后引进大型货机，新辟航线，建立中国
xiānhòu yǐnjìn dàxíng huòjī, xīnpì hángxiàn, jiànlì zhōngguó

邮政自主航空快速网，改造现有业务流程，
yóuzhèng zìzhǔ hángkōng kuàisùwǎng, gǎizào xiànyǒu yèwù liúchéng,

完善汽车快速网，改革作业组织，
wánshàn qìchē kuàisùwǎng, gǎigé zuòyè zǔzhī,

해석해 보기

올바른 해석

새로나온 단어

先后	[xiān hòu]	명 선후, 앞과 뒤, 먼저와 나중 부 뒤이어, 계속, 연이어, 잇따라
引进	[yǐn jìn]	동 천하다, 끌어들이다, 도입하다
货机	[huò jī]	명 화물수송기
航线	[háng xiàn]	명 (배나 비행기의) 항로, 항공로

建立	[jiàn lì]	동 1. 세우다, 설립하다 2. 맺다, 설정하다
航空	[háng kōng]	명 항공
改造	[gǎi zào]	명 동 개조하다, 개량하다, 개혁하다
现有	[xiàn yǒu]	형 현행의, 현존의
业务	[yè wù]	명 업무, 일, 실무
流程	[liú chéng]	명 (공업제품 생산에서)공정, 과정
完善	[wán shàn]	형 완전하다, 완벽하다, 나무랄 데가 없다. 동 완벽해지게 하다
组织	[zǔ zhī]	명 동 조직(하다), 구성(하다), 결성(하다)

5

在上海至日本开通了自主航线，推出了北京、
zài Shànghǎi zhì Rìběn kāitōng le zìzhǔ hángxiàn, tuīchū le běijīng、

上海等主要城市国际邮件到大阪、新加坡、
shànghǎi děng zhǔyào chéngshì guójì yóujiàn dào dàbǎn、 xīnjiāpō、

伦敦、巴黎等10个主要城市的“限时递”“次日递”，
lúndūn、 bālí děng 10 ge zhǔyào chéngshì de “xiànshídì” “cìrìdì”,

해석해 보기

___

___

___

올바른 해석

___

___

새로나온 단어

推出	[tuī chū]	동 (시장에) 신상품이나 새로운 아이디어를 내놓다 (신인을)등용하다, 추천하다, 선발하다
到	[dào]	동 도착하다. 이르다. 닿다. 당도하다.
限时	[xiàn shí]	동 시간을 (한)정하다
大阪	[dà bǎn]	명 오사카
新加坡	[xīn jiā pō]	명 싱가포르
伦敦	[lún dūn]	명 런던
巴黎	[bā lí]	명 파리

6

并先后在长三角、珠三角、环渤海等区域
bìng xiānhòu zài chángsānjiǎo、 zhūsānjiǎo、 huánbóhǎi děng qūyù

开通"次晨达。"
kāitōng "cìchéndá"

해석해 보기

올바른 해석

새로나온 단어

长三角 [cháng sān jiǎo] 명 강 삼각주 지역
珠三角 [zhū sān jiǎo] 명 주강 삼각주 지역
环渤海 [huán bó hǎi] 명 발해 주변 지역

확인학습 정답

확인학습1

1. A 2. A

10 전치사구와 숫자읽기

학습목표

전치사(介词)는 '명사 · 대사' 앞에 쓰여 동작이나 행위가 일어난 '시간, 장소, 목적, 원인, 방식, 대상, 비교' 등을 나타내는 단어이다. 전치사가 명사 · 대사와 함께 이루고 있는 구조를 전치사구조라고 합니다. 중국에서는 우리와 같이 십진법을 사용합니다. 수를 나타내는 방법은 1~99까지는 우리와 같고 100 이상은 차이가 있습니다. 아래 문장을 통해 '중국어 숫자 읽기'와 '전치사구'에 대해 학습해 보도록 하겠습니다.

目前我国每天至少上网1小时的互联网用户有近9000万人，他们利用互联网获取信息、学习科研、从事商务以及休闲娱乐。

短短10年，我国互联网用户总数仅次于美国位居全球第二。从1994年我国成功接入国际互联网，到1996年互联网空前活跃时期，再到2000年进入泡沫严冬。经历过泡沫破碎的痛苦磨砺，2003年互联网行业全面回暖，出现赢利。截至2004年6月底，我国网站数为62.7万个，上网计算机总数达3630万台，互联网国际出口总带宽达到53G，网民每个月上网消费超过78.7亿元。

❋부분 해석 해보기

1

目前我国每天至少上网1小时的互联网用户
mùqián wǒ guó měitiān zhìshǎo shàngwǎng 1 xiǎoshí de hùliánwǎng yònghù

有近9000万人，他们利用互联网获取信息、
yǒu jìn 9000 wàn rén, tāmen lìyòng hùliánwǎng huòqǔ xìnxī、

学习科研、从事商务以及休闲娱乐。
xuéxí kēyán、 cóngshì shāngwù yǐjí xiūxián yúlè。

해석해 보기

올바른 해석

새로나온 단어

至少 [zhì shǎo] 부 최소한, 적어도
上网 [shàng wǎng] 동 인터넷[네트워크]에 접속하다
小时 [xiǎo shí] 명 시간
利用 [lì yòng] 명 동 이용(하다), 활용(하다), 응용(하다)
获取 [huò qǔ] 동 얻다, 획득하다
信息 [xìn xī] 명 1. 소식, 기별, 뉴스 2. 정보
科研 [kē yán] 명 과학연구의 준말
从事 [cóng shì] 동 종사하다, 일을 하다
商务 [shāng wù] 명 상무, 상업상의 용무[사무], 상업에 관한 일
休闲 [xiū xián] 동 쉬다, 한가하게 지내다
娱乐 [yú lè] 명 오락, 즐거움

2

短短10年，我国互联网用户总数仅次于美国
duǎnduǎn 10nián, wǒ guó hùliánwǎng yònghù zǒngshù jǐn cì yú měiguó

位居全球第二。从1994年我国成功接入国际
wèi jū quánqiú dì-èr。 cóng 1994 nián wǒ guó chénggōng jiērù guójì

互联网，到1996年互联网空前活跃时期，
hùliánwǎng, dào 1996 nián hùliánwǎng kōngqián huóyuè shíqī,

再到2000年进入泡沫严冬。
zài dào 2000 nián jìnrù pàomò yándōng。

해석해 보기

올바른 해석

새로나온 단어

短短	[duǎn duǎn]	형 매우 짧다
总数	[zǒng shù]	명 총수
次于	[cì yú]	동 ~의 다음가다, ~보다 못하다
位居	[wèi jū]	동 (지위나 위치가) …에 있다. …에 위치하다. …를 차지하다.
成功	[chéng gōng]	명 동 성공(하다), 완성(하다)
空前	[kōng qián]	형 공전의, 전대미문의
活跃	[huó yuè]	동 1. 활기를 띠게 하다, 활발히 하다
进入	[jìn rù]	동 (어떤 범위 또는 시기에) 들다(진입하다)
泡沫	[pào mò]	명 포말, (물)거품
严冬	[yán dōng]	명 엄동(严冬) [몹시 추운 겨울]

구문해설

1. 전치사(介词)는 '명사·대사' 앞에 쓰여 동작이나 행위가 일어난 '시간, 장소, 목적, 원인, 방식, 대상, 비교'등을 나타내는 단어이다. 전치사가 명사·대사와 함께 이루고 있는 구조를 전치사구조라고 합니다. 본문 '从1994年我国成功接入国际互联网, 到1996年互联网空前活跃时期, 再到2000年进入泡沫严冬。'에서 '从'은 시간, 장소의 기점을 말하는데 여기서는 시간의 기점을 말합니다.

(1) 从 [전] …에서부터.

‘从’은 예제 1)과 같이 시간, 장소의 기점을 나타내는 전치사입니다. ‘从’은 예제 2)처럼 흔히 ‘起’와 어울려 ‘从…起’의 구조로 기점을 나타내기도 하고, 예제 3)과 같이 ‘到’와 어울려 ‘从 …到’의 구조로 시간 혹은 공간상의 일단 거리를 나타내기도 합니다.

1) 我昨天刚从韩国回来。 - 나는 어제 막 한국에서 돌아왔어.
2) 从现在起。 - 지금부터 시작해서.
3) 从首儿到北京。 - 서울에서 북경까지.

(2) 再 [부] 다시. 재차.

‘再’는 부사로 예제 1)처럼 ‘다시, 재차’의 의미로 아직 발생하지 않은 동작의 중복을 나타내며

예제 2)에서는 ‘…하고 나서. …한 뒤에. …한 후에’의 뜻으로 앞의 동작을 완료한 후, 이어지는 동작을 나타내는 의미로 쓰였습니다. 예제 3)에서는 ‘더 이상 …한다면’의 뜻으로 어기를 강하게 하는 작용을 하며, 대개 부정사 앞에 쓰임. 주로 ‘也’나 조사 ‘了’를 동반합니다.

1) 请您再说一遍。 다시 한 번 말씀해 주세요.
2) 咱们吃了饭再走吧。 우리 밥 먹고 가자.
3) 你再等下去就晚了。 너, 더 기다렸다가 가면 늦을 거야.

(3) 개사(介詞) ‘再 ’와 ‘又’의 비교

‘再’는 예제 1)처럼 아직 발생하지 않은 동작의 중복을 나타내며, ‘又’는 예제 2)와 같이 대개 동작이나 상황이 이미 중복되었음을 나타내며 ‘再’는 예제 3)처럼 조동사 뒤에 쓰이고, ‘又’는 예제 4)처럼 조동사 앞에 쓰입니다.

1) 再来试试。 다시 한 번 해 보자. (아직 발생하지 않은 동작의 중복)
2) 昨天很热, 今天又很热。 어제는 매우 더웠는데, 오늘도 매우 덥다.(이미 중복된 상황의 중복)

3) 我不想再去那种地方。　　그런 곳에 다신 가고 싶지 않다.

4) 明天又要下雪了。　　내일 또 눈이 내릴 것이다.

3

经历过泡沫破碎的痛苦磨砺，2003年互联网
jīnglì guo pàomò pòsuì de tòngkǔ mólì, 2003nián hùliánwǎng

行业全面回暖，出现赢利。
hángyè quánmiàn huínuǎn, chūxiàn yínglì。

해석해 보기

올바른 해석

새로나온 단어

经历	[jīng lì]	동 겪다, 경험(체험)하다
破碎	[pò suì]	동 자잘하게[산산이] 부서지다, 산산 조각내다

磨砺	[mó lì]	동 날카롭게 갈다, 연마하다
行业	[háng yè]	명 업무, 일거리, 직업
全面	[quán miàn]	명 형 전면(적이다)
回暖	[huí nuǎn]	동 1. (춥던 날씨가)따뜻해지다. 2. 따뜻한 계절이 되다, 봄이 돌아오다
出现	[chū xiàn]	동 출현하다
赢利	[yíng lì]	명 이익, 이득, 이윤 동 이윤을 얻다

4

截至2004年6月底，我国网站数为62.7万个，上网
jié zhì 2004 nián 6 yuè dǐ, wǒguó wǎngzhànshù wéi 62.7 wàn gè, shàngwǎng

计算机总数达3630万台，互联网国际出口总带宽
jì suàn jī zǒngshù dá 3630 wàn tái, hùliánwǎng guójì chūkǒu zǒng dàikuān

达到53G，网民每个月上网消费超过78.7亿元。
dá dào 53G, wǎngmín měi ge yuè shàngwǎng xiāofèi chāoguò 78.7yì yuán。

해석해 보기

___

___

___

올바른 해석

___

___

___

새로나온 단어

截至	[jié zhì]	동 (시간적으로) ~에 (까지) 이르다
网站	[wǎng zhàn]	명 사이트(site)
计算机	[jì suàn jī]	명 계산기, 컴퓨터
台	[tái]	양 대, 편, 회, 차례 [기계, 차량 따위나 연극의 공연 횟수 따위를 셈]
带宽	[dài kuān]	명 대역폭, 전송량
网民	[wǎng mín]	명 네티즌

구문해설

※중국어 숫자 읽는 법

본문에서 6月底는 6월말 이라는 뜻입니다. 초는 중순은 각각 6月初(chū) , 6月中旬(zhōng xún) 이라고 합니다. 또 '我国网站数为62.7万个'에서 소수점은 diǎn 으로 읽습니다. 즉, 62.7는 liù shí èr diǎn qī 라고 읽습니다.

1. 숫자

중국에서는 우리와 같이 십진법을 사용합니다. 수를 나타내는 방법은 1~99까지는 우리와 같고 100 이상은 차이가 있습니다.

0	1	2	3	4	5	6	7	8	9
零	一	二	三	四	五	六	七	八	九
10	11	12	20	21	30	40	50	60	70
十	十一	十二	二十	二十一	三十	四十	五十	六十	七十
80	90	100	101	200	900	999	1000	1001	10000
八十	九十	一百	一百零一	二百	九百	九百九十九	一千	一千零一	一万

2. 二 과 两

수사 중에서 '二'과 '两'은 숫자 2를 나타내지만 그 용법에 있어 차이가 있습니다. 정리하면 아래와 같습니다.

기수와 서수에서는 二 을 사용합니다.
二　　　　十二　　　　第二

개수를 표시할 때는 단위는 '两'을 사용하고 '十'단위가 되면 '二'을 사용합니다.
两个　　　　十二个　　　　二十二个

'百 단위'에서는 '二'과 '两'을 모두 쓸 수 있으며, '千단위' 이상에서는 보통 '两'을 쓰지만 실상 회화에서는 구분 없이 사용하기도 한다.

3. 一 과 零

百 단위 이상일 때는 숫자 1은 반드시 읽어야 하며 뒤쪽 단위 0은 생략할 수 있습니다. 또 수 중간의 0은 두 개 이상이라도 한 번만 읽습니다. 본문의 2004年은 两千零四年(liǎng qiān líng sì nián) 이라고 읽습니다. 즉, 중간의 0이 두 개라도 하나만 읽습니다.

10	十	11	十一				
100	一百	101	百零一				
1000	一千	1001	一千零一	1100	一千一百	1200	一千二百
10000	一万	10001	一万零一	11001	一万一千零一	12000	一万两千

4. 숫자, 돈 또는 날짜, 방 번호, 전화번호 표시방법

(1) 숫자나 돈을 말할 때

숫자나 돈을 말할 때는 '千, 百, 十'의 단위로 전부 읽어야 하며, 1100 (一千一百)과 같이 百 단위 이상일 때는 숫자 1은 반드시 읽어야 하며 뒤쪽 단위 0은 생략 할 수 있습니다. 10001 (一万零一)처럼 수의 중간에 나오는 0은 두 개 이상이라도 한 번만 읽습니다.

(2) 날짜, 방 번호, 전화번호를 말할 때

날짜, 방 번호, 전화번호를 말할 때는 한자 한자씩 읽고 단위는 없습니다. 예를 들어 407号房间은 四零七号(sì líng qī hào)라고 한자씩 읽습니다. 특히, 이 중에서 전호번호와 방 번호를 말할 때는 '一(yi)'를 'yao'로 읽어 혼동을 피합니다. 예를 들어 전화번호 765-4321 七六五四三二一(qī liù wǔ sì sān èr yao)라고 읽습니다.

확인학습1

1. 参加集会的有__________人。

A. 三万四千九百六十　　B. 三万零四千九百六十

C. 三万四千九百零六十　　D. 三万四千零九百六十

2. 这种药品的总有效率达到__________。

A. 百分之九十八点三十五　　B. 百分九十八点之三五

C. 百分九十八之三五　　D. 百分之九十八点三五

3. 중국 인터넷사이트를 검색하여 2010년 현재 中国网站数, 上网计算机总数, 网民每个月上网消费가 얼마나 되는지 검색해보세요.

확인학습 정답

확인학습1

1. A　2. D

11 진행태와 점층관계접속사

학습목표

'점층관계 접속사'는 뒷 절의 내용이 앞 절의 내용보다 한걸음 더 나아갔음을 나타내는 복문에 쓰이는 낱말을 말합니다. 진일보의 뜻을 나타내는 복문의 앞 절에 사용하는 접속사로는 '不但，不仅，不光, 尚且, 别说' 등이 있고 뒷절에 사용하는 접속사로는 而且, 又, 也, 还, 并且, 更, 甚至, 反而, 反倒 등이 있습니다. 접속사를 어떻게 사용하는냐에 따라서 앞뒤 문장의 내용이 완전히 달라질 수 있기 때문에 올바른 쓰임을 아는 것은 매우 중요합니다.

制作组认为，邓小平所留下的最大的伟业是高喊实事求是，领导中国的改革开放。黑猫白猫理论是邓小平推进改革开放的经典理论之一。此后，中国飞速发展，正在成为经济大国。此外，邓小平还运用高超的外交手段实现了香港回归。

这些对于韩国政坛具有指导意义。该片导演权赫美表示：我们为迎接邓小平诞辰100周年，从1年前就开始准备制作该节目，中国是我们必须不断地进行研究学习的对象。

❋부분 해석 해보기

1

制作组认为，邓小平所留下的最大的伟业
zhìzuòzǔ rènwéi, dèng xiǎopíng suǒ liú xià de zuì dà de wěiyè

是高喊实事求是，领导中国的改革开放。
shì gāohǎn shí shì qiú shì, lǐngdǎo zhōngguó de gǎigé kāifàng。

해석해 보기

올바른 해석

새로나온 단어

认为	[rèn wéi]	동 인정하다, 여기다. 명 생각, 견해, 의견
留	[liú]	동 머무르다, 묵다, 남기다
伟业	[wěi yè]	명 위업, 위대한 업적

高喊	[gāo hǎn]	동 큰 소리로 외치다
实事求是	[shí shì qiú shì]	실사구시 : 사실을 토대로 하여 진리를 탐구하다

2

黑猫白猫理论是邓小平推进改革开放的
hēi māo bái māo lǐlùn shì dèng xiǎopíng tuījìn gǎigé kāifàng de

经典理论之一。此后，中国飞速发展，
jīngdiǎn lǐlùn zhī yī。 cǐ hòu, zhōngguó fēisù fāzhǎn,

正在成为经济大国。
zhèng zài chéngwéi jīng jì dà guó。

해석해 보기

____

____

____

올바른 해석

____

____

____

새로나온 단어

推进	[tuī jìn]	동 추진하다[시키다]
经典	[jīng diǎn]	명 경전, 고전
理论	[lǐ lùn]	명 이론 동 의론하다, 시비를 논하다
此后	[cǐ hòu]	명 이후, 이 다음, 금후
飞速	[fēi sù]	형 나는 듯이 빠르다, 급속하다
发展	[fā zhǎn]	명 동 발전(하다), 확대(하다)
正在	[zhèng zài]	부 마침[한창](~하고 있는 중이다)
成为	[chéng wéi]	동 ~가 되다

구문해설

1. 본문 '中国飞速发展, 正在成为经济大国。'에서 '正在'는 동작의 진행을 나타내고 있는데 진행태라고 합니다. 진행태 '正在', '在', '正', '呢'는 예제 1, 2, 3)처럼 부사 '正', '在', '正在'를 붙이거나 문장 끝에 어기조사 '呢'는 단독으로 붙여서 동작의 진행을 나타냅니다. 이때 어기조사 "呢"는 단독으로 사용할 수도 있고, 예제 1)과 같이 앞의 부사 "正", "在", "正在"와 같이 사용할 수도 있습니다. 또한 부정은 예제 5)처럼 "没(有)…"를 써서 만듭니다.

1) 李老师正在讲课呢。	李 선생님은 지금 수업을 하고 있다.
2) 他在吃饭。	그는 밥을 먹고 있다.
3) 昨天我去他家的时候, 他在吃饭。	어제 내가 그의 집에 갔을 때, 그는 밥을 먹고 있었다.
4) 我没听音樂, 我在看电视。	나는 음악을 듣지 않고, TV를 보고 있다.
5) 她来的时候, 我们没有上课。	그녀가 왔을 때, 우리는 수업을 하지 않았다.

3

此外，邓小平还运用高超的外交手段实现了
cǐ wài, dèng xiǎopíng hái yùnyòng gāochāo de wàijiāo shǒuduàn shíxiàn le

香港回归。这些对于韩国政坛具有指导意义。
xiānggǎng huíguī。 zhè xiē duì yú hánguó zhèngtán jùyǒu zhǐdǎo yìyì。

해석해 보기

올바른 해석

새로나온 단어

此外	[cǐ wài]	이 밖에, 이 이외
运用	[yùn yòng]	명 동 운용(하다), 활용(하다)
高超	[gāo chāo]	형 1. (인격이)고상하다 2. 우수, 뛰어나다
外交	[wài jiāo]	명 외교
手段	[shǒu duàn]	명 1. 수단, 방법, 수법 2. 수완, 솜씨
实现	[shí xiàn]	동 실현하다, 달성하다
香港回归	[xiāng gǎng huí guī]	명 홍콩반환

政坛	[zhèng tán]	명 정계, 정치계
具有	[jù yǒu]	동 구비하다, 가지다
指导	[zhǐ dǎo]	명 동 지도[교도](하다)
意义	[yì yì]	명 1. 뜻, 의미 2. 의의, 가치, 보람

구문해설

1. '此外，邓小平还运用高超的外交手段实现了香港回归。'에서 '还'는 진일보의 뜻을 나타내는 복문의 뒷 절에 사용하는 접속사입니다. '점층관계 접속사'는 뒷 절의 내용이 앞 절의 내용보다 한걸음 더 나아갔음을 나타내는 복문에 쓰이는 낱말을 말합니다. 진일보의 뜻을 나타내는 복문의 앞 절에 사용하는 접속사로는 '不但，不仅，不光, 尚且, 别说' 등이 있고 뒷절에 사용하는 접속사로는 而且, 又, 也, 还, 并且, 更, 甚至, 反而, 反倒 등이 있습니다. 아래는 대표적인 '점층관계 접속사'입니다. 함께 익혀두면 중국어 실력향상에 많은 도움이 될 것입니다.

1) 不但(不仅 / 不光 / 不只 / 不单 / 不仅仅)~而且(并且 / 甚至 / 还 / 也)
~뿐만 아니라, 게다가~

他不但会说汉语，而且说得很好。
그는 중국어를 할 수 있을 뿐만 아니라, 매우 잘한다.

2) 不但(不仅) + 부정(不，没)~反而(反倒 / 相反 / 还)~
~하지 않을 뿐 아니라, 오히려~

妈妈收到礼物不但不高兴，反而说我乱花钱。
엄마는 선물을 받으시고 기뻐하지 않으셨을 뿐 아니라 오히려 내가 돈을 막 쓴다고 하셨다.

3) 连~都(也)~ ~조차도

那个学校连图书馆都没有。
그 학교에는 도서관조차도 없다.

4) 连~都(也)~，别说(更不用说)~了　　~조차도 ~한데, ~는 말할 필요도 없다

连北方都这么热，别说南方了。
북방조차도 이렇게 더운데 남방은 말할 것도 없다.

5) 连~都(也)~，何况~呢?　　~조차도 ~한데 하물며 ~는?

坐那么长时间的飞机，连大人都觉得累，何况孩子呢?
그렇게 오랜 시간 비행기를 타면 어른도 지루하고 힘든데 하물며 아이는 말할 것도 없다.

6) 别说(不用说)~，连 ~ 都(也)~　　~는 말할 것도 없다, ~조차도 ~한데~

别说高中生了，连小学生也明白这个道理。
중고생은 말 할것도 없다. 초등학생도 이정도 이치는 알고 있다.

7) 尚且~何况~　　~조차도 ~인데, 하물며

这个语法问题，中国人尚且都解释不清楚，何况外国人呢?
이 어법문제는 중국인들도 잘 설명할 수 없는데 하물며 외국인은?

8) ~，甚至~　　~하고, 심지어~까지 한다

他从中国回来，汉语水平一点儿没进步，甚至还退步了。
그는 중국에서 돌아왔지만 중국어실력이 조금도 늘지 않고 심지어 퇴보하였다.

4

该片导演权赫美表示：我们为迎接邓小平诞辰
gāi piàn dǎoyǎn quán hè měi biǎoshì： wǒ men wèi yíngjiē dèng xiǎopíng dànchén

100周年，从1年前就开始准备制作该节目，
100 zhōu nián, cóng 1nián qián jiù kāishǐ zhǔnbèi zhìzuò gāi jiémù,

中国是我们必须不断地进行研究学习的对象。
zhōngguó shì wǒmen bìxū bùduàn de jìnxíng yánjiù xuéxí de duìxiàng。

해석해 보기

올바른 해석

새로나온 단어

导演	[dǎo yǎn]	동 연출하다, 감독하다, 안무하다. 명 연출자 감독. 안무
表示	[biǎo shì]	동 가리키다, 의미하다, 지시하다
迎接	[yíng jiē]	동 1. 영접하다, 맞이하다, 출영하다 2. (일을)맞이하다
开始	[kāi shǐ]	동 개시하다, 시작하다, 착수하다. 명 시작(의 단계), 처음

准备	[zhǔn bèi]	동 준비하다. 조동 ~하려고 하다,~할 작정이다
制作	[zhì zuò]	동 제작하다, 제조하다, 만들다
节目	[jié mù]	명 종목, 프로그램, 항목, 레퍼토리
必须	[bì xū]	부 반드시, 꼭, 기필코
不断	[bù duàn]	부 끊임없이, 부단히, 늘
进行	[jìn xíng]	동 1. 진행하다 2. 전진하다
研究	[yán jiū]	명 1. 연구(하다) 2. 논의, 검토, 고려(하다)
对象	[duì xiàng]	명 1.대상 2.애인, 결혼의 상대

구문해설

1. '该片导演权赫美表示'에서 '该'는 예제 4)처럼 '조동사'가 아닌 '대사'로 '이, 그'의 뜻으로 쓰였습니다. 일반적으로 조동사를 처음 배울 때 예제 1)과 같이 '该'는 '마땅히 …해야 한다.'의 의미를 접하게 됩니다. 하지만, 구어체에서 예제 2)처럼 '틀림없이…하다.'의 의미로 사리나 경험에 따라 필연적이거나 있을 수 있는 결과를 추측하는 것을 나타내기도 합니다. 또 예제 3)과 같이 '마땅히…의 차례다.'의 뜻으로도 자주 사용됩니다.

1) 都十点了，我该走了。	벌써 열 시네. 가야겠군.
2) 你女儿今年该上学了吧。	네 딸이 올해 입학했지.
3) 今天该你做饭。	오늘은 네가 밥할 차례다.
4) 该城市位于江苏北部。	이 도시는 장쑤성 북부에 위치하고 있다.

III

부 록

1. Click 인터넷 중국어(연습문제)
2. 본문 전체 해석
3. 주요 중문 인터넷 용어
4. 원문읽기와 심화학습

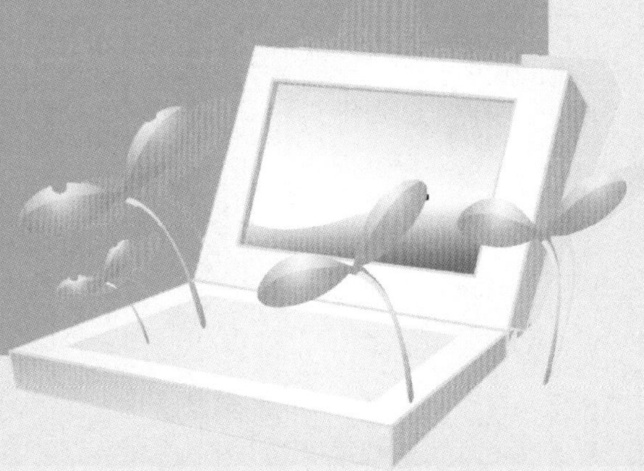

1 Click 인터넷 중국어(연습문제)

01 연습문제

※아래 내용을 Word문서에서 작성해 보세요.

A : 여보세요. 하이얼 전자입니다.

(   )

wèi！ nín hǎo，zhèlǐ shì hǎi ěr gōngsī。

B : 안녕하세요. 마케팅부 천팀장님 좀 부탁드립니다.

(   )

nín hǎo，qǐng bāng wǒ zhǎo yī xià shìcháng yíngxiāobù chén jīnglǐ。

A : 실례지만 누구시죠?(어디시죠?)

(   )

qǐng wèn，nín shì nǎ wèi？

B : 저는 삼성전자의 이영남이라고합니다.

(   )

wǒ shì sānxīng gōngsī de lǐ yīng nán。

A : 잠시만 기다려 주세요.

(   )

qǐng shāo děng。

02 연습문제

※아래 내용을 Word문서에서 작성해 보세요.

A : 오늘 저녁에 시간 있으신가요?
( )
nǐ jīntiān wǎnshang yǒu shíjiān ma ?

B : 무슨 일 있으세요?
( )
nǐ yǒu shénme shì ma ?

A : 네, 당신과 이야기를 했으면 하는 일이 있어서요.
( )
shì de, yǒu jiàn shì xiǎng gēn nǐ tán tán。

B : 시간이 얼마나 걸릴 거 같으세요?
( )
dàgài xūyào duōcháng shíjiān ?

A : 30분이면 충분합니다.
( )
30 fēn zhōng zuǒyòu jiù kěyǐ。

B : 좋습니다. 저녁 5시에 뵙도록 하지요
( )
nà hǎo, wǒ 5diǎn zhōng zài gōngsī děng nǐ。

A : 예, 그 때 뵙도록 하지요.
( )
hǎo de, dào shí jiàn !

03 연습문제

※아래 한어병음과 성조에 해당하는 중문문장을 아래한글 문서로 작성해 보세요.

한어병음 : nǐ zài nǎr?
너 어디야?
원 문 : ( )

한어병음 : wǒ zài xuéxiào。 nǐ ne?
나 학교야. 너는?
원 문 : ( )

한어병음 : wǒ zài jiā。nǐ zài xuéxiào gàn shénme?
난 집이야. 너 학교에서 뭐해?
원 문 : ( )

한어병음 : wǒ zài túshūguǎn kàn shū。
나 도서관에서 책 보고 있어.
원 문 : ( )

한어병음 : nǐ dúshū hǎo yònggōng a!
너 진짜 열심히 공부하는구나!
원 문 : ( )

04 연습문제

※아래 문장의 빈 칸을 채우고 한어병음과 성조를 달아보자.

원 문 : 今天 ____ 月 ____号?
해 석 : 오늘이 몇 월 며칠이지?

원 문 : 今天____ ____ ____号。
해 석 : 오늘은 9월 2일이야.

원 문 : 明天_____ _____ _____?
해 석 : 내일 너 바쁘니?

원 문 : _____ _____我不忙。
해 석 : 내일 바쁘지 않아.

원 문 : 明天我们 _____ _____ 电影, _____ _____ _____?
해 석 : 내일 우리 영화 보러 갈까?

원 문 : 明天 _____ _____, 我 _____ _____ _____累?
해 석 : 내일은 안 되겠어. 내가 조금 피곤해.

05 연습문제

※아래 문장의 한어병음과 성조를 달아보자.

원　　문 : 你有几个兄弟姐妹？
너의 가족은 몇 명이니?
한어 병음 : (　　　　　　　　　　　　　　　　　　　　)

원　　문 : 我有三个兄弟姐妹。
나는 세 명의 형제가 있어.
한어 병음 : (　　　　　　　　　　　　　　　　　　　　)

원　　문 : 你呢？
너는?
한어 병음 : (　　　　　　　　　　　　　　　　　　　　)

원　　문 : 我没有兄弟姐妹，我是独生子。
나는 형제가 없어. 외아들이야.
한어 병음 : (　　　　　　　　　　　　　　　　　　　　)

06 연습문제

※아래 문장의 한어병음과 성조를 달아보자.

원　　문 : 请问？ 邮局在哪儿？
실례합니다. 우체국이 어디에 있죠?
한어 병음 : (　　　　　　　　　　　　　　　　　　)

원　　문 : 在银行对面。
은행 맞은편에 있어요.
한어 병음 : (　　　　　　　　　　　　　　　　　　)

원　　문 : 怎么走？
어떻게 가나요?
한어 병음 : (　　　　　　　　　　　　　　　　　　)

원　　문 : 一直走，到十字路口往右拐?
쭉 직진하다, 교차로에서 좌회전하세요.
한어 병음 : (　　　　　　　　　　　　　　　　　　)

07 연습문제

※아래 문장의 한어병음과 성조를 달고 해석해 보시오.

원　　문 : 明天几号？
한어 병음 : (　　　　　　　　　　　　　　　　　　　　　　)
해　　석 : (　　　　　　　　　　　　　　　　　　　　　　)

원　　문 : 二十五号。
한어 병음 : (　　　　　　　　　　　　　　　　　　　　　　)
해　　석 : (　　　　　　　　　　　　　　　　　　　　　　)

원　　문 : 明天星期几？
한어 병음 : (　　　　　　　　　　　　　　　　　　　　　　)
해　　석 : (　　　　　　　　　　　　　　　　　　　　　　)

원　　문 : 星期四。
한어 병음 : (　　　　　　　　　　　　　　　　　　　　　　)
해　　석 : (　　　　　　　　　　　　　　　　　　　　　　)

원　　문 : 二十八号是星期六吗？
한어 병음 : (　　　　　　　　　　　　　　　　　　　　　　)
해　　석 : (　　　　　　　　　　　　　　　　　　　　　　)

원　　문 : 不是星期六，是星期天。
한어 병음 : (　　　　　　　　　　　　　　　　　　　　　　)
해　　석 : (　　　　　　　　　　　　　　　　　　　　　　)

08 연습문제

※(　　) 괄호 안에 병음과 성조를 표기해 보세요.

천　밍 : 오시느라 수고 많으셨습니다. 피곤하시죠?
陈　明 : 一路上辛苦了，坐飞机很累吧？
(　　　　　　　　　　　　　　　　　　　　　　　　)

이영남 : 그다지 피곤하지 않아요. 괜찮습니다.
李英南 : 还可以，没那么累。
(　　　　　　　　　　　　　　　　　　　　　　　　)

천　밍 : 비행기에서 내리니까 상해날씨가 굉장히 덥지요.
陈　明 : 一下飞机觉得上海的天气很热吧？
(　　　　　　　　　　　　　　　　　　　　　　　　)

이영남 : 그러네요. 한국보다 많이 덥네요. 비행장을 다시 보수공사 한 거 같아요, 저 번에 왔을 때랑 약간 달라진 거 같네요.
李英南 : 是的。比韩国热很多。
机场好像重新修建过了，跟上次来的时候有些不一样。
(　　　　　　　　　　　　　　　　　　　　　　　　)

천　밍 : 맞습니다. 어떤가요?.
陈　明 : 是的。怎么样？
(　　　　　　　　　　　　　　　　　　　　　　　　)

이영남 : 정말 보기 좋은데요
李英南 : 很漂亮。.
(　　　　　　　　　　　　　　　　　　　　　　　　)

09 연습문제

※ 혼글 한글해석에 해당하는 한어병음과 성조를 기입하고 중문문장을 Word문서로 작성해봅시다.

샤오핑 이번 주 토요일에 뭐 하니?

중　문 : (　　　　　　　　　　　　　　　　　　　　　　　　　　　　)

한어병음 : (　　　　　　　　　　　　　　　　　　　　　　　　　　　)

난 별일 없어.

중　문 : (　　　　　　　　　　　　　　　　　　　　　　　　　　　　)

한어병음 : (　　　　　　　　　　　　　　　　　　　　　　　　　　　)

그럼, 우리집에 와서 같이 밥먹자?

중　문 : (　　　　　　　　　　　　　　　　　　　　　　　　　　　　)

한어병음 : (　　　　　　　　　　　　　　　　　　　　　　　　　　　)

왜? 그날이 무슨 날인데?

중　문 : (　　　　　　　　　　　　　　　　　　　　　　　　　　　　)

한어병음 : (　　　　　　　　　　　　　　　　　　　　　　　　　　　)

그날이 내 생일이야.

중　문 : (　　　　　　　　　　　　　　　　　　　　　　　　　　　　)

한어병음 : (　　　　　　　　　　　　　　　　　　　　　　　　　　　)

10 중국어 E-mail 보내기

※아래 내용을 입력하고 여러 형태의 메일로 보내보세요.

中国00大学 外事处：

21世纪被称为亚洲的世纪，亚洲国家在世界舞台上扮演着越来越重要的角色。在此背景下，韩中关系在政治、经济、外交、文化等各方面日益密切。

随着两国关系的迅速发展，为了增进两国的友谊，加强各方面的交流与合作，更好地发挥我们的力量和专业知识，我们准备创办韩国留中协会。

本协会的创办大会将于2005年4月9日下午5点在韩国首尔市新罗饭店举行。届时，中国大使、韩国教育副总理等各界人士将前往参加。为了本次大会圆满成功，我们希望得到母校的鼓励与支持。

此致

敬礼！

韩国00协会筹备委员会　　　　　年　　月　　日

2 본문 전체 해석

제2과
본문 전체 해석

〈청소년이 왜 부모를 존경하지 않는지 부모는 자신에게서 이유를 찾아야한다〉

미성년자의 성장 환경에서 성인은 사실 상당히 중요한 역할을 한다.

한 국제기구가 전 세계적으로 청소년들에게 자신이 존경하는 인물들을 열거하도록 하는 조사를 했다. 그 결과 대부분 국가의 청소년들이 자신의 부모를 비교적 앞쪽서열에 두거나 심지어는 1위에 두기도 했는데, 유독 중국의 청소년은 자신의 부모를 제일 후위에 두었다.

만약 이 조사 결과가 일정수준 실제 상황을 반영한다면, 우리의 청소년들이 왜 부모를 그다지 존경하지 않는 지에 대해 깊이 생각해 보아야 하지 않을까?

제3과
본문 전체 해석

부모 된 자로서 만약 행동거지가 바르지 못하고 언행이 단정치 않다면, 이는 곧바로 자녀의 마음속에 자리 잡은 자신의 형상에 영향을 미치는 것이다. 이러한 상황에서, 아이들이 부모를 존경하지 않는다고 해도 이상할 것도 없다.

부모 된 자로서 행함이 올바르지 못하다면 미성년자는 그들의 모든 행위를 인정하지 않을 것이고 더 나아가 존경하지도 않을 것이다. 이는 적어도 미성년자가 아직은 비교적 정확한 가치판단기준을 지니고 있음을 말해준다. 어떤 면에서 보자면, 이 또한 다행스러운 일일 것이다.

정확히 말해서, 미성년자의 사상 및 도덕관념의 형성을 강화하고 개선하는 것은 주로 어른들의 몫이라 하겠다. 특히, 부모의 역할을 담당하는 이들은 자신 스스로가 먼저 작은 것부터 고려하고, 사소한 것부터 행해나가고 말과 행동으로 모범을 보여 실제 행동으로서 미성년자의 성장환경을 정화해야 한다. 성인 자신의 모습이 바로 세워질 때에 미성년자의 마음속에 그려진 형상이 비로써 숭고해질 수 있는 것이다.

제4과
본문 전체 해석

씨아오쮼(君)은 저보다 14살 어렸는데 그 해에 겨우 20살로, 무용하는 아가씨였습니다. 처음엔 예쁜 외모와 성격이 워낙 온화해서 같이 있으면 우리의 대화는 언제나 끝날 줄 몰랐습니다.

솔직히 말하면 그녀를 사랑하게 되었을 땐, 전혀 내 자신의 처지를 생각할 겨를이 없었고 뒷일 또한 그렇게 골치 아플 줄은 몰랐습니다.

제 마누라가 이 일에 대해서 어떻게 알아차렸는지는 모르겠지만 마누라는 제게 직접 말하지 않고 항상 애가 저와 같이 다니게 했습니다.

명절이 가까워지기만 하면 마누라는 날 끌고 친척집과 전엔 별로 가지도 않던 친구들 집엘 이곳저곳 끌고 다니고 지금까지도 마누라는 절 끌고 다니고 있습니다.

제5과
본문 전체 해석

어쨌든 제가 애를 데리고 군을 만날 수는 없잖아요? 어쩔 수 없이 샤오쮠에게 일이 너무 바쁘다고 말할 수밖에 없었습니다.

샤오쥔은 처음엔 이해했으나 나중에는 못 참겠던 지 전화를 걸어 하늘이 무너지듯 울면서 제가 자기를 사랑하지 않으며, 자기를 속였다는 겁니다.

사실 전 샤오쥔이 학교에 응시할 수 있게 몰래 샤오쥔을 위해 저금도 했습니다. 통장명의도 샤오쥔의 이름으로 되어있었고요.

나중에 마누라가 그 통장을 발견하게 됐고 저흰 심하게 다툼을 하게 되었고 속이 무척 상했습니다.

이런 일들을 샤오쥔이 어떻게 알겠습니까! 샤오쥔은 저더러 이혼을 하라고 하는데 전 이혼을 하고 싶지 않은 게 아니라 이혼을 하기엔 현실적인 문제가 너무 많습니다.

애는 어떡하죠? 직장동료들은 절 어떻게 볼까요? 우리 집은 예전부터 회사에서"모범가정" 인데, 아버지, 어머니, 장인어른, 장모님 모두 절 용서하지 않을 것이고 친한 친구들은 더 말할 필요도 없을 거 아닙니까!

게다가 이제 막 일의 성과가 나기 시작해 연구실 부주임이 됐는데 이렇게 한바탕 소란이 나면 일에도 큰 영향을 받을 겁니다. 이혼만 생각하면 정말이지 머리가 터질 것 같습니다.

제6과
본문 전체 해석

결혼이라는 관점에서 보면 이혼은 이혼을 원했든 원하지 않았든지 간에 당사자들 모두에게 있어 매우 커다란 타격입니다. 바람을 피운 사실이 들키거나 혹은 바람을 피운 상대방이 결혼을 요구할 정도로 상황이 발전되었을 때, 이혼과 재혼 이라는 문제가 바람을 피던 당사자 앞에 갑작스럽게 나타나게 될 것입니다.

이 때 그들 내면의 모순은 아주 강렬하게 충돌하게 될 것이고 심지어는 몇몇 사람들은 견딜 수 없이 고통스러울 수도 있습니다.

사회도덕, 사회여론, 사회책임과 가정의무 등 요인들의 강한 작용으로 인해 이혼자체가 당사자와 자녀 밑 기타 가정구성원의 마음에 부정적인 영향을 끼치고 심지어는 심각한 상처를 주기도 합니다. 그래서 선택에 직면하게 될 때, 그들은 아마도 철썩 같던 약속을 저버리고, 상대적으로 안전하면서도 따사로운 아내의 품으로 되돌아갈 가능성이 큰 것 입니다.

제7과
본문 전체 해석

인근에 사는 허우할머니는 할머니가 오전 9시 손자를 유치원에 바래다주러 왔을 때, 할머니를 맞이한 것은 선생님이 아니라 뜻밖에도 폴리스라인이었고"유치원에서 살인사건이 일어났다는 말을 듣자마자, 혹시 "그 녀"이 아닐까 걱정했다."고 증언하였다.

허우할머니가 말한 "그 녀"는 바로 피해자 허선생님이었고 이런 예감을 했던 것은 그녀가 자주 야간 당직을 했었기 때문이었다. 허우할머니는 허선생님은 40여 세로 유치원이 생긴 당시부터 지금까지 벌써 10여 년간 근무했다고 한다.

허선생님은 키가 큰 편이 아니고, 피부는 약간 검으며, 아이들에게 아주 상냥하게 대해주어서, 허우할머니의 2살 넘은 손자가 유치원에 들어 간지 겨우 2~3달 만에, 허선생님과 아주 친한 사이가 되었다며, 허선생님의 핸드폰에 전화를 걸었다.

수화기에서는 한 젊은 여자의 목소리가 들려왔고, 허우할머니의 신원을 확인한후 허선생님 아들의 여자친구라고 자신을 소개한 여자는 "할머니, 우리 아주머니는 이미 돌아 가셨어요."라고 말했다.

허우할머니는 허선생님의 죽음에 대해 안타까워하며, "허선생님이 돌아가셨으니 아이에게 뭐라 말할꼬..."라며 자신의 손자에게 허선생님의 죽음을 어떻게 설명해야 좋을지 몰라 했다.

제8과
본문 전체 해석

고객의 귀를 물어뜯은 순이구의 수퍼마켓 사장 하모씨가 어제 현지경찰에 의해 형사구류되었다. 30세 가량의 하모씨는 랴오닝사람으로 아내와 순이구의 허우사위 촌에서 수퍼마켓을 운영하고 있다.

사건발생 후 하모씨는 그저께 저녁 그가 슈퍼마켓 옆의 침실에서 딸을 달래 재우고 있는데 갑자기 아내와 다른 사람 간에 말다툼이 발생한 걸 듣게 되었고, 그 후, 아내는 하모씨에게 방금 남자 몇 명이 생수를 사러 와선 여섯 병을 사면서 강제로 덤으로 한 병을 더 달라고 요구해서 말다툼을 하게 됐다고 전했고. 생수를 사러왔던 남자가 다시 컵라면을 사러 슈퍼에 와선 그 중 한 남자가 하모씨에게 욕을 뱉었고 하모씨는 바로 손을 뻗어 그 남자에게 주먹을 휘둘러서 쌍방은 뒤엉켜 싸우게 되었다고 하였다.

충돌 간에 하모씨는 상대방의 몸을 움켜잡고 있는 힘을 다해 그 남자의 오른쪽 귀를 깨물었고, 상대방이 하씨의 두손을 잡아당기며“아이고 내 귀 떨어졌네”라고 날카롭게 비명을 지르고서야 비로소 하씨는 자신의 입에 귀를 한 쪽 물고 있는 걸 의식하게 되었다고 경찰 측에 진술하였다.

사건발생 후, 수퍼마켓의 다른 고객이 신속하게 경찰에 신고하였고, 허우사위촌 파출소 방범 띵샤오밍은 그들이 현장에 도착한 후 바로 부상자를 병원으로 호송해 치료받게 하였고, 수퍼마켓 하모씨를 제압하였다고 하였다고 말했다.

어제, 하모씨는 고의상해죄 혐의로 형사구류되었다.

제9과
본문 전체 해석

<우편 부문> “야간 항공운송” 속달 우편의 역사를 뛰어넘다

2004년 8월 18일 중국 우정국은 ‘특급 우편(EMS) 야간 항공 운송 서비스’를 정식으로 실시했다. 이에 27개의 성, 자치구, 직할시 내 136개의 크고 작은 도시 간에 EMS

우편물의 익일 수취가 가능해졌다. 중국 우정국은 낮에는 고객들에게 서비스 신청을 받아 야간에 발송하며, 빨라진 속도에 따른 추가 요금은 부과되지 않는다. 이에 대해 한 관계자는 '이보다 더 빠를 수는 없다'고 평가했다.

중국 EMS는 중국 최초로 특급우편업무를 제공했던 서비스의 명칭이며 지난 20여 년 동안 빠르게 발전해왔다. 그동안 EMS는 연이어 대형화물기 도입, 신항로 개척, 중국 우정국 자체 고속항송망 건립, 현행업무과정 개선, 자동차 고속망 정비, 작업조직 개혁 등을 실행하였다. 또한 상하이와 일본 간의 자체 노선을 개통하고, 베이징 · 상하이 등 주요 도시의 국제 우편물이 오사카, 싱가포르, 런던, 파리 등 세계 10개 주요 도시에 '기한 내 수취', '익일 수취'가 가능하도록 하였다. 이어 장강 삼각주 지역, 주강 삼각주 지역, 발해 주변 지역에도 '익일 도착' 노선을 개통하였다.

제10과
본문 전체 해석

〈인터넷 부문〉 근 9천만 명이 업무에서 일상생활에 이르기까지 인터넷에 의존

현재 중국에서 매일 최소 1시간 이상 인터넷을 이용하는 인구는 거의 9천만 명에 이른다. 그들은 인터넷을 통해서 뉴스, 학습 연구 자료, 업무 처리 및 여가 오락에 관한 다양한 정보를 얻고 있다.

10년이라는 짧은 기간 동안 중국의 인터넷 이용자수는 미국에 이어 세계 2위인 대국이 되었다. 1994년 중국은 인터넷을 성공적으로 상용화한 이후, 1996년 인터넷 시장은 최고의 전성기를 누렸으나, 2000년에 와서는 인터넷 버블로 인해 극도로 침체되었다.

인터넷 버블이 붕괴되는 고통스럼 과정을 거치면서 2003년 인터넷 시장은 다시 활기를 띠기 시작했고, 이윤이 발생하였다. 2004년 6월 말 현재, 중국의 총 싸이트 수는 62만 7천 개에 이르며 인터넷 가능 컴퓨터는 총 3630만 대에 달한다. 또한 세계 각

국에 접속하는 인터넷 정보량은 53기가까지 늘어났으며, 네티즌들이 매월 인터넷에 접속하여 소비하는 비용이 78억 7천만 위엔을 넘어섰다.

제11과
본문 전체 해석

〈한국 방송국 등소평 탄생 100주년 맞이 등소평 일생에 관한 다큐멘터리 방송 예정〉

제작진은 등소평이 남긴 가장 위대한 업적은 실사구시의 정신을 제창하고, 중국의 개혁개방을 이끈 것 이라고 평가하였다.

등소평의 흑묘백묘 이론은 등소평의 개혁개방 추진의 대표적 이론 중 하나이며, 그의 이러한 정신으로 중국은 매우 빠른 속도로 발전하고 있으며 경제대국으로 가고 있다고 하였다.

이밖에도 등소평은 뛰어난 외교수단으로 홍콩반환을 이루어 내었는데, 이러한 점들이 한국 정계에 시사하는 의미는 적지 않다고 덧붙였다.

본 다큐멘터리 제작자 권혁미 PD는 등소평 탄생 100주년을 맞이하여 1년 전부터 본 프로그램을 준비해왔으며, 중국은 우리가 반드시 지속적으로 연구하고 공부해야 할 대상이라고 하였다.

3 주요 중문 인터넷 용어

주요 인터넷 용어 1		
중문 용어	한어병음	한글 용어
1. 因特网/互联网	yīn tè wǎng	인터넷
2. 宽带网	kuān dài wǎng	초고속 통신망
3. 网络	wǎng luò	Network
4. 移动网	yí dòng wǎng	Mobile Network
5. 局域网	jú yù wǎng	LAN
6. 广域网	guǎng yù wǎng	WAN
7. ADSL宽带网	ADSL kuān dài wǎng	ADSL
8. 小区宽带网	xiǎo qū kuān dài wǎng	LAN
9. 有线宽带网	yǒu xiàn kuān dài wǎng	Cable Modem
10. 电力线宽带网	diàn lì xiàn kuān dài wǎng	PLC
11. 线路	xiàn lù	회선
12. 服务器	fú wù qì	Server
13. 防火墙	fáng huǒ qiáng	Firewall
14. 网络游戏	wǎng luò yóu xì	인터넷 게임
15. 聊天室	liáo tiān shì	채팅방
16. 上网	shàng wǎng	인터넷 접속
17. 网友	wǎng yǒu	채팅 친구
18. 电子邮件	diàn zǐ yóu jiàn	E-mail
19. 信箱	xìn xiāng	메일Box
20. 搜索	sōu suǒ	검색하다
21. 用户名	yòng hù míng	ID
22. 密码	mìmǎ	비밀번호
23. 垃圾邮件	lājīyóujiàn	스팸 메일

주요 인터넷 용어 1		
중문 용어	한어병음	한글 용어
24. 乱码	luàmǎ	깨진 글자
25. 压缩文件	yāsuōwénjiàn	압축파일
26. 解压	jiěyā	압축을 풀다
27. 病毒	bìng dú	바이러스
28. 杀毒软件	shādú ruǎnjiàn	백신프로그램
29. 复制	fùzhì	복사
30. 附件	fùjiàn	첨부 파일
31. 电子商务	diàn zǐ shāng wù	전자상거래
32. 电子货币	diàn zǐ huò bì	사이버머니
33. 登陆	dēng lu	로그인
34. 退出	tuì chū	로그오프
35. 帮助	bāng zhù	Help
36. 网站地图/导航	wǎng zhàn dì tú/dǎo háng	Site Map
37. 公告板	gōng gào bǎn	BBS
38. 论坛	lùn tán	포럼(Forum)
39. 站长	zhàn zhǎng	웹마스터(Web Master)
40. 黑客	hēikè	해커
41. 转载	zhuǎn zǎi	퍼옴
42. 上网	shàng wǎng	인터넷 접속하다
43. 网吧	wǎng bā	PC방
44. 网聊	wǎng liáo	온라인채팅
45. 88	bā bā	bye-bye
46. 886	bā bā liù	나 나간다
47. 共享	gòng xiǎng	공유
48. 专享	zhuān xiǎng	전용
49. 专线	zhuān xiàn	전용선
50. 下载	xià zài	Download
51. 上传	shàng chuán	Upload
52. 频道	pín dào	채널
53. 图标	tú biāo	아이콘
54. 网址	wǎng zhǐ	URL
55. 主机租用	zhǔ jī zū yòng	Server Hosting

주요 인터넷 용어 1		
중문 용어	한어병음	한글 용어
56. 域名	yù míng	도메인
57. 注册	zhù cè	등록
58. 注销	zhù xiāo	탈퇴
59. 编码	biān mǎ	Incoding
60. 解码	jiě mǎ	Decoding
61. 程序缺陷	chéng xù quē xiàn	Bug
62. 更新	gēng xīn	Update
63. 短信	duǎn xìn	문자(보내기)
64. 找回密码	zhǎo huí mì mǎ	ID 찾기
65. 跳蚤市场	tiào zǎo shì cháng	벼룩시장
66. 个人主页	gè rén zhǔ yè	개인 홈페이지
67. 点击	diǎn jī	클릭
68. 删除	shān chú	삭제(하다)
69. 访问记数	fǎng wèn jì shù	방문횟수
70. 常见问题	cháng jiàn wèn tí	자주 접하는 문제

주요 중문 컴퓨터 용어 편

주요 인터넷 용어 1		
중문 용어	한어병음	한글 용어
1. 系统	xì tǒng	System
2. 操作系统	cāo zuò xì tǒng	OS
3. 安装	ān zhuāng	Install
4. 初始化	chū shǐ huà	초기화
5. 网卡	wǎng kǎ	Lan Card
6. 备份	bèi fèn	Backup
7. 端口	duān kǒu	Port
8. 数据库	shù jù kù	DB
9. 应用软件	yìng yòng ruǎn jiàn	응용 프로그램
10. 程序	chéng xù	Program

주요 인터넷 용어 1		
중문 용어	한어병음	한글 용어
11. 版本	bǎn běn	Version
12. 重新启动	chóng xīn qǐ dòng	재부팅
13. 测试	cè shì	테스트
14. 维修	wéi xiū	유지보수
15. 传输	chuán shū	(데이터의) 전달
16. 输入	shū rù	입력
17. 输出	shū chū	출력
18. 红外线	hóng wài xiàn	적외선
19. 显示器	xiǎn shì qì	모니터
20. 液晶显示器	yè jīng xiǎn shì qì	LCD 모니터
21. 键盘	jiàn pán	키보드
22. 鼠标	shǔ biāo	마우스
23. 激光打印机	jī guāng dǎ yìn jī	레이저프린터
24. 喷墨打印机	pēn mò dǎ yìn jī	잉크프린터
25. 扫描仪	sǎo miáo yí	스캐너
26. 硬盘	yìng pán	하드디스크
27. 软盘	ruǎn pán	플로피디스크
28. 光盘	guāng pán	CD롬
29. 刻录机	kè lù jī	CD-RW
30. 格式化	gé shì huà	포멧하다
31. 奔腾	Bēn téng	펜티엄
32. 英特尔	Yīng tè'ěr	인텔
33. 交换机	iāo huàn jī	교환기
34. 基站	jī zhàn	기지국
35. 终端设备	zhōng duān shè bèi	단말기
36. 内存	nèi cún	메모리
37. 显卡	xiǎn qiǎ	Video card
38. 声卡	shēng kǎ	Sound card
39. 主板	zhǔ bǎn	메인보드
40. 移动硬盘	yí dòng yìng pán	외장하드

4 원문읽기와 심화학습

1, 2과

青少年为何不崇拜父母 父母要从自身找原因

人民日报消息：在香港住了几年，回到北京后，有朋友问我回来是否“适应”。笔者的回答是适应，在香港反倒不怎么适应。

然而，回来后也确有“看不顺眼”的地方。比如坐地铁的时候，总看到不少人买票时不排队，人并不多，却挤成一堆；列车到站，又挤成一堆，下不来、上不去。特别是常看到有的父母一进车厢，便忙着抢座位，然后让给自己年纪已经不小的孩子；有的甚至不惜从已坐下的乘客中间挤出位子让孩子坐，可见到老人和孕妇的时候，这些父母和孩子常常装着看不见。

这些现象，令人忧虑。在未成年人思想道德建设中，学校、家庭、社会是三个重要环节。撇开学校的教育不说，家庭其实是未成年人的第一课堂，家长不仅要切实担负起教育的责任，不能只育不教，而且要不断提高自身的思想道德素质，为孩子做出榜样和表率，使孩子受到良好的品德熏陶。社会更是大课堂，每一个成年人都不能忽视自己对未成年人的道德示范和影响作用，时时处处注意自己的言行举止。

还是以坐地铁为例。大家都在挤，都在奋勇争先、生怕吃亏。这样的一种氛围，给未成年人的示范，可能就是教他们“在狼群里要学狼叫”。做父母的也许在“老吾老”、“幼吾幼”上做得还行，可在“以及人之老”、“以及人之幼”上做得不够。未成年人 想到的可能就只有“人人为我”，而且心安理得。

在未成年人的成长环境中，成年人其实是个相当关键的因素。

有国际机构曾在世界范围内做过一项调查，让青少年列出自己崇拜的人。结果，绝大部分国家的青少年都把自己的父母列在比较靠前的位置甚至是第一位，只有中国的青少年是把父母放在最后一位。

假如这个调查结果基本能反映实情的话，那就很值得我们思考：我们的青少年为什么不那么崇拜自己的父母？

父母是孩子的第一位老师，孩子认识世界、了解世界、走向社会，是在父母的指引教育下逐步开始的。正常情况下，父母在子女心目中建立一个良好甚至是高大的正面形象，既应该也容易。孩子从小崇拜父母，顺理成章，理所当然。但是，面对国际国内环境的深刻变化，影响子女对父母的评价的因素也得纷繁复杂。

为人父母者如果本身行不正、言不端，就必然直接影响到自己在子女心目中的形象，在这种情况下，孩子不崇拜父母也不奇怪。不过，为人父为人母的，做得不好，未成年人不认可其所做所为，乃至不崇拜，这至少说明未成年人还有一个比较正确的价值判断标准，从某种角度讲，这也是一件幸事。

准确地说，加强和改进未成年人思想道德建设，主要是成年人的事。尤其是为人父、为人母者，自己首先要从小处着眼，从细节做起，既言传又身教，用实际行动来净化未成年人成长环境。成年人自身的形象立起来了，在未成年人心目中的形象才有可能高大起来。

해석해 보기

※ 연습한 내용을 바탕으로 한 문장 씩 밑에 한어병음과 성조를 달고 직접 해석해 보자.

예제

원문

人民日报消息：在香港住了几年，回到北京后，有朋友问我回来是否"适应"。笔者的回答是适应，在香港反倒不怎么适应。

병음

Rénmín Rìbào xiāoxi：zài Xiānggǎng zhù le jǐ nián，huídào Běijīng hòu，yǒu péngyou wèn wǒ huílái shìfǒu"shìyìng". Bǐzhě de huídá shì shìyìng，zài Xiānggǎng fǎndǎo bù zěnme shìyìng。

해석

인민일보 소식: 홍콩에서 몇 년을 살다가 북경에 돌아온 나에게 친구는 "적응"이 되었냐고 물었다. 필자의 대답은 "적응"이었다. 홍콩에 있을 때 오히려 적응하지 못했던 것 같다.

〈청소년이 왜 부모를 존경하지 않는지 부모는 자신에게서 이유를 찾아야한다〉

인민일보 소식: 홍콩에서 몇 년을 살다가 북경에 돌아온 나에게 친구는 “적응”이 되었냐고 물었다. 필자의 대답은 “적응”이었다. 홍콩에 있을 때가 오히려 그다지 잘 적응하지 못했던 것 같다.

그러나 돌아오고 나서도 분명히 “눈에 거슬리는”부분이 있기는 하다. 예를 들면 지하철을 탈 때, 표를 살 때면 늘 많은 사람들이 줄을 서지 않는 것을 보게 되는데, 사람이 별로 많은 것도 아닌데, 빽빽하게 몰려들어 아수라장이 되고, 열차가 도착하면 또 다시 아수라장이 되어 내리지도 못하고 타지도 못하게 된다.

특히 어떤 부모들이 열차 칸에 들어서자마자 서둘러 자리를 차지하고는 나이도 먹을 만큼 먹은 자기 아이를 앉히는 것을 자주 보게 되는데, 어떤 경우엔 심지어 이미 앉아 있는 승객들 사이를 비집어 자리를 만들어 아이를 앉히는 것도 마다하지 않는다. 하지만 노인이나 임산부라도 보게 될 때면 이들 부모와 아이는 언제나 못 본 척 시치미를 뗀다.

이런 현상들은 우리를 걱정스럽게 한다. 학교・가정・사회는 미성년자의 사상・도덕 형성에 있어 3대 중요 환경이라 할 수 있다.

학교 교육은 덮어두고, 가정은 사실상 미성년자에게 있어 첫 번째 학습의장이다. 부모가 가르치지 않고 기르기만 하면 안 되며, 확실히 교육의 책임을 져야 할 뿐 아니라 또한 끊임없이 자신의 사상・ 도덕적 소양을 함양하여 아이에게 모범과 귀감이 되어, 아이의 올바른 인성함양에 좋은 영향을 줄 수 있도록 해야 한다.

사회는 더욱 큰 배움의 장이다. 모든 성인은 자신이 미성년자에게 도덕적 본보기가 되며 영향을 끼친다는 점을 간과해서는 안 되며, 항상 자신의 언행을 조심해야 한다.

다시 지하철 탈 때를 예로 들어 보자. 모두가 혼잡한 가운데에, 혹시라도 손해 볼까 두려워 모두 고군분투하며 앞을 다툰다. 이러한 분위기가 미성년자에게 주는 본보기란 바로 “늑대 무리 속에서는 늑대 사회의 율법을 따라야 한다”고 가르치는 것일 것이다. 부모 된 사람들이 "내 부모", "내 자식"에게는 그럭저럭 잘 하면서도 “다른 노인에게까지”, “다른 아이에게까지”는 부족함이 많다. 미성년자들은 모든 사람들이 자신을 위해야만 마음이 편하다고 생각할 지도 모른다.

미성년자의 성장 환경에서 성인은 사실 상당히 중요한 역할을 한다.

한 국제기구가 전 세계적으로 청소년들에게 자신이 존경하는 인물들을 열거하도록 하는 조사를 했다. 그 결과 대부분 국가의 청소년들이 자신의 부모를 비교적 앞쪽서열에 두거나 심지어는 1위에 두기도 했는데, 유독 중국의 청소년은 자신의 부모를 제일 후위에 두었다.

만약 이 조사 결과가 일정수준 실제 상황을 반영한다면, 우리의 청소년들이 왜 부모를 그다지 존경하지 않는 지에 대해 깊이 생각해 보아야 하지 않을까?

부모는 아이의 첫 번째 선생님이다. 아이가 세상을 알아가고, 세계를 이해하고, 사회로 나아가는 것은 부모의 지도와 교육 아래서 점차 시작되는 것이다.

정상적인 경우, 부모가 자녀의 마음속에 올바른 모습, 심지어 숭고하기까지 한 긍정적인 모습으로 자리 잡는다는 것은 당연하고도 어렵지 않은 일이다. 자녀가 어려서부터 부모를 존경하는 것은 자연스럽고 당연한 이치이다.

하지만 국내외적으로 급격한 변화를 맞이하여 자녀가 부모를 평가하는데 미치는 요인 또한 상당히 복잡해 졌다. 예를 들면, 일부 영역에서의 일부 성인들의 비뚤어진 가치관이 물질 만능주의, 향락주의, 극단적 개인주의가 만연하고, 권력으로 사욕을 꾀하는 등의 그릇된 부패현상 등등의 현상으로 도덕규범상실, 진실의 결여, 가짜 위조, 사기·조작이 만연하고 있는데, 이는 미성년자의 성장에 있어 결코 경시할 수 없는 부정적 영향을 끼친다.

부모 된 자로서 만약 행동거지가 바르지 못하고 언행이 단정치 않다면, 이는 곧바로 자녀의 마음속에 자리 잡은 자신의 형상에 영향을 미치는 것이다. 이러한 상황에서, 아이들이 부모를 존경하지 않는다 하는 것은 이상할 것도 없다.

부모 된 자로서 행함이 올바르지 못하다면 미성년자는 그들의 모든 행위를 인정하지 않을 것이고 더 나아가 존경하지도 않을 것이다. 이는 적어도 미성년자가 아직은 비교적 정확한 가치판단기준을 지니고 있음을 말해준다. 어떤 면에서 보자면, 이 또한 다행스러운 일일 것이다.

정확히 말해서, 미성년자의 사상 및 도덕관념의 형성을 강화하고 개선하는 것은 주로 어른들의 몫이라 하겠다. 특히, 부모의 역할을 담당하는 이들은 자신 스스로가 먼저 작은 것부터 고려하고, 사소한 것부터 행해나가고 말과 행동으로 모범을 보여 실제 행동으로서 미성년자의 성장환경을 정화해야 한다. 성인 자신의 모습이 바로 세워질 때에 미성년자의 마음속에 그려진 형상이 비로써 숭고해질 수 있는 것이다.

3, 4, 5과

〈男人有外遇为何不离婚？〉

如果你静静地坐在酒吧、茶楼或者餐厅里，侧耳聆听周围的对话，就会惊讶地发现，总有一些人在说着相同的话题---情感困惑。当一个并非自由身的男人与一个女人相遇时，无论情节多么曲折、多么惊心动魄、多么缠绵悱恻，当事人又多么肯定地认为自己的爱情绝对与众不同，却往往有着相同的结局---那个外遇中男人，并不离婚。

个案：林立刚（科研人员，45岁）

我和我老婆是同事，在同一个办公室工作。那时候我不开窍，是她主动追我的。别人都觉得我们挺合适，糊里糊涂就结了婚。我爱写东西，周末常出去和朋友们聊天，老婆就带着孩子回娘家。她挺支持我的，老问我一篇文章能卖多少钱。我觉得老婆这么爱钱，实在太庸俗了。

小军比我小14岁，那年才20岁，是跳舞的。她长得漂亮，一开始性格特别温柔，我们在一起总有说不完的话。说实话，我爱上她的时候，根本就没来得及想到自己的处境，也没想到后面的事情会这么麻烦。我老婆不知怎么对这事就有了察觉，她也不直说，就老让孩子跟着我。赶上过节，她就拉着我到处走亲戚，以前不怎么走动的亲朋好友家，现在她都拉着我去。

我总不能带着孩子去见小军吧？没办法，只能跟小军解释：工作太忙。小军开始挺体谅，后来就不行了，在电话里哭得昏天黑地的，说我不爱她，说我骗她。其实为了让她考学，我悄悄给她存了一些钱，存折上写的就是她的名字。后来我老婆翻出了这张存折，我们打了一架，吵得特别伤心。这些，小军哪知道啊！小军让我离婚，我不是不想离，可现实问题太多了：孩子怎么办？同事会怎么看？我们家原来是单位里的"五好家庭"啊。我妈我爸、她妈她爸都饶不了我，亲朋好友就更别说了！而且，我在事业上刚做出点儿成绩来，提了研究室的副主任，这一闹，工作也受很大影响。一想到离婚，我的头都大了。

心理专家点评

有人说在男性的一生当中，他们在心灵上总会渴望得到两种类型的女人，一种是圣母型的，慈祥、贤慧；一种是仙女型的，浪漫、娇艳。找到“圣母”的，可能还要去找“仙女”，找到“仙女”的，还会去寻找“圣母”。就这两种外遇类型的男性而言，他们离婚的可能性较小。他们一般不会采取破与立的方式去获得另一类女人的爱。否则，他们就会陷入爱－结婚－外遇（爱）的泥潭。另外，还有些人只是想通过外遇而猎取婚外的美色，以满足他们膨胀的占有欲。这些人就更不会拿婚姻作赌注。

从婚姻的角度看，离婚对当事人都是一个非常沉重的打击，不论你是否愿意这样。当外遇暴露或外遇发展到情人要求结婚的时候，离婚与再婚的问题就会突现在外遇者面前。在这个时候，他们内心的矛盾冲突会非常激烈，甚至会使一些人痛苦不堪。由于社会道德、社会舆论、社会责任和家庭义务等因素的强大作用，由于离婚本身可能会对当事人、子女及其他家庭成员的心灵产生很大的负面影响，甚至于造成严重的伤害，所以，在面对抉择的时候，他们可能会收回承诺，退回到相对安全的但也很温暖的爱人的怀抱里。

心理专家建议

对于象林先生这样处于“花季”年龄的已婚男性，在社会生活中难免会因美色而心动，因爱而痴狂。在这种时候，最重要的就是反省一下自己，如果你的爱情之火已经彻底熄灭，那这是再次点燃生命火光的好征兆。但是，如果不是这样，那就需要对婚姻进行分析，寻找激起婚内浪漫之爱的方法，并将对另类女性的渴望限定在一定的不伤害他人的范围之内。在可能发生婚外恋情的时候，要想想这种情况会对自己及他人会带来什么样的后果。如果你根本就没有想离婚，那么你最好是退回到原点，免去不必要的烦恼与痛苦，也不至于伤害他人。

해석해 보기

※ 연습한 내용을 바탕으로 한 문장 씩 밑에 한어병음과 성조를 달고 직접 해석해 보자.

예제

원문

人民日报消息： 如果你静静地坐在酒吧、茶楼或者餐厅里，侧耳聆听周围的对话，就会惊讶地发现，总有一些人在说着相同的话题---情感困惑。

병음

Rúguǒ nǐ jìngjìng de zuòzài jiǔbā、 chálóu huòzhě cāntīng li, cè'ěr língtīng zhōuwéi de duìhuà, jiù huì jīngyà de fāxiàn, zǒngyǒu yìxiē rén zài shuō zhe xiāngtóng de huàtí--- qínggǎn kùnhuò.

해석

만약 조용히 바(bar)나 찻집, 아니면 식당에 앉아 귀를 기울이고 주위의 대화를 들어보면 놀랍게도 항상 몇몇 사람들은 "사랑의 고민" 이라는 같은 화제를 가지고 이야기를 나누고 있다는 것을 발견하게 될 것이다.

〈남자는 바람을 피면서도 왜 이혼은 하지 않는 걸까?〉

만약 조용히 바(bar)나 찻집, 아니면 식당에 앉아 귀를 기울이고 주위의 대화를 들어보면 놀랍게도 항상 몇몇 사람들은 "사랑의 고민" 이라는 같은 화제를 가지고 이야기를 나누고 있다는 것을 발견하게 될 것이다.

가정을 가진 한 남자와 한 여자가 서로 만날 땐, 그 속사정이 얼마나 사연이 많고, 얼마나 세상 놀랄 일이고, 얼마나 괴로움에 얽매인 일이건, 또 당사자가 자신의 사랑은 절대 남들과는 다르다고 생각하건 간에 그런 바람 피우는 남자들은 결코 이혼은 하려고 하지 않는 똑같은 결말들이 종종 나오곤 한다.

파일: 임입강(林立强)(과학기술연구원, 45세)

저와 마누라는 같은 직장동료로 같은 사무실에서 일합니다. 그때, 난 세상물정을 몰랐는데 마누라가 적극적으로 프러포즈를 했었죠. 남들은 다 우리가 꽤 잘 어울린다고 했고 그래서 얼떨결에 결혼을 하게 되었답니다. 저는 무언가 쓰는 걸 좋아해서 주말엔 늘 친구들과 얘기를 나누러 나가면, 마누라는 아이를 데리고 친정집에 갔습니다.

마누라는 내가 글 쓰는걸 꽤 지지해주면서 항상 문장 한편을 쓰면 얼마를 벌 수 있냐고 물었습니다. 전 마누라가 이렇게 돈을 좋아하니 너무 속물스럽게 구는 거 아닌가 하는 생각이 들었습니다.

샤오쮠은 저보다 14살 어렸는데 그 해에 겨우 20살로, 무용하는 아가씨였습니다. 처음엔 예쁜 외모와 성격이 워낙 온화해서 같이 있으면 우리의 대화는 언제나 끝날 줄 몰랐습니다. 솔직히 말하면 그녀를 사랑하게 되었을 땐, 전혀 내 자신의 처지를 생각할 겨를이 없었고 뒷일 또한 그렇게 골치 아플 줄은 몰랐습니다. 저는 마누라가 이 일에 대해서 어떻게 알아차렸는지는 모르겠지만 마누라는 제게 직접 말하지 않고 항상 애가 절 따라다니게 했습니다.

명절이 가까워지기만 하면 마누라는 날 끌고 이곳저곳 친척집과 전엔 별로 가지도 않던 친구들 집엘 다니고 지금까지도 마누라는 절 끌고 다니고 있습니다.

어쨌든 제가 애를 데리고 군을 만날 수는 없잖아요? 어쩔 수 없이 군에게 일이 너무 바쁘다고 말할 수밖에 없었습니다.

샤오쮠은 처음엔 이해했으나 나중에는 못 참겠던 지 전화를 걸어 하늘이 무너지듯 울면서 제가 자기를 사랑하지 않으며, 자기를 속였다는 겁니다.

사실 전 샤오쮠이 학교에 응시할 수 있게 몰래 샤오쮠을 위해 저금도 했습니다. 통장에 명의도 군의 이름으로 되어있었고요.

나중에 마누라가 그 통장을 발견하게 됐고 심하게 다툼을 해서 속이 상했습니다.

이런 일들을 군이 어떻게 알겠습니까! 군은 저더러 이혼을 하라고 하는데 전 이혼을 하고 싶지 않은 게 아니라 이혼을 하기엔 현실적인 문제가 너무 많습니다.

애는 어떡하지? 직장동료들은 어떻게 볼까? 우리 집은 원래 "모범가정" 인데, 아버지, 어머니하고 장인어른, 장모님이 날 용서하지 않을 것이고 친구들은 더 말할 필요도 없을 거 아닙니까!

게다가 이제 막 일의 성과가 나기 시작해 연구실 부주임이 됐는데 한바탕 소란이 나면 일에 큰 영향을 끼칠 일이었습니다. 이혼만 생각하면 머리가 터질 것 같습니다.

· 심리전문가 평.

어떤 사람은 남성의 일생에서 심리적으로 항상 두 가지 유형의 여자를 갈망한다고 말하는데 하나는 성모형으로 자상함과 지혜를 갖춘 유형이고 다른 하나는 선녀형으로 낭만과 아름다움과 요염함을 갖춘 유형의 여자입니다.

성모를 찾은 남자는 또 선녀를 찾을 것이고 선녀를 찾는 남성은 또 성모를 찾아 헤맬 것입니다. 이 두 가지 유형의 바람 피는 남성은 이혼할 가능성이 비교적 적습니다.

그들은 일반적으로 파괴와 설립의 방식으로 다른 유형 여자의 사랑을 쟁취하려고 할 리가 없으며, 결국 그들은 사랑 결혼 - 혼외연애라는 사랑의 굴레에 깊이 빠지게 됩니다.

이 밖에도 어떤 사람들은 단지 배우자 외의 여인과의 바람을 핌으로써 그들의 팽창하려는 소유욕을 만족시키려고 합니다. 이런 유형의 사람들은 더욱 더 결혼을 걸고 도박을 할 리가 없습니다.

결혼이라는 관점에서 보면 이혼은 이혼을 원했든 원하지 않았든지 간에 당사자들 모두에게 있어 매우 커다란 타격입니다. 바람 핀 사실이 들키거나 혹은 바람을 피운 상대방이 결혼을 요구할 정도로 상황이 발전되었을 때, 이혼과 재혼 이라는 문제가 바람을 피던 당사자 앞에 갑작스럽게 나타나게 될 것입니다.

이 때 그들 내면의 모순은 아주 강렬하게 충돌하게 될 것이고 심지어는 몇몇 사람들은 견딜 수 없이 고통스러울 수도 있습니다.

사회도덕, 사회여론, 사회책임과 가정의무 등 요인들의 강한 작용으로 인해 이혼자체가 당사자와 자녀 밑 기타 가정구성원의 마음에 부정적인 영향을 끼치고 심지어는 심각한 상처를 주기도 합니다. 그래서 선택에 직면하게 될 때, 그들은 아마도 철썩 같던 약속을 저버리고, 상대적으로 안전하면서도 따사로운 아내의 품으로 되돌아갈 가능성이 큰 것 입니다.

· 심리전문가의 제안

임 씨와 같이 한창때의 기혼 남성은 사회생활 속에서 미색에 마음이 흔들리고 사랑에 매혹되는 것을 피하기 어려울 것이다.

이런 때에 제일 중요한 것은 자신을 한번 반성해보는 것이다. 만약 당신의 사랑의 불씨가 이미 완전히 사라졌다면, 이것은 다시금 생명의 불꽃을 피우게 되는 좋은 징조를 나타내는 것이다.

그러나 만약 그렇지 않으면 결혼에 대해서 분석을 해서 결혼생활의 낭만적인 사랑을 불러일으키는 방법을 찾고 아울러 다른 유형의 여성에 대한 갈망을 타인에게 상처를 주지 않는 일정한 범위 안에 국한시켜야 한다.

혼외연애가 생길 시에는 이런 상황이 자신과 타인에게 어떠한 결과를 가져다 주는지 생각해야 한다.

만약 전혀 이혼을 생각하지 않는다면 불필요한 고민과 고통을 덜 수 있고 타인에게 상처를 주지 않도록 빨리 본래의 자리로 돌아오는 것이 좋을 것이다.

7, 8과

〈京幼儿园女教师死亡续:洗衣机内发现男童尸〉

昨日凌晨，东城区北新胡同三号北新幼儿园内，发生师生命案。幼儿园内一名44岁值班女保育员和一名5岁男童遇害。警方称该案是一起刑事案件，正在全力侦破此案。据市公安局新闻办介绍，昨日清晨6时许，市公安局110报警服务台接到群众报警：东城区北新幼儿园内一名值班女保育员死亡，一名在幼儿园全托的男童失踪。经过初步勘察，警方已认定，失踪男童已死亡。其死亡原因与值班女保育员相同：均在幼儿园中遇害。

据透露洗衣机内发现男童尸体

据知情人透露，遇害老师叫贺玉芬，44岁，死因为头部钝器伤，遇害男童小林(化名)5岁，尸体被发现于洗衣机内，全身没有发现外伤。另据了解，幼儿园刚进行过装修，没设保安。当晚共有7名老师和4名孩子在园内过夜，凶案可能发生在交接班时，随机做案可能性较大。但警方没有证实上述说法。

家长称遇害老师"对孩子特别好"

昨日上午9时许，北新幼儿园南北段均被封锁，警戒线内，十余位民警忙碌进出于幼儿园门口，不时取出各种证物放入警车内。记者看到的物品包括一块角铁，一扇铝合金窗户，还有更多用白塑料袋包着的东西。"急救车走的时候，一个男的还在后面追着。"据一目击者称，凌晨5时30分，999急救车赶到，约6时30分离开。

家住附近的侯奶奶说，上午9时，她送孙子来幼儿园，迎接她却是一道警戒线。“一听说幼儿园出了人命，我就担心会不会是她。”侯奶奶所担心的“她”是幼儿园的贺老师，之所以有此预感，是因为这位老师经常值夜班。侯奶奶说，贺老师40来岁，这家幼儿园成立之初就在这里，至今已经有十几年了。

贺老师个子不高，皮肤有点黑，对孩子特别好，自己2岁多的孙子入托才两三个月时间，就跟贺老师特别亲近。于是侯奶奶拨通了贺老师的手机，电话中传出一年轻女子的声音，在核实侯奶奶的身份后，这位自称是贺老师儿子女朋友的人说：“阿姨，我姨已经走了。侯奶奶对贺老师的离去惋惜不已，她更不知道如何给自己的小孙子交待：“贺老师走了，怎么给孩子说啊。”

幼儿园已通知遇害老师家属

昨日下午3时，东城区香饵胡同小林家中无人。邻居称，小林的父亲经营交道口一处报摊，早上就出去了，家里今天也没有来过生人。东堂子胡同贺玉芬的家是一处平房，院内一位自称是贺老师侄女的女子双眼通红，她说，亲属们是在上午知道贺老师遇害消息的，电话是幼儿园直接打来的。

北新幼儿园是北新桥街道办事处所办的幼儿园，记者在该办事处被门口保安阻挡，保安电话请示后解释说，办事处领导都去了现场。

东城区教委宣传部一位工作人员说，他还没收到确切消息，这家幼儿园是街道的下属单位，不属于教委直管。昨晚，记者了解到，北京市公安局刑警队已成立专案组，负责侦破此案。(记者张太凌王姝　通讯员杨亚玲)

해석해 보기

※ 연습한 내용을 바탕으로 한 문장 씩 밑에 한어병음과 성조를 달고 직접 해석해 보자.

예제

원문

昨日凌晨，东城区北新胡同三号北新幼儿园内，发生师生命案。 幼儿园内一名44岁值班女保育员和一名5岁男童遇害。

병음

zuórì língchén, dōngchéng qū běixīn hútóng sān hào běixīn yòuéryuán nèi, fāshēng shīshēng mìngàn。 yòuéryuán nèi yī míng 44suì zhíbān nǚ bǎoyùyuán hé yī míng 5suì nántóng yùhài。

해석

어제 새벽, 동성구 북신 3번가의 북신 유치원 내에서, 당직을 맡았던 44살의 여교사(44)와 남자아이(5)의 살인사건이 발생했다.

〈베이징의 한 유치원에서 일어난 여교사의 죽음과 세탁기 속에서 발견된 남자아이 시체〉

어제 새벽, 동성구 북신 3번가의 북신 유치원 내에서, 당직을 맡았던 44살의 여교사(44)와 남자아이(5)의 살인사건이 발생했다. 경찰 측은 이번 사건을 모두 형사사건으로 간주하고, 전력을 다해 이번 사건을 전력을 다해 수사하고 있다. 시공안국 대변인의 발언에 따르면, 어제 아침 6시경, 시공안국 긴급신고 110 데스크에서는 동성구 북신 유치원에서 한 명의 당직 여교사의 사망과, 유치원에 전탁하던 한 명의남자 아이가 실종되었다는 신고를 접하게 되었다. 경찰 측은 초동 수사에서 실종된 남자아이는 유치원 내에서 이미 당직 여교사와 함께 살해되었을 것으로 보고 있다.

경찰 관계자의 증언에 따르면, 여교사의 이름은 허위편으로 나이는 44세, 둔기에머리를 맞아 살해되었고, 남자아이의 이름은 샤오린으로 5살이며, 시체는 세탁기 안에서 발견되었으나, 특별한 외상은 없었다. 또한 유치원이 내부공사 중이어서, 경비가 이루어지지 않았다고 한다. 사건 당일 밤 모두 7명의 교사와 4명의 아이들이 유치원 내에서 밤을 보냈는데, 이 사건은 교대시간에 일어난 무차별살인사건이라는 가능성이 비교적 크지만 경찰 측은 확증이 없는 상태이다.

어제 오전 9시쯤, 북신 유치원의 남쪽북쪽은 모두 봉쇄 되어진 채, 폴리스라인 안에서는 10여명의 경찰들이 바삐 유치원입구를 오가며, 알루미늄 합금 창틀과 흰 비닐봉지로 싸여진 현장의 여러 증거물들을 경찰차에 계속 실었다. 목격자의 증언에 의하면 구급차가 떠났을 때, 한 남자가 뒤에서 쫓아 나가고 있었고, 구급차의 도착시간은 새벽 5시30분, 대략 6시30분에 떠났다고 한다.

인근에 사는 허우할머니는 할머니가 오전 9시 손자를 유치원에 바래다주러 왔을 때, 할머니를 맞이한 것은 선생님이 아니라 뜻밖에도 폴리스라인이었고"유치원에서 살인사건이 일어났다는 말을 듣자마자, 혹시"그 녀"이 아닐까 걱정했다."고 증언하였다.

허우할머니가 말한 "그 녀"는 바로 피해자 허선생님이었고 이런 예감을 했던 것은 그녀가 자주 야간 당직을 했었기 때문이었다. 허우할머니는 허선생님은 40여 세로 유치원이 생긴 당시부터 지금까지 벌써 10여 년간 근무했다고 한다.

허선생님은 키가 큰 편이 아니고, 피부는 약간 검으며, 아이들에게 아주 상냥하게 대해주어서, 허우할머니의 2살 넘은 손자가 유치원에 들어 간지 겨우 2~3달 만에, 허선생님과 아주 친한 사이가 되었다며, 허선생님의 핸드폰에 전화를 걸었다.

수화기에서는 한 젊은 여자의 목소리가 들려왔고, 허우할머니의 신원을 확인한후 허선생님 아들의 여자친구라고 자신을 소개한 여자는 "할머니, 우리 아주머니는 이미 돌아 가셨어요."라고 말했다.

허우할머니는 허선생님의 죽음에 대해 안타까워하며, "허선생님이 돌아가셨으니 아이에게 뭐라 말할꼬..."라며 자신의 손자에게 허선생님의 죽음을 어떻게 설명해야 좋을지 몰라 했다.

어제 오후 3시, 동성구 향이골목 샤오린의 집에는 아무도 없었다. 이웃은 샤오린의 아버지는 길목의 신문 가두 판매를 하는데 아침에 나갔고, 오늘도 집에는 아무도 찾아온 적이 없었다고 한다. 동당자 골목의 허위편씨의 단층집에는 허씨의 조카딸이라고 하는 여자는 두 눈이 붉게 충혈되어 가족들은 오전에 유치원에서 직접 걸려온 전화를 통해 허 선생의 사고소식을 알게 되었다고 말했다.

북신 유치원은 북신교 거리 사무소에서 운영하는 유치원이다. 본 기자는 이 사무소의 입구에서 경비원들에게 출입을 제지당했고, 경비는 전화통화 후, 사무소의 책임자들은 모두 현장으로 갔다고 해명했다.

동성구 교육위원회 홍보과의 한 직원은 그는 아직 정확한 소식을 접하지 못했고, 이 유치원은 가도에 속한 기관이지, 교육위원회가 직접관리 되는 곳은 아니라는 설명이다.

어제 저녁, 북경 공안국 형사과는 이미 특별 수사본부를 구성했고, 이번 사건의 수사를 맡았다.

9, 10과

〈电话、网络、邮政等通讯手段改变中国人生活〉

手机用户世界第一大国，互联网用户规模位居全球第二，邮件“全夜航”实现“次日递”……数字时代，我国通信产业发生着令世界瞩目的巨大变化。

电话：6亿中国人频繁使用的通信工具

一位通信界人士保留了自己1993年在杭州的手机花费清单：一部摩托罗拉9900模拟手机12000元，手机费、开户费、入网费共29800元，预存通话费2000元。高昂的花费使手机在当时更多是身份和地位的象征。而如今，手机已成为中国百姓再平常不过的生活必需品，中国已成为世界手机用户第一大国。2004年7月，手机用户数已超过3.1亿户，全国手机普及率为23.7%。

有了手机的替代性竞争，固定电话的增长放缓。到7月底，全国固定电话达到2.98996亿户，东部地区固定电话家庭普及率达77部每百户，中、西部地区则分别接近50部每百户和40部每百户。2005年全国95%以上行政村将实现“村村通”电话，到2020年基本实现“家家通”电话。

互联网：近9000万人工作生活的依赖

目前我国每天至少上网1小时的互联网用户有近9000万人，他们利用互联网获取信息、学习科研、从事商务以及休闲娱乐。

短短10年，我国互联网用户总数仅次于美国位居全球第二。从1994年我国成功接入国际互联网，到1996年互联网空前活跃时期，再到2000年进入泡沫严冬。经历过泡沫破碎的痛苦磨砺，2003年互联网行业全面回暖，出现赢利。截至2004年6月底，我国网站数为62.7万个，上网计算机总数达3630万台，互联网国际出口总带宽达到53G，网民每个月上网消费超过78.7亿元。

邮政："全夜航"体现快递业历史跨越

2004年8月18日，中国邮政正式开通特快专递（EMS）"全夜航"，27个省、自治区、直辖市的136个大中城市间的EMS邮件实现"次日递"。中国邮政把白天留给了用户，把夜晚留给了自己，提速不加价，业内人士评价说："快得不能再快了。"

中国邮政EMS是我国最早提供特快专递服务的品牌，开办20多年来发展迅速。先后引进大型货机，新辟航线，建立中国邮政自主航空快速网，改造现有业务流程，完善汽车快速网，改革作业组织，在上海至日本开通了自主航线，推出了北京、上海等主要城市国际邮件到大阪、新加坡、伦敦、巴黎等10个主要城市的"限时递""次日递"，并先后在长三角、珠三角、环渤海等区域开通"次晨达"。

해석해 보기

※ 연습한 내용을 바탕으로 한 문장 씩 밑에 한어병음과 성조를 달고 직접 해석해 보자.

예제

원문

<电话、网络、邮政等通讯手段改变中国人生活>

手机用户世界第一大国，互联网用户规模位居全球第二，邮件“全夜航”实现“次日递”……数字时代，我国通信产业发生着令世界瞩目的巨大变化。

병음

Diànhuà、wǎng luò、yóuzhèng děng tōngxùn shǒuduàn gǎibiàn Zhōngguórén shēnghuó. Shǒujī yònghù shìjiè dì yī dàguó, hùliánwǎng yònghù guīmó wèijū quánqiú dì èr, yóujiàn “quányèháng” shí xiàn “cì rì dì”……shùzì shídài, wǒ guó tōngxìn chǎnyè fāshēng zhuólìng shìjiè zhǔmù de jùdà biànhuà。

해석

전화, 인터넷, 우편행정 등 통신수단이 중국인들의 생활을 바꾼다.
휴대폰 사용자가 세계 1위 , 인터넷 사용자의 규모는 세계 2위, 야간항공운송을 통한 우편물 익일 수취 시스템. 디지털 시대에 접어들면서 우리나라의 통신 산업은 세계가 주목할 만한 거대한 변화를 일으키고 있다.

〈전화, 인터넷, 우편행정 등 통신수단이 중국인들의 생활을 바꾼다.〉

휴대폰 사용자가 세계 1위 , 인터넷 사용자의 규모는 세계 2위, 야간항공운송을 통한 우편물 익일 수취 시스템. 디지털 시대에 접어들면서 우리나라의 통신 산업은 세계가 주목할 만한 거대한 변화를 일으키고 있다.

〈전화부문〉 6억 중국인구가 자주 사용하는 통신수단

통신업계의 한 관계자는 가지고 있던, 1993년 항주에서 사용한 모토로라 9900 아날로그 휴대폰에 대한 기계값 12000위엔, 휴대폰비, 개통비, 무선 인터넷 비용을 다 합친 29800위엔, 선불 전화비 2000위엔이 적힌 대금 영수증을 보여 주었다.

당시의 비싼 요금에도 불구하고 휴대폰을 가지고 있다는 것은 사회적 신분이나 지위가 그만큼 높다는 것을 의미했다.

그러나 지금에 이르러 휴대폰은 이미 중국인들에게 없어서는 안 될 생활필수품이 되었고, 중국은 이제 휴대폰 사용자 세계1위의 대국이 되었다. 2004년 7월 현재 휴대폰 사용자 수는 이미 3억 1천만 명을 넘어 전국적으로 휴대폰 보급률이 23.7%에 이른다.

반면 유선 전화의 성장은 휴대폰의 대체로 인한 경쟁에 밀려 둔화되었다. 올 7월말까지 전국의 유선전화는 2억 9899만 6천 가구에 달하며 동부지역의 유선 전화의 가정 보급률은 100가구 중에 77대 정도이다. 중서부지역은 100가구 중 각각 50대, 40대에 달한다.

이에 2005년에는 전국 95% 이상의 행정촌에 마을간 통하는 전화를 보급하고 2020년까지 집집마다 전화가 보급되도록 할 방침이다.

〈인터넷 부문〉 약 9천만 명이 업무에서 일상생활에 이르기까지 인터넷에 의존

현재 우리나라에서 매일 최소 1시간 이상 인터넷을 이용하는 인구는 9천만 명에 이른다. 그들은 인터넷을 통해서 뉴스, 학습 연구 자료, 업무 처리 및 여가 오락에 관한 다양한 정보를 얻는다.

10년이라는 짧은 기간 내에 우리나라는 인터넷 이용자 수가 미국에 이어 세계 2위인 대국이 되었다. 1994년 우리나라가 인터넷을 성공적으로 상용화한 이후로, 1996년까지 인터넷 시장은 최고의 전성기를 누렸으나, 2000년에 와서는 인터넷 버블로 인해 극도로 침체되었다. 인터넷 버블이 붕괴되는 과정을 거치면서 2003년 인터넷 시장은 다시 활기를 띠기 시작했고, 이윤이 발생하였다.[1] 2004년 6월 말 현재, 우리나라의 싸이트 수는 62만 7천 개에 이르며 인터넷 가능 컴퓨터는 총 3630만 대에 달한다. 또한 세계 각 국에 접속하는 인터넷 정보량은 53기가까지 늘어났으며, 네티즌들이 매월 소비하는 인터넷 접속비용은 78억 7천만 위엔을 넘어섰다.

〈우편 부문〉 야간 항공 운송을 통해 속달 우편의 역사를 뛰어넘다

2004년 8월 18일 중국 우정국은 '특급 우편(EMS) 야간 항공 운송 서비스'를 정식으로 실시했다. 이에 27개의 성, 자치구, 직할시 내 136개의 크고 작은 도시 간에 EMS 우편물의 익일 수취가 가능해졌다. 중국 우정국은 낮에는 고객들에게 서비스 신청을 받아 야간에 발송하며, 빨라진 속도에 따른 추가 요금은 부과되지 않는다. 이에 대해 한 관계자는 '이보다 더 빠를 수는 없다'고 평가했다.

중국 EMS는 우리나라에 일찍부터 특급우편업무를 담당했던 서비스의 명칭이며 지난 20여 년 동안 빠르게 발전해왔다. 그동안 EMS는 대형화물기 도입, 신항로 개척, 중국 우정국 자체 항송 고속망 건립, 현행업무과정 개선, 자동차 고속망 정비, 작업조직 개혁 등을 실행하였다. 또한 상하이와 일본 간의 자체 노선을 개통하고, 베이징 · 상하이 등 주요 도시의 국제 우편물이 오사카, 싱가포르, 런던, 파리 등 세계 10개 주요 도시에 '기한 내 수취', '익일 수취'가 가능하도록 하였다. 이어 장강 삼각주 지역, 주강 삼각주 지역, 발해 주변 지역에도 '익일 도착' 노선을 개통하였다.

---

1) 1999년~2000년 사이 신랑(sina.com)이나 소후(sohu.com)의 나스닥 상장 등으로 인터넷 포털은 한국의 인터넷 벤처에 버금가는 인기를 누렸다. 하지만 중국 역시 수익 구조라는 문제점이 극명히 드러났다. 이를 증명하듯 검색 서비스 중심이던 야후 차이나는 퇴로를 걷기 시작했고 검색 서비스와 e-메일 등 포탈에 주력하던 신랑, 소후, 왕이(163.com)는 나름대로 위상을 유지할 수 있었다. 그 위상은 2003년 후반기부터 불기 시작한 르네상스를 누릴 수 있는 특권이 됐다. 인터넷 인구 6000만 돌파에 인터넷과 이동통신 간의 연동서비스가 빠르게 성장하고 있기 때문이다. 여기에 인터넷을 통해 거래되는 이동통신 콘텐츠의 양도 빠르게 성장하고 있다. <http://blog.naver.com/comsnake.do?Redirect=Log&logNo=80000582826 참고>

11과

〈韩国电视台将播放纪录片 纪念邓小平诞辰百年〉

据报道，在邓小平诞辰100周年之际，韩国EBS电视台将于8月22日播放详细分析邓小平一生的纪录片《设计中国的未来--邓小平的领导能力》。制作组表示，最近高句丽史问题成为韩中关系的焦点，该片将有助于韩国国内正确认识中国。该节目概括了邓小平一生中经历重大历史事件，希望从中汲取邓小平超凡的领导才能，引以为鉴。

制作组认为，邓小平所留下的最大的伟业是高喊实事求是，领导中国的改革开放。黑猫白猫理论是邓小平推进改革开放的经典理论之一。此后，中国飞速发展，正在成为经济大国。此外，邓小平还运用高超的外交手段实现了香港回归。这些对于韩国政坛具有指导意义。该片导演权赫美表示：我们为迎接邓小平诞辰100周年，从1年前就开始准备制作该节目，中国是我们必须不断地进行研究学习的对象。

해석해 보기

※ 연습한 내용을 바탕으로 한 문장 씩 밑에 한어병음과 성조를 달고 직접 해석해 보자.

예제

원문

据报道，在邓小平诞辰100周年之际，韩国EBS电视台将于8月22日播放详细分析邓小平一生的纪录片《设计中国的未来--邓小平的领导能力》。

병음

zài Dèng Xiǎopíng dànchén 100 zhōunián zhī jì, Hánguó EBS diànshìtái jiāngyú 8 yuè 22 rì bòfàng xiángxì fēnxī Dèng Xiǎopíng yìshēng de jìlùpiàn《 Shèjì Zhōngguó de wèilái-- Dèng Xiǎopíng de lǐngdǎo nénglì》

해석

한국의 EBS방송국은 등소평 탄생 100주년을 맞이하여 등소평의 일생에 관한 다큐멘터리 (중국 미래의 설계 등소평의 지도능력)을 상세하게 분석하여 8월 22일에 보도 방송할 예정이다.

〈한국 방송국 등소평 탄생 100주년 맞이 등소평 일생에 관한 다큐멘터리 방송 예정〉

한국의 EBS방송국은 등소평 탄생 100주년을 맞이하여 등소평의 일생에 관한 다큐멘터리 (중국 미래의 설계 등소평의 지도능력)을 상세하게 분석하여 8월 22일에 보도 방송할 예정이다.

제작진은 최근 고구려역사 왜곡 문제가 한중 관계의 이슈가 되고 지금, 이 다큐멘터리가 한국이 중국에 대해 더 정확하게 이해하는데 도움이 될 것 이라고 하였다.

또한 이번 다큐멘터리는 등소평이 일생 동안 겪은 중대사건을 포괄적으로 다루고 있어, 등소평의 비범한 지도능력(리더쉽)을 배우고 거울로 삼는 계기가 되었으면 한다고 하였다.

제작진은 등소평이 남긴 가장 위대한 업적은 실사구시의 정신을 제창하고, 중국의 개혁개방을 이끈 것 이라고 평가하였다.

등소평의 흑묘백묘 이론은 등소평의 개혁개방 추진의 대표적 이론 중 하나이며, 그의 이러한 정신으로 중국은 매우 빠른 속도로 발전하고 있으며 경제대국으로 가고 있다고 하였다.

이밖에도 등소평은 뛰어난 외교수단으로 홍콩반환을 이루어 내었는데, 이러한 점들이 한국 정계에 시사하는 의미는 적지 않다고 덧붙였다.

본 다큐멘터리 제작자 권혁미 PD는 등소평 탄생 100주년을 맞이하여 1년 전부터 본 프로그램을 준비해왔으며, 중국은 우리가 반드시 지속적으로 연구하고 공부해야 할 대상이라고 하였다.

※ 저자 소개 ※

■김상균(金相均) Sang-Kyun Kim E-mail: yanjing2001@hanmail.net

학력 및 주요경력

- 중국 南京大學 상학원 경영학박사(국제기업관리전공)
- LG산전 본사 해외마케팅부 중국, 대만 담당 역임
- 한국중국유학박사협회 사무국장 역임
- 현) 한국직업능력개발원 인터넷원격훈련과정 심사위원
- 현) 명지전문대학 중국어과 학과장

주요 저서 및 출판물, 논문

- 중국 투자환경 변화가 한국제조기업 대중국 직접투자전략에 미치는 결정요인 연구 (동아연구-서강대학교 동아연구소, 2005)
- "중국어인력의 채용결정요인과 산학협력 교육훈련 방안에 관한 연구"(중국학연구-중국학연구회, 2007)
- "실용비즈니스중국어"(현학사, 2008)
- "현대중국의이해-대륙의窓"(시공간, 2009)
- "비즈니스중국어회화 성공Tip"((주)시사중국어사, 2010)
- 기타 다수 논문 발표

■신동윤(申東潤) Dong-Youn Shin

학력 및 주요경력

- 중국 南京大學 사회학 석·박사(경제사회학)
- 현)남서울대학교, 대진대학교, 명지전문대 강의

주요 저서 및 출판물, 논문

- 중국 유동아동 의무교육의 현황과 정책(중국학논총 제22집)
- 중국의 농촌공업화가 농촌주민소득에 미친 영향(중국학논총 제25집)
- 중국의 민공황(民工荒)현상과 전망(중국학논총 제26집)
- "현대중국의이해-대륙의窓"(시공간, 2009)

Click 인터넷 중국어

초판 1쇄 인쇄 2010년 8월 10일
초판 1쇄 발행 2010년 8월 20일

지은이 | 김상균 · 신동윤
펴낸이 | 하운근
펴낸곳 | 學古房

주　　소 | 서울시 은평구 대조동 213-5 우편번호 122-843
전　　화 | (02)353-9907 편집부(02)356-9903
팩　　스 | (02)386-8308
전자우편 | hakgobang@chol.com

등록번호 | 제311-1994-000001호

ISBN 978-89-6071-171-6 03720

값 : 23,000원

※파본은 교환해 드립니다.